■ 江苏省知识产权法（江南大学）研究中心基地
项目（编号：2015JDZD06）

Zhishi Chanquanfa De Jiben Lilun Yu
Shiwu Fenxi

知识产权法的基本理论与实务分析

蔡永民 主　编

邹小新　雷玉德　副主编

中国社会科学出版社

图书在版编目(CIP)数据

知识产权法的基本理论与实务分析/蔡永民主编.—北京:
中国社会科学出版社,2016.1
ISBN 978 - 7 - 5161 - 7595 - 8

Ⅰ.①知… Ⅱ.①蔡… Ⅲ.①知识产权法—研究—中国
Ⅳ.①D923.404

中国版本图书馆 CIP 数据核字(2016)第 025325 号

出 版 人	赵剑英
责任编辑	孔继萍
责任校对	石春梅
责任印制	何 艳

出 版	中国社会科学出版社
社 址	北京鼓楼西大街甲 158 号
邮 编	100720
网 址	http://www.csspw.cn
发 行 部	010 - 84083685
门 市 部	010 - 84029450
经 销	新华书店及其他书店

印刷装订	北京市兴怀印刷厂
版 次	2016 年 1 月第 1 版
印 次	2016 年 1 月第 1 次印刷

开 本	710×1000 1/16
印 张	20.75
插 页	2
字 数	330 千字
定 价	78.00 元

撰稿人（按姓氏笔画排序）

王学华　史瑞　任丹红　包文炯　李俊
苏强　邹小新　张浩　范莉　陆超
周晓东　周佳妮　单甜甜　赵晓荣　殷志刚
顾成博　钱元　韩蓓　雷玉德　蔡永民
蔡全义　潘志江

目　　录

第 一 编

知识产权法基本理论

第 一 章

知识产权法概述

一　知识产权概念和特征

（一）知识产权的内涵

关于知识产权称谓的由来，中国学者有三种不同的观点，有的认为来源于德国，有的认为来源于法国，有的认为来源于瑞士。[1] 知识产权这一术语在世界范围内的普遍使用，是在 1967 年世界知识产权组织成立之后。因为世界知识产权组织公约中使用了英文 intellectual property 称呼这种权利，这以后 intellectual property 遂为各国所通用。

我国知识产权法律制度是从国外移植来的。我国在移植知识产权法时，将英文 intellectual property 翻译为知识产权。对此，有学者指出，如果确切地翻译，应是智慧财产权而非知识产权。[2] 1986 年，我国颁布了民事基本法《中华人民共和国民法通则》（以下简称《民法通则》），在其中称这种权利为知识产权。此后，知识产权成为我国约定俗成的用法。

知识产权是一种私权利，即民事权利。世贸组织（WTO）《与贸易有关的知识产权协议》（TRIPS）在协议前序中，明确要求全体成员承认知识产权是私权。从多数国家的知识产权立法来看，也都将知识产权作为私权来规范。在我国，《民法通则》第五章规定的内容为"民事权利"，其中第三节规定的就是知识产权。由此可见，我国立法也是将知识产权

---

① 参见刘春田主编《知识产权法》（第四版），高等教育出版社、北京大学出版社 2010 年版，第 2 页注释①。

② 参见郭寿康主编《知识产权法》，中共中央党校出版社 2002 年版，第 2—3 页。

归入民事权利，将其作为私权利来规范和保护的。

所谓私权利，是和公权利对应的概念。公权利和私权利分别是一个人在不同的生活领域里所享有的权利。① 公权利是权利人在国家公共生活领域中享有的权利。例如，公民参加国家政治管理享有选举权和被选举权，个人在自己的权利受侵害时，享有请求国家司法机关给予保护的诉权等，这些权利是公权利。而私权利则是权利人在私人生活领域中享有的权利。民法上的权利，如人身权、物权、债权、股东权等，都是私权利。但是，要注意的是，知识产权作为一种私权利，它和国家公权力有密切关系，这主要有两个方面，一是有些知识产权在取得程序上，必须经过政府相关部门的授权；二是知识产权的保护依赖国家行政权力或司法权力。

从效力上看，知识产权与民事权利中的物权具有较大的共性，都是权利人对权利客体进行排他的独占的支配权。只不过因为权利客体不同，在具体支配方式上有所不同。② 就物权而言，其是以物为对象的排他的独占的支配权。这一排他支配权有两个方面：一是权利人对物的支配权，包括占有物、利用物、处分物，并从对物的上述支配中获取利益这四个

---

① 公权利和私权利的区分对应于公法和私法的区分，而后者则对应于公共生活和市民社会的划分。

② 为避免误解，需要指出的是，物权和知识产权的区别并非仅仅体现在两者对客体的具体支配方式上，而是存在于其最根本的权利正当性的根据上。一般来说，对于物权，学理上常把物的稀缺性及由此出发通过界定物权来定纷止争、提高物的使用效率作为其正当性根据。这一理论显然无法用于解释知识产权的正当性。因为基于智力成果和工商业标记的无限复制可能性，稀缺性显然是不存在的。因此，对知识产权正当性根据的说明，有必要另辟蹊径。对此，应认为在智力成果的知识产权保护和工商业标记的知识产权保护之间也不存在统一的正当性根据。对智力成果的知识产权保护的正当性根据，较为合理的解释就是激励理论。即作为一种创造性智力活动的结果，智力成果对于经济和社会进步之促进作用是显而易见的，但低成本模仿行为的存在，会抑制这种创造性智力活动，因此，激励创造性活动的需要引发了智力成果的知识产权保护的出现。而对于工商业标记的知识产权保护的正当性根据，较为合理的解释应是劳动所有权说，即由于工商业标记上附有商业信誉这一属于经营者所有的劳动成果，出于保护经营者所有的商业信誉的理由，承认工商业标记上的标记权也就具有了合理性。在这里，应该指出的一点是，在对工商业标记保护的理由说明上，有时将消费者保护和竞争秩序的维护作为其正当性根据的组成部分，这是一种误解。虽然工商业标记的权利保护具有消费者保护和竞争秩序维护的效果，但这应理解为工商业标记权利保护的反射效应，而非其直接目的。上述物权和知识产权正当性根据的差别，要求两者需要建构不同的权利保护制度，正因如此，在传统的物权法之外，出现了知识产权法。

方面。二是权利人针对权利的客体——物，能够排除他人不经权利人的同意对物进行支配。知识产权之作为支配权，同样具有这两方面的内容，即权利人一方面能对知识产权的客体享有支配的权能，具体指控制、利用、处分，并由此获取经济利益；另一方面权利人能排除他人对知识产权的客体的支配。上述这两方面，有学者分别称为权利人行的权利和禁的权利。[①]

从知识产权的客体上看，其包括智力成果和工商业标记。[②] 虽然知识产权与物权具有相同的效力，但从权利客体上看，两者不一样。物权客体是物，是能被人控制、对人有用的有形的人体以外的东西，比如房子、土地、车子、机器等。知识产权客体则是智力成果和工商业标记。智力成果是人的脑力劳动的成果，如作品和技术发明等；工商业标记是区别经营者本身或区别经营者提供的商品或服务的标记，如商号、商标、地理标记等。

从知识产权的产生和内容上看，知识产权具有法定性。关于知识产权的客体、权利内容、知识产权的取得及其归属等，都必须依据法律的规定。各国由于经济、技术和文化等发展程度不同，在知识产权保护的法律规定方面都不同，因此形成知识产权保护水平上的差异。

综上所述，关于知识产权，我们可以将其界定为知识产权人依法对智力成果和工商业标记所享有的专有权。

（二）知识产权的范围

从知识产权产生和发展的历史来看，知识产权的范围是一个不断扩张的过程。最早产生的是以智力成果为客体的知识产权类型，在 19 世纪 50 年代之前，主要是版权、专利权、外观设计权；19 世纪 50 年代后，才

---

① 参见郑成思《知识产权法》，法律出版社 1997 年版，第 28 页。
② 关于知识产权的客体，我国知识产权法学界的传统认识是智力成果，但有学者认为应该将其区分为智力成果和工商业标记。对此，有学者认为这种区分是不必要的，因为工商业标记本质上也是智力成果。以智力成果为对象的知识产权和以工商业标记为对象的知识产权，其在权利正当性根据和相应的制度设计方面，还是有一定差异的。因此，本书对知识产权客体的说明，还是将其区分为智力成果和工商业标记。

开始出现以商标权为代表的、以工商业标记为对象的知识产权。① 之后，随着科技进步和经济发展，又进一步形成其他新的以智力成果为对象的知识产权，如集成电路布图设计权、植物新品种权等，和新的以工商业标记为对象的知识产权，如特殊标记权等。因此，对知识产权范围的认识，应把它理解为一个开放的、发展的体系。

最能体现知识产权范围开放性特征的，当属《成立世界知识产权组织公约》对知识产权范围的界定。根据该条约第 2 条第 8 款规定，知识产权包括以下有关项目的权利：（1）文学艺术和科学作品；（2）表演艺术家的演出、录音制品和广播节目；（3）在人类一切领域内的发明；（4）科学发现；（5）工业品外观设计；（6）商标、服务标记、商号名称和标记；（7）禁止不正当竞争；（8）一切其他来自工业、科学及文学艺术领域内的智力创作活动所产生的权利。其中第 8 项规定，将智力创作成果无一遗漏全都纳入了知识产权的保护范围。《成立世界知识产权组织公约》第 16 条规定，对该公约参加国不得作任何保留。这意味着该公约的成员都对上述知识产权保护范围表示接受。②

在《与贸易有关的知识产权协议》（TRIPS）中，其确定的知识产权保护范围为：（1）著作权与邻接权；（2）商标权；（3）地理标记权；（4）工业品外观设计权；（5）专利权；（6）集成电路布图设计权；（7）未公开过的信息专有权。由于 TRIPS 协议将其所保护的知识产权范围限定为与贸易有关的，所以，其要求保护的知识产权的范围较之世界知识产权组织公约要小一些。

（三）知识产权的特征

一般认为，知识产权具有无形性、地域性和期限性的特征。

所谓无形性，是指作为知识产权的客体的智力成果和工商业标记，其本身是一种信息，具有非物质性的属性，也就是没有外在的形体和形态，比如固态、气态、液态等，不占有一定的空间。因为智力成果和工商业标记具有无形性，因此，其要显现自己，就必须和一定的载体相结

---

① 李琛：《知识产权片论》，中国方正出版社 2004 年版，第 22 页。

② 参见郑成思《知识产权法》，法律出版社 1997 年版，第 4 页。

合，即其存在不能脱离一定的载体。知识产权客体的无形性，是其区别于物权的重要原因，它解释了知识产权和物权保护的不同法理依据，也造成了两者之间在保护制度上的差异。

所谓地域性，是指知识产权是依据特定国家的法律而产生的，其效力仅限于该国主权范围内，超出这一范围，该知识产权的效力将不被认可。

所谓期限性，是指知识产权的保护都是有期限的，在保护期内，知识产权人对知识产权的客体享有排他支配权，而一旦超过保护期，权利人就不再享有独占利用的权利，这些受知识产权保护的智力成果和工商业标记就进入公有领域，可以被社会公众自由利用。

二　知识产权法律制度体系

知识产权法是调整因智力成果和工商业标记而产生的各种社会关系的法律规范的总称。目前除了极少数的国家制定有知识产权法典外，大多数国家的知识产权法都是采取针对不同知识产权类别，如著作权、专利权、商标权等，进行分别立法的形式。我国也是这样。我国现有的知识产权立法有：1982 年第五届全国人大常委会第 24 次会议通过的《中华人民共和国商标法》（以下简称《商标法》），1984 年第六届全国人大常委会第 4 次会议通过的《中华人民共和国专利法》（以下简称《专利法》），1990 年第七届全国人大常委会第 15 次会议通过的《中华人民共和国著作权法》（以下简称《著作权法》）。上述法律都已经经过了数次修订。与此相配套，国务院还先后颁布了相关的实施条例或实施细则。此外，国务院还制定有《植物新品种保护条例》《计算机软件保护条例》《集成电路布图设计保护条例》《特殊标志管理条例》等行政法规对一些智力成果和工商业标记进行知识产权保护。

法律对社会关系的调整是通过法律规范来实现的，但单个的法律规范完成不了调整社会关系的任务，必须由众多内容上相互关联、功能上相互补充的法律规范组合在一起，才能完成调整任务。组合在一起的完成特定调整功能的法律规范群，就是特定的法律制度。调整某一社会关系的法律门类，就是由各种法律制度依据特定的逻辑结构编排在一起的内容上融贯一致、功能上相互协调的一个法律制度体系，知识产权法也不例外。

尽管目前各国大都是针对知识产权的不同保护对象分别制定不同的专门法律，缺少一个整体的法典式的知识产权立法，因而不可能对整体知识产权法律制度体系进行描述。但基于对各个具体的知识产权专门法律的分析，如著作权法、专利法、商标法等，我们还是可以大致归纳出各专门知识产权法的共同的制度体系。一般来说，各专门的知识产权法，大多是由以下法律制度组合构建而成一个体系的。

1. 权利客体制度

不同的知识产权专门法，其保护的对象是不同的，如著作权法保护的是作品，专利法保护的是发明创造，商标法保护的是商标。因此，对于各专门法来说，其首要任务就是要对自己的保护对象，即权利客体作出界定，规定自己的保护对象是什么，以及基于公共政策或其他考虑，会将该保护对象中哪些特定对象排除在保护之外。除此之外，该专门法还需规定受该法保护客体取得该种权利保护的条件。规定保护条件的目的是在公有领域与受排他支配权保护的客体之间进行划分，确保最终取得权利保护的是权利人所创造出来的"增量"，避免权利人将原属于公共资源的"存量"据为己有。

2. 权能制度

关于权利的本质，现今之有力通说认为，其为法律上之力。依此说，权利总是由"特定利益"和"法律上之力"两个要素构成。所谓"法律上之力"，系由法律所赋予的一种力量，凭借此力量，既可以支配标的物，也可以支配他人。① 就权利的两个构成要素而言，可以说权利人在权利客体上所存在的"特定利益"是权利的目的，而权利人针对权利客体而享有的"法律上之力"则是权利的手段。权利人正是通过对"法律上之力"的行使，才使其在权利客体上的"特定利益"得以实现。权利中所包含的"法律上之力"这一要素正是该权利所包含的权能。

对于知识产权来说，其本质当然也是一种"法律上之力"。法律之所以确认知识产权人对于该智力成果或工商业标记享有知识产权，乃是因

① 梁慧星：《民法总论》（第三版），法律出版社 2007 年版，第 70 页。

为该权利人在该权利客体上享有"特定利益",是故赋予其"法律上之力",即得对该客体享有特定的排他支配权,使其得以实现该客体上所享有的"特定利益"。应予注意的是,对于不同的智力成果或工商业标记来说,权利人实现其利益而需要享有的具体的"法律上之力"是不同的,由此导致不同的知识产权类别,其排他支配权的内容,即权能也是不同的。因此,各专门知识产权法的一项重要内容,就是对该种知识产权的权能内容作出规定。此外,其还需就其权利行使规则作出规定。

就知识产权人在其智力成果或工商业标记上享有的"特定利益"而言,大多数属于财产利益,因此,从经济学角度上看,其构成社会经济资源的一部分。在现代市场经济条件下,为使资源配置最优化,应鼓励各种资源占有人进行交换,以实现物尽其用。因此,对于知识产权应赋予其权利人处分权能,应无疑义。为此,知识产权法还应对知识产权人对知识产权的处分,包括知识产权转让和许可使用等,作出规定。

3. 权利原始取得制度

知识产权原始取得分两种情况,一种是依据创造事实而取得,比如著作权;一种是知识产权登记机关——行政机关基于当事人的申请经过审查而授予申请人知识产权。不同的知识产权类型,立法者基于不同的政策考量,确定不同的权利原始取得制度。如果决定采取登记取得制度,则法律须对申请、受理、审查等程序作出规定,以保障行政机关登记行为的合法性和高效性。

4. 权利归属制度

综上所述,权利的构成因素之一是其包含了"特定利益"。这一"特定利益"存在于权利客体之上,反映的是权利主体以该权利客体为中介和其他人的关系。权利主体对权利客体享有"特定利益",正是这种利益关系的存在,解释了该权利归属于该权利主体的根据。

对于智力成果的创造者来说,他对其创造的智力成果享有"特定利益"是确定无疑的。也正因此,将智力成果上产生的知识产权归属于其创造者,便有了合理性。但是,实践中智力成果的创造过程是复杂的,是在特定的具体条件下创造出来的,这使创造完成的智力成果上,可能并非仅仅是创造者对其享有"特定利益",其他主体对其也享有"特定利益",如创造者职务行为所完成的智力成果。在这种情况下,立法者必须基于公平的利益衡量，结合特定的政策考量，对其权利归属及利益分配作出安排。唯其如此，才能一方面实现知识产权制度激励创新的目标，另一方面体现出分配正义。

5. 权利限制制度

权利限制制度规定对知识产权人专有权利的限制，包括权利期限、内容等限制。知识产权的目的在于实现知识产权法的宗旨，即以赋予发明创造人权利的形式承认其私人利益，从而激励创新以实现社会利益。为此，需要在权利人私人利益和社会利益之间进行平衡。知识产权限制制度体现了这种利益平衡，即通过对权利人的权利给予一定限制，达到促进思想、技术传播的效果，以此来平衡权利人利益和社会公共利益之间的关系。但权利限制必须法定，为避免对权利人权利进行不适当的限制，有必要通过法律规定明确限制的形式、条件和范围等。

6. 权利保护制度

权利保护制度规定权利人在其知识产权受侵害时的救济方式和侵权人应承担的法律责任。因为知识产权的私权性质，所以知识产权保护主要是为权利人提供民事救济手段，规定侵权民事责任。同时，针对社会危害性严重、达到犯罪程度的侵权行为，则由公权力机关追究刑事责任。与很多国家不同，因为历史的原因，我国对知识产权还提供行政保护。此外，知识产权海关保护提供了一种补充保护形式。

三　知识产权保护的国际协调

（一）知识产权保护国际协调的产生和发展

知识产权保护的国际协调是和国际贸易密切相关的。国际贸易是商品、服务和技术的跨国交易。由于知识产权的地域性特征，在国际贸易中，商品、服务和技术中所包含的受其本国知识产权保护的智力成果和工商业标记，跨越国门后，在外国不能再得到知识产权保护。知识产权人虽然可以依据外国法律在外国谋求知识产权保护，但由于各国对非本国国民的智力成果和工商业标记是否给予保护的态度不同，各国知识产权法的保护程度也不同。于是，在本国得到知识产权保护的智力成果和工商业标记，在外国得不到知识产权保护或者只能得到较低保护。这种现象引发了知识产权保护的国际协调。

知识产权保护的国际协调主要采取订立双边或多边知识产权保护条约的方式。① 即由两国政府或多国政府通过双边或多边谈判达成双边或多边协议，对知识产权保护的实体性标准，比如权利客体、权利内容等，或程序性制度，比如取得知识产权的程序等，进行约定，然后由协议参加国在国内法中采纳，在协议参加国之间形成相对统一的知识产权保护制度。目前，通过知识产权保护国际协调而形成的知识产权国际条约，已经形成一个庞大而复杂的体系。据统计，全球性的国际知识产权条约已达 30 多个。这些条约分别由世界知识产权组织、世界贸易组织和联合国教科文组织管理，涉及知识产权的方方面面。

（二）知识产权保护国际条约

1. 世界知识产权组织管理的国际条约

1967 年《建立世界知识产权组织公约》的订立，成立了世界知识产权组织（WIPO），其以《建立世界知识产权组织公约》这一组织规范为统领，将保护工业产权的巴黎公约体系和保护文学艺术作品的伯尔尼公约体系，统一纳入自己的管理之下。其历史最悠久、对象最广泛、成员国最多。

巴黎公约体系，是以《保护工业产权巴黎公约》（简称《巴黎公约》）为基本公约、其他工业产权专门协定为辅助条约所形成的工业产权保护条约体系。在这个体系中，目前已生效的，除了《巴黎公约》以外，还有 14 个专门协定。从其相互关系看，《巴黎公约》是工业产权领域里的基本公约，它的基本原则与最低要求制约着其他专门协定，而其他专门协定则是在《巴黎公约》的基础上缔结的，是对《巴黎公约》的补充或在某一方面的具体化，不得与《巴黎公约》相抵触。

伯尔尼公约体系，是以《伯尔尼公约》为核心，以世界知识产权组织管理的其他已经生效的著作权与邻接权公约、协定为要素构成的著作

---

① 知识产权国际保护的途径除采取订立双边或多边知识产权保护条约的方式外，还曾经有过单方保护外国的知识产权和互惠保护两种形式，但这两种保护形式现在已经很少见。参见郑成思《知识产权法》，法律出版社 1997 年版，第 118—119 页。

权条约体系。在伯尔尼公约体系中，《伯尔尼公约》是著作权保护的基本公约，《保护表演者、录音制品制作者与广播组织公约》（《罗马公约》）是第一个邻接权保护的国际公约。而 1996 年 12 月在日内瓦召开的 WIPO 关于著作权与邻接权问题外交会议上通过的两个新条约，即 WIPO 版权条约（WCT）和 WIPO 表演与录音制品条约，则是数字、网络环境下版权和邻接权国际保护的最新发展。其中，WCT 是从属于伯尔尼公约的特别协议，WPPT 虽与《罗马公约》是两个互不隶属、独立的邻接权保护条约，但其宗旨在于巩固罗马公约的基础性作用。①

2. 联合国教科文组织管理的国际条约

联合国教科文组织管理的国际条约，即《世界版权公约》，是为了将版权保护水平较低的美国等一些美洲国家引入版权国际保护体系中而缔结的。该条约生效后，与《伯尔尼公约》共同成为版权国际保护领域的基本规范，但其在版权国际保护体系中的地位远不如《伯尔尼公约》。随着最近几年出现的一些新的多边条约，尤其是关贸总协定乌拉圭回合谈判达成的《与贸易有关的知识产权协议》和世界知识产权组织于 1996 年 12 月倡导缔结的《世界知识产权组织版权条约》的缔结，版权国际保护已经出现了许多新的规则。这些新规则都远远超出《世界版权公约》所提供的保护水平。另外，由于美国等国家已正式加入《伯尔尼公约》，《伯尔尼公约》已成为事实上的国际标准，《世界版权公约》的现实意义已经不大。②

3. 世贸组织管理的知识产权保护公约

世界贸易组织管理的知识产权保护国际公约，即《与贸易有关的知识产权协议》（TRIPS）。TRIPS 第一次将版权、专利、商标等知识产权保护融为一体，是迄今为止最为全面的多边知识产权协议。协议所保护的对象是与贸易有关的知识产权，其将知识产权作为与贸易有关的客体纳入广泛的贸易环境中，并按照国际贸易的原则和程序进行处理，把原来仅适用于国际贸易的原则延伸到了知识产权领域。

在知识产权保护国际条约中，TRIPS 的保护水平最高、强制力最强，

---

① 张乃根：《国际贸易的知识产权法》，复旦大学出版社 1999 年版，第 105 页。
② 唐广良：《知识产权的国际保护》，知识产权出版社 2002 年版，第 124 页。

它不但规定了较高的知识产权保护标准，还强化了知识产权执法，对有关知识产权的法律救济及其程序作出了具体规定，并且引入了世界贸易组织《关于争端解决的规则与程序的谅解》所确定的争端解决机制用以解决知识产权争端。

（三）　知识产权保护国际条约的国内法效果

知识产权保护的国际协调，产生了国内法与国际法的关系问题。所谓知识产权保护的国际协调，不是以国际条约取代或覆盖国内法，不是应用有关知识产权保护的国际条约对知识产权进行直接保护，而是由知识产权保护国际条约对条约参加国设定国际义务，通过其国内知识产权制度来实现的。也就是说，是以一种履行国际义务的形式而实现的国内保护。在这里，国家所承担的国际义务就是使本国的知识产权制度达到国际知识产权条约所规定的知识产权保护国际标准。[1]

在一国参加了知识产权国际条约或缔结了知识产权双边条约后，如何通过其国家立法和执法去履行其在所参加或缔结的国际条约中承诺的义务，事关国际公约的接受程序。从各国实践来看，接受程序本身可以分为两种。一种是将条约的规定转变为国内法，即必须将每个条约制定为国内法，才能在国内得到执行，其典型是英国。另一种是将条约的规定纳入国内法，即以该国的宪法或其他法律概括地把条约纳入国内法，无须再制定单独的国内法，如美国、法国、日本等。[2]

我国现已加入了一些知识产权国际条约，关于知识产权国际条约的接受问题，我国宪法并无明文规定，而学者认为，我国《民法通则》第一百四二条第2款已经作了规定："中华人民共和国缔结或者参加的国际条约同中华人民共和国民事法律有不同规定的，适用国际条约的规定，但中华人民共和国声明保留的条款除外。"此外，《中华人民共和国民事诉讼法》（以下简称《民事诉讼法》）第238条也有类似规定。据此，我国加入的国际条约可以直接纳入我国的国内法，在知识产权领域缔结或

---

[1]　郑成思：《知识产权法》，法律出版社1997年版，第118页。

[2]　刘春田：《知识产权法》（第二版），高等教育出版社、北京大学出版社2003年版，第395页。

参加的国际条约也无须转变为国内法即可适用。① 而最高人民法院在 1994 年 9 月 29 日所印发的《关于进一步加强知识产权司法保护的通知》中规定,人民法院审理知识产权案件,要严格适用《商标法》《专利法》《著作权法》等法律法规以及我国参加或者缔结的有关知识产权的国际条约,充分、平等、及时地保护当事人的合法权益。该通知明确将有关国际条约作为法院判案的依据。而在我国司法实践中,法院多次将我国缔结或者参加的国际条约的规定用于知识产权案件的审判中。②

应该指出的是,对于知识产权保护国际条约来说,缔约成员并非对其全部规范内容都要遵守。知识产权保护国际条约的内容分为实体条款与行政条款两部分。实体条款又分为最低要求条款和可选择性条款。其中,行政条款是缔约成员必须承认的,而实体条款中,只有最低要求条款才属于知识产权保护的国际标准,是成员必须遵守的国际义务。③

① 同上书,第 396 页。

② 刘春田:《知识产权法》(第二版),高等教育出版社、北京大学出版社 2003 年版,第 397 页。

③ 郑成思:《知识产权法》,法律出版社 1997 年版,第 103 页。

第 二 章

著作权法基本理论

一 著作权客体

著作权的客体为作品。作品，指文学、艺术和科学领域内，具有独创性并能以某种有形形式复制的智力创作成果。作品，就其本质来说，是思想或情感的表达。著作权对作品的保护，以思想或感情的表达为保护范围，但不及于思想或情感本身。

作品要取得著作权必须具备两个条件，即独创性和可复制性。独创性，是指作品要体现作者的个性，要有属于作者个人所特有的东西。因此，独创性要求作品应是作者自己创作完成的，而不是抄袭或剽窃得来的。作品取得著作权的另一个条件，是其要能以有形的形式复制，即具有可复制性，但不要求已经复制。

受著作权保护的作品类型主要包括：

1. 文字作品。是指小说、诗词、散文、论文等以文字形式表现的作品。

2. 口述作品。是指即兴的演说、授课、法庭辩论等以口头语言创作、未以任何物质载体固定的作品。

3. 音乐、戏剧、曲艺、舞蹈、杂技艺术作品。音乐作品，是指交响乐、歌曲等能够演唱或者演奏的带词或者不带词的作品，音乐作品即乐曲；戏剧作品，是指话剧、歌剧、地方戏曲等供舞台演出的作品；曲艺作品，是指相声、快书、大鼓、评书等以说唱为主要形式表演的作品；舞蹈作品，是指通过连续的动作、姿势、表情等表现思想情感的作品；杂技艺术作品，是指杂技、魔术、马戏等通过形体动作和技巧表现的作品。

4. 美术、建筑作品。美术作品，是指绘画、书法、雕塑等以线条、色彩或者其他方式构成的有审美意义的平面或者立体的造型艺术作品；建筑作品，是指以建筑物或者构筑物形式表现的有审美意义的作品。

5. 摄影作品。是指借助器械在感光材料或者其他介质上记录客观物体形象的艺术作品。

6. 电影作品和以类似摄制电影的方法创作的作品。是指摄制在一定介质上，由一系列有伴音或者无伴音的画面组成，并且借助适当装置放映或者以其他方式传播的作品。

7. 工程设计图、产品设计图、地图、示意图等图形作品和模型作品。图形作品，是指为施工、生产绘制的工程设计图、产品设计图，以及反映地理现象、说明事物原理或者结构的地图、示意图等作品；模型作品，是指为展示、试验或者观测等用途，根据物体的形状和结构，按照一定比例制成的立体作品。

8. 计算机软件。包括计算机程序和有关文档。计算机程序，是为了得到某种结果而可以由计算机等具有信息处理能力的装置执行的代码化指令性序列，或者可以被自动转换成代码化指令序列的符号化指令序列或符号化语句序列。同一计算机程序的源程序和目标程序为同一作品。文档，是用来描述程序的内容、组成、设计、功能规格、开发情况、测试结果及使用方法的文字资料和图标等，如程序设计说明书、流程图、用户手册等。

9. 法律、行政法规规定的其他作品。

应该注意的是，著作权保护不适用于：（1）法律、法规，国家机关的决议、决定、命令和其他具有立法、行政、司法性质的文件，及其官方正式译文；（2）时事新闻；（3）历法、通用数表、通用表格和公式。

二　著作权内容

著作权的内容包括著作人身权和著作财产权。

（一）著作人身权

著作人身权，是作者基于作品的创作者身份依法所享有的，与作者身份密切相关的，以作者人格利益的满足为内容的权利。包括发表权、署名权、修改权和保护作品完整权。

1. 发表权。即决定作品是否公之于众的权利。

2. 署名权。即表明作者身份，在作品上署名的权利。

3. 修改权。即修改或者授权他人修改作品的权利。

4. 保护作品完整权。即保护作品不受歪曲、篡改的权利。

（二）著作财产权

著作财产权，是著作权人对作品的利用进行控制，以获取财产利益的满足为内容的权利。

著作财产权具体包括：

1. 复制权。是以印刷、复印、拓印、录音、录像、翻录、翻拍等方式将作品制作一份或者多份的权利。

2. 发行权。是以出售或者赠予方式向公众提供作品的原件或者复制件的权利。

3. 出租权。是有偿许可他人临时使用电影作品和以类似摄制电影的方法创作的作品、计算机软件的权利。但计算机软件不是出租的主要标的的除外。

4. 展览权。即公开陈列美术作品、摄影作品的原件或者复制件的权利。

5. 表演权。即公开表演作品，以及用各种手段公开播送作品的表演的权利。

6. 放映权。即通过放映机、幻灯机等技术设备公开再现美术、摄影、电影和以类似摄制电影的方法创作的作品等的权利。

7. 广播权。即以无线方式公开广播或者传播作品，以有线传播或者转播的方式向公众传播广播的作品，以及通过扩音器或者其他传送符号、声音、图像的类似工具向公众传播广播的作品的权利。

8. 信息网络传播权。即以有线或者无线方式向公众提供作品，使公众可以在其个人选定的时间和地点获得作品的权利。

9. 摄制权。即以摄制电影或者以类似摄制电影的方法将作品固定在载体上的权利。

10. 改编权。即改变作品，创作出具有独创性的新作品的权利。

11. 翻译权。即将作品从一种语言文字转换成另一种语言文字的权利。

12. 汇编权。即将作品或者作品的片段通过选择或者编排，汇集成新作品的权利。

13. 其他权利。出于保护著作权人的需要，应该由著作权人进行控制的作品利用形式，在著作权法中又没有明确规定时，就可以把著作权人对作品的该种利用形式的控制权，归入其他权利。

（三）著作权的处分

著作权人可以对著作财产权进行处分，其方式包括：

1. 著作权许可使用。是指著作权人许可他人行使自己享有的著作财产权中的一项或多项权利的行为。

2. 著作权转让。是著作权人将其著作财产权的全部或者部分转让给他人的行为。

3. 授权著作权集体管理组织管理。著作权集体管理组织，是指为权利人的利益依法设立，根据权利人授权、对权利人的著作权或者与著作权有关的权利进行集体管理的社会团体。所谓著作权集体管理，是指著作权集体管理组织经权利人授权，集中行使权利人的有关权利并以自己的名义进行著作权管理和保护活动。

表演权、放映权、广播权、出租权、信息网络传播权、复制权等权利人自己难以有效行使的权利，权利人可以通过与著作权集体管理组织以书面形式订立著作权集体管理合同，授权该组织对其进行管理。著作权集体管理组织经权利人授权，集中行使权利人的有关权利并以自己的名义进行的下列活动：（1）与使用者订立著作权或者与著作权有关的权利许可使用合同；（2）向使用者收取使用费；（3）向权利人转付使用费；（4）进行涉及著作权或者与著作权有关的权利诉讼、仲裁等。

4. 著作权的其他利用。根据其他法律的规定，著作权人还可以对著作财产权进行其他形式的处分，如设定质权等。

著作权的处分是由著作权人和相对人订立相关合同来完成的。在著作权许可使用中，除许可使用的权利是专有使用权应当采取书面形式外，非专有使用权的许可使用合同可以采取非书面形式。其内容主要包括：（1）许可使用的权利种类；（2）许可使用的权利是专有使用权或者非专有使用权；（3）许可使用的地域范围、期间；（4）付酬标准和办法；（5）违约责任；（6）双方认为需要约定的其他内容。

著作权转让合同应当以书面形式订立。其内容主要包括：（1）作品的名称；（2）转让的权利种类、地域范围；（3）转让价金；（4）交付转让价金的日期和方式；（5）违约责任；（6）双方认为需要约定的其他内容。

当事人不履行合同义务或者履行合同义务不符合约定条件，出现著作权合同纠纷的，应当依照《中华人民共和国民法通则》《中华人民共和国合同法》（以下简称《合同法》）等有关法律规定承担民事责任。对著作权合同纠纷，当事人可以选择调解，也可以根据所达成的书面仲裁协议或者著作权合同中的仲裁条款，向仲裁机构申请仲裁。没有书面仲裁协议，也没有在著作权合同中订立仲裁条款的，当事人可以直接向人民法院起诉。

三　著作权的取得和保护期间

著作权法对我国公民、法人或其他组织的作品上著作权的取得，实行自动取得制度。也就是作品创作完成后，无须履行任何手续，著作权自动在作品上产生。

关于外国人、无国籍人的作品在中国的著作权保护，区分不同情况有所不同。外国人、无国籍人的作品首先在中国境内出版的，在我国享有著作权，其著作权自首次出版之日起受保护。外国人、无国籍人的作品在中国境外出版的，如果该外国人或无国籍人所属国或经常居住地国同中国签订了协议或者共同参加了国际条约，依照该协议或者国际条约享有的著作权，受我国《著作权法》保护；如果是未与中国签订协议或者共同参加国际条约的国家的作者以及无国籍人，其作品首次在中国参加的国际条约的成员国出版的，或者在成员国和非成员国同时出版的，也受《著作权法》保护。除上述情况外，其他外国人的作品，在我国不享受著作权保护。

著作权在作品上产生后，在著作权保护期内即受著作权法保护。所谓著作权保护期，是指著作权受法律保护的有效期限，也就是著作权人对其作品享有专有权的法定期间。受到保护期限制的，主要是各种著作财产权。在著作人身权中，作者的署名权、修改权、保护作品完整权，其保护不受期限限制。而发表权则有保护期限制，其保护期与著作财产权相同。

关于发表权和著作财产权的保护期，著作权法的规定是：

公民的作品，其发表权和著作财产权的保护期为作者终生及其去世后 50 年，截止于作者去世后第 50 年的 12 月 31 日。如果是合作作品，则以最后死亡的合作作者的死亡日期开始计算，加上其去世后 50 年。

法人或者非法人单位的作品，除署名权外著作权由法人或者非法人单位享有的职务作品，其发表权、著作财产权的保护期为 50 年，截止于作品首次发表的第 50 年的 12 月 31 日。但自作品创作完成后 50 年内未发表的，著作权法不再保护。

电影作品和以类似摄制电影的方法创作的作品、摄影作品，其发表权、著作财产权的保护期为 50 年，截止于作品首次发表的第 50 年的 12 月 31 日。但自作品创作完成后 50 年内未发表的，著作权法不再保护。

对于作者身份不明的作品，其著作财产权的保护期截止于作品首次发表后第 50 年的 12 月 31 日。作者身份确定后，根据其权利人是公民还是法人，决定其保护期。

对于遗作，即作者生前未发表的作品，如果作者生前明确表示不发表，则其发表权的保护期为 50 年，在作者死亡后 50 年不得发表。如果作者生前未明确表示不发表，作者死亡后 50 年内，其发表权可由继承人或者受遗赠人行使；没有继承人又无人受遗赠的，由作品原件的所有人行使。

四　著作权归属

作品上著作权归属的一般原则是属于作者，以属于作者以外的人为例外，仅以著作权法有明确规定为限。所谓作者，包括事实作者和拟制作者。事实作者，是指实际创作作品的公民；拟制作者，是指符合法律规定条件的法人或其他组织。根据著作权法规定，由法人或者其他组织主持，代表法人或者其他组织意志创作，并由法人或者其他组织承担责任的作品，法人或者其他组织视为作者。关于作者的身份，以作品上署名来认定，但在有相反证明时，以证明为准。

著作权法针对一些特殊作品的著作权归属作了规定，包括：

1. 演绎作品

演绎作品，是改编、翻译、注释、整理已有作品而产生的作品。其著作权由改编、翻译、注释、整理人享有，但演绎作品著作权人行使其对演绎作品的著作权时不得侵犯原作品的著作权。

2. 合作作品

合作作品，是两人以上合作创作的作品。其著作权由合作作者共同享有。合作作品可以分割使用的，作者对各自创作的部分可以单独享有著作权，但行使著作权时不得侵犯合作作品整体的著作权。合作作品不可以分割使用的，其著作权由各合作作者共同享有，通过协商一致行使；不能协商一致，又无正当理由的，任何一方不得阻止他方行使除转让以外的其他权利，但是所得收益应当合理分配给所有合作作者。

3. 汇编作品

汇编若干作品、作品的片段或者不构成作品的数据或者其他材料，对其内容的选择或者编排体现独创性的作品，为汇编作品。汇编作品的著作权由汇编人享有，但行使著作权时，不得侵犯原作品的著作权。

4. 电影作品和以类似摄制电影的方法创作的作品

电影作品和以类似摄制电影的方法创作的作品的著作权由制片者享有，但编剧、导演、摄影、作词、作曲等作者享有署名权，并有权按照与制片者签订的合同获得报酬。电影作品和以类似摄制电影的方法创作的作品中的剧本、音乐等可以单独使用的作品的作者有权单独行使其著作权。

5. 职务作品

公民为完成法人或者其他组织的工作任务所创作的作品是职务作品。职务作品的著作权一般由作者享有，但法人或者其他组织有权在其业务范围内优先使用。自作者向单位交付作品之日起计算，作品完成两年内，未经单位同意，作者不得许可第三人以与单位使用的相同方式使用该作品，经单位同意，作者可以许可第三人以与单位使用的相同方式使用该作品，但所获报酬应由作者与单位按约定的比例分配。

主要是利用法人或者其他组织的物质技术条件创作，并由法人或者其他组织承担责任的工程设计图、产品设计图、地图、计算机软件等职务作品，著作权属于法人或者其他组织享有，作者享有署名权，法人或者其他组织应给予作者奖励。法律、行政法规规定或者合同约定著作权由法人或者其他组织享有的职务作品，也是如此。

6. 委托作品

委托作品，指受委托创作的作品。其著作权的归属由委托人和受托人通过合同约定。合同未作明确约定或者没有订立合同的，著作权属于受托人。

7. 美术作品原件转移时的权利归属

美术作品原件所有权的转移，不视为作品著作权的转移，但美术作品原件的展览权由原件所有人享有。

8. 作者身份不明的作品

作者身份不明的作品由作品原件的合法持有人行使除署名权以外的著作权，作者身份确定后由作者或者其继承人行使著作权。

著作权属于公民的，公民死亡后，其著作财产权在著作法规定的保护期内，依照继承法的规定转移。其著作权中的署名权、修改权和保护作品完整权由作者的继承人或受遗赠人保护。无人继承又无人接受遗赠的，其署名权、修改权和保护作品完整权由著作权行政管理部门保护。合作作者之一去世以后，其对合作作品享有的著作财产权无人继承又无人接受遗赠的，由其他合作作者享有。

著作权属于法人或者其他组织的，法人或者其他组织变更、终止后，著作财产权在著作法规定的保护期内，由承受其权利义务的法人或者其他组织享有；没有承受其权利义务的法人或者其他组织的，由国家享有。

五　邻接权

邻接权，是作品传播者对其传播作品所产生的成果享有的权利。我国著作权法规定的邻接权包括表演者权、录音录像制作者权、广播组织权和版式设计权。

1. 表演者权

表演者，是指演员、演出单位或者其他表演文学、艺术作品的人。表演者除演员等自然人外，演出单位，包括法人及其他组织，也可以是表演者。

表演者（演员、演出单位）使用他人作品演出，应当取得著作权人许可，并支付报酬。演出组织者组织演出，由该演出组织者取得著作权人许可，并支付报酬。

表演者享有以下权利：（1）表明表演者身份；（2）保护表演形象不受歪曲；（3）许可他人从现场直播和公开传送其现场表演，并获得报酬；（4）许可他人录音录像，并获得报酬；（5）许可他人复制、发行录有其表演的录音录像制品，并获得报酬；（6）许可他人通过信息网络向公众传播其表演，并获得报酬。上述权利中第（1）、（2）两项权利的保护期不受限制，第（3）至（6）项权利的保护期自表演发生起 50 年后终止。

2. 录音录像制作者权利

录音制作者，指将表演的声音和其他声音首次录制下来的人。录像制作者，指录像制品的首次制作人。

录音、录像制作者使用他人作品制作录音、录像制品，应当取得著作权人许可，并支付报酬；使用改编、翻译、注释、整理已有作品而产生的作品，应当取得改编、翻译、注释、整理作品的著作权人和原作品著作权人许可，并支付报酬；除著作权人声明不许使用外，录音制作者使用他人已经合法录制为录音制品的音乐作品制作录音制品，可以不经著作权人许可，但应当按照规定支付报酬。录音、录像制作者制作录音、录像制品，应当同表演者订立合同，并支付报酬。

录音、录像制作者享有许可他人复制、发行、出租、通过信息网络向公众传播其制作的录音、录像制品并获得报酬的权利。权利的保护期为 50 年，截止于该制品首次制作完成后的 50 年。

3. 广播组织权

广播组织指依法设立的广播电台、电视台。

广播电台、电视台播放他人未发表的作品，应当取得著作权人许可，并支付报酬；播放他人已发表的作品，可以不经著作权人许可，但应当支付报酬；播放已经出版的录音制品，可以不经著作权人许可，但应当支付报酬。当事人另有约定的除外。

电视台播放他人的录像制品，应当取得著作权人和录像制作者许可，并支付报酬；播放他人的电影作品和以类似摄制电影的方法创作的作品，应当取得制片者许可，并支付报酬。

广播电台、电视台有权禁止他人的下列行为：（1）将其播放的广播、电视转播；（2）将其播放的广播、电视录制在音像载体上以及复制音像载体。上述权利的保护期为 50 年，自该广播电视首次播放起计算。

4. 出版者的版式设计权

所谓版式设计，包含对版心、排式、用字、行距、标题、引文、标点符号等的确定。出版者的版式设计权，是出版者对其出版物的版式设计的专有使用权。即不经出版者许可，他人不得使用其出版物的版式设计。该权利的保护期为十年，截止于使用该版式设计的图书、期刊首次出版后第十年的 12 月 31 日。

六　著作权限制

著作权的限制，系针对著作权人的著作财产权排他性的限制，即允许第三人可以不经著作权人许可使用其已经发表的作品。我国著作权法所规定的著作权限制，包括合理使用和法定许可使用两种形式。为防止著作权限制对著作权人利益的不正当损害，必须对著作权限制进行严格限制。依据著作权法实施条例规定，依照著作权法有关规定使用可以不经著作权人许可的已经发表的作品的，不得影响该作品的正常使用，也不得不合理地损害著作权人的合法利益。

1. 合理使用

合理使用，是指依据著作权法的规定，允许第三人在某些法律规定的特定情况下，在指明作者姓名和作品名称，并且不侵犯著作权人享有的其他著作权利的前提下，在使用受著作权保护的作品时，可以不经著作权人的许可，也不向其支付报酬的一种著作权限制制度。

著作权法所规定的允许合理使用的情形包括：（1）为个人学习、研究或者欣赏，使用他人已经发表的作品；（2）为介绍、评论某一作品或者说明某一问题，在作品中适当引用他人已经发表的作品；（3）为报道时事新闻，在报纸、期刊、广播电台、电视台等媒体中不可避免地再现或者引用已经发表的作品；（4）报纸、期刊、广播电台、电视台等媒体刊登或者播放其他报纸、期刊、广播电台、电视台等媒体已经发表的关于政治、经济、宗教问题的时事性文章；（5）报纸、期刊、广播电台、电视台等媒体刊登或者播放在公众集会上发表的讲话；（6）为学校课堂教学或者科学研究，翻译或者少量复制已经发表的作品，供教学或者科研人员使用，但不得出版发行；（7）国家机关为执行公务在合理范围内使用已经发表的作品；（8）图书馆、档案馆、纪念馆、博物馆、美术馆等为陈列或者保存版本的需要，复制本馆收藏的作品；（9）免费表演已经发表的作品，该表演未向公众收取费用，也未向表演者支付报酬；（10）对设置或者陈列在室外公共场所的艺术作品进行临摹、绘画、摄影、录像；（11）将中国公民、法人或者其他组织已经发表的以汉语文字创作的作品翻译成少数民族语言文字作品在国内出版发行；（12）将已经发表的作品改成盲文出版。

以上规定也适用于对出版者、表演者、录音录像制作者、广播电台、电视台的权利的限制。

2. 法定许可使用

法定许可使用，是指使用者依据著作权法的规定，在指明作者姓名和作品名称，并且不侵犯著作权人享有的其他著作权的前提下，不经著作权人许可但向其支付报酬，而使用著作权人作品的一种著作权限制制度。

著作权法规定的允许法定许可使用的情形包括：

（1）为实施义务教育和国家教育规划而编写、出版教科书，除了作者事先声明不许使用的外，可以不经著作权人的许可，在教科书中汇编已经发表的作品片段或者短小的文字作品、音乐作品或者单幅的美术作品、摄影作品，但是应当按照规定支付报酬，并要指明作者姓名、作品名称，不得侵犯著作权人享有的其他著作权。上述规定同样适用于对出版者、表演者、录音录像制作者、广播电台、电视台的权利的限制。

（2）作品在报纸、期刊刊载后，除著作权人声明不得转载、摘编的外，其他报刊可以转载或者作为文摘资料刊登，但是应当按规定向著作权人支付报酬。

（3）除著作权人声明不得使用外，录音制作者使用他人已经合法录制为录音制品、音乐作品来制作录音制品的，可以不经著作权人的许可，但应当按照规定支付报酬。

（4）广播电台、电视台播放他人已经发表的作品可以不经著作权人的同意，但是应当支付报酬。

（5）广播电台、电视台播放他人已经出版的录音制品，可以不经著作权人的同意，但是应当支付报酬。当事人可以另有约定。

七　著作权保护

著作权保护，是指在著作权或邻接权被侵害时，通过追究侵权人的法律责任，以保护权利人的合法权益。

1. 民事责任

行为人实施了著作权法第 47 条、第 48 条规定的行为之一的，权利人可以追究侵权人的民事责任。

民事责任形式包括停止侵害、消除影响、赔礼道歉、赔偿损失等。其中，停止侵害，适用于对著作人身权和财产权的侵害，其适用以客观上有侵害行为为已足，无须行为人主观上具备过失；消除影响、赔礼道歉，适用于对著作人身权的侵害；赔偿损失，适用于对著作人身权和财产权的侵害，其适用要求客观上有侵害行为且造成损失，主观上须行为人具备过失。关于赔偿额，著作权法规定，侵权人应当按照权利人的实际损失给予赔偿；实际损失难以计算的，可以按照侵权人的违法所得给予赔偿。赔偿数额还应当包括权利人为制止侵权行为所支付的合理开支。

权利人的实际损失或者侵权人的违法所得不能确定的，由人民法院根据侵权行为的情节，判决给予 50 万元以下的赔偿。

2. 行政责任

有著作权法第 48 条所列侵权行为，同时损害社会公共利益的，由地方人民政府著作权行政管理部门负责查处。国务院著作权行政管理部门可以查处在全国有重大影响的侵权行为。

著作权行政管理部门查证确认侵权的，可以责令侵权人停止侵权行为，没收违法所得，没收、销毁侵权复制品，并可处以罚款；情节严重的，还可以没收主要用于制作侵权复制品的材料、工具、设备等。

当事人对行政处罚不服的，可以自收到行政处罚决定书之日起三个月内向人民法院起诉，期满不起诉又不履行的，著作权行政管理部门可以申请人民法院执行。

3. 刑事责任

1997 年 3 月八届人大第五次会议修订的《刑法》第二百一十七条、第二百一十八条和第二百二十条对严重侵害著作权及邻接权并危害经济秩序的行为规定了刑事责任。根据刑法规定，有下列侵权行为，违法所得数额较大或有其他严重情节的，构成侵害著作权罪：（1）未经著作权人许可，以营利为目的，复制、发行其享有著作权的作品；（2）未经出版者许可，出版其享有专有出版权的图书；（3）未经录音、录像制作者许可，复制发行其录音、录像制品；（4）制作、销售假冒他人署名的美术作品。此外，以营利为目的，销售明知是侵权复制品，违法所得数额巨大的，也构成犯罪。

刑事责任种类主要有判处罚金、拘役、有期徒刑。单位犯有侵害著作权罪的，对单位判处罚金，并对直接负责的主管人员和其他直接责任人员，判处罚金、拘役、有期徒刑。

第 三 章

专利法基本理论

一　专利

专利一词通常有三种意义：一是指专利权，是指专利权人依法获得的对其获得专利的发明创造在一定期限内所享有的专有权利。这是专利一词在法律上最基本的含义。二是指依法获得专利法保护的发明创造本身，通常被称为专利技术。三是指记载专利技术公开的专利文献的总和，具体包括记载发明创造内容的专利文献，如专利说明书及其摘要、权利要求书、外观设计的图形或照片等。

建立专利制度的目的，是保护发明创造专利权，鼓励发明创造，有利于发明创造的推广应用，促进科学技术进步和创新。为此，专利制度形成了权利独占和技术公开的两大特征。所谓权利独占，指发明创造利益所有人在通过法定程序获得专利权后，对其发明创造在一定期限内享有独占性实施的权利。所谓技术公开，指发明创造利益所有人在通过法定程序获得专利权时，应将其发明创造的内容向社会公开。

二　专利权客体

专利权客体，是指受专利权保护的对象。我国专利法规定受专利保护的客体有发明、实用新型和外观设计，这三者统称为发明创造。

1. 发明

发明，是指对产品、方法或者其改进所提出的新的技术方案。发明就其本质来说，是利用自然规律形成的解决技术问题的一种具体的技术思想。从发明的表现形式上看，其包括产品发明、方法发明和改进发明。

2. 实用新型

实用新型，是指对产品的形状、构造或者其结合所提出的适于实用的新的技术方案。实用新型也是利用自然规律形成的解决技术问题的一种具体的技术思想，只是其创造性程度比发明低，因此又被称为"小发明"。从表现形式上看，其仅限于产品，且要求该产品具有确定的形状或构造。

3. 外观设计

外观设计，是指对产品的形状、图案或者其结合以及色彩与形状、图案的结合所作出的富有美感并适于工业应用的新设计。

与发明和实用新型不同，外观设计是一种美术设计，其与产品相结合，系针对产品的形状、图案或者其结合以及色彩与形状、图案的结合所作出的，不能脱离产品单独受保护。

下列对象不授予专利权：（1）科学发现；（2）智力活动的规则和方法；（3）疾病的诊断和治疗方法；（4）动物和植物品种；（5）用原子核变换方法获得的物质；（6）对平面印刷品的图案、色彩或者二者的结合作出的主要起标识作用的设计。但动物和植物品种的非生物性的生产方法，可以授予专利权。

发明创造要获得专利权必须符合专利法规定的条件。

授予专利权的发明和实用新型，应当具备新颖性、创造性和实用性。

1. 新颖性

是指该发明或者实用新型不属于现有技术，也不存在抵触申请。

所谓现有技术，是指申请日以前在国内外为公众所知的技术。所谓抵触申请，是指相对于申请人的申请，在其申请日以前，任何单位或者个人就同样的发明或者实用新型向国务院专利行政部门提出的，并记载在其申请日以后公布的专利申请文件或者公告的专利文件中的申请。

申请专利的发明创造，如果在申请日前，已经以某种方式为公众所知，则其属于现有技术，没有新颖性，或者存在抵触申请，则其也没有新颖性。但在申请日以前6个月内，有下列情形之一的，其不丧失新颖性：（1）在中国政府主办或者承认的国际展览会上首次展出的；（2）在规定的学术会议或者技术会议上首次发表的；（3）他人未经申请人同意而泄露其内容的。

2. 创造性

是指与现有技术相比，该发明具有突出的实质性特点和显著的进步，该实用新型具有实质性特点和进步。

所谓实质性特点，是指申请专利的发明创造与现有技术中最相接近的技术方案相比，其在技术上存在实质上的功能性区别；所谓进步，是指申请专利的发明创造与现有技术中最相接近的技术方案相比，其在技术效果上更加先进。

应该注意的是，在创造性要求方面，发明和实用新型存在程度上的差异。

3. 实用性

是指该发明或者实用新型能够制造或者使用，并且能够产生积极效果。

实用性的要求，具体包括三个方面，即可实施性，指该发明创造必须能够实施；可再现性，指该发明创造具有多次再现的可能性；有益性，指发明创造的实施应当产生对社会经济积极有益的影响。

授予专利权的外观设计，应当具有新颖性、创造性，且不与在先权利相冲突。

1. 新颖性

外观设计的新颖性，要求其不属于现有设计，也不存在抵触申请。

所谓现有设计，是指申请日以前在国内外为公众所知的设计。所谓抵触申请，是指相对于申请人的申请，在其申请日以前，任何单位或者个人就同样的外观设计向国务院专利行政部门提出的，并记载在申请日以后公告的专利文件中的申请。上述发明和实用新型在申请日以前 6 个月内，有前述规定法定情形而不丧失新颖性的规定，同样也适用于外观设计。

2. 创造性

外观设计的创造性，要求其与现有设计或者现有设计特征的组合相比，应当具有明显区别。

此外，申请专利的外观设计不得与他人的在先权利相冲突。根据最高人民法院相关司法解释，所谓在先取得的合法权利，包括商标权、著作权、企业名称权、肖像权、知名商品特有包装或者装潢使用权等。

发明创造要获得专利授权，除要满足上述条件之外，根据专利法规定，还必须不违反国家法律、社会公德或者妨害公共利益；如果是依赖遗传资源完成的发明创造，则对该遗传资源的获取或利用，不得违反法律、行政法规的规定。否则，不授予专利权。

三 专利权的取得

专利权的取得，须由申请人向国务院专利行政部门提出申请，国务院专利行政部门审查核准的，即授予其专利权。

（一）专利申请

专利申请的各种手续应当以书面形式或者国务院专利行政部门规定的其他形式办理。

申请发明和实用新型专利的，申请文件包括：

1. 请求书。是申请人向专利主管机关表达请求授予专利权意思表示的书面文件。请求书由专利主管机关统一印制，按申请专利的不同种类和请求书表格的栏目要求填写即可。

2. 说明书。是申请人向国家知识产权局提交的公开其发明或实用新型的书面文件。说明书是格式化文书，分为八个部分：名称、所属技术领域、背景技术、发明目的、技术方案、有益效果、附图说明和实施方式。说明书应当清楚完整地说明发明创造的技术方案。

3. 权利要求书。权利要求书的法律意义在于界定发明创造受专利权保护的范围。其应当以说明书为依据，清楚和简要地表述发明或者实用新型的技术特征，说明要求专利保护的范围。

4. 说明书附图。对于涉及产品的发明和实用新型应递交产品结构图，以更好地对发明创造进行说明。

5. 说明书摘要。是发明和实用新型的简明文摘。

申请外观设计专利的，申请文件包括：

1. 请求书。

2. 外观设计图片或者照片。其法律意义在于对外观设计进行描述，同时也有界定外观设计专利保护范围的作用。

3. 外观设计的简要说明。对外观设计中某些需要说明的问题进行必要的说明。

申请人提交的专利申请文件必须符合单一性原则。所谓单一性原则，是指一件发明或实用新型专利的申请应当限于一项发明或者实用新型；一件外观设计专利申请应当限于一种产品所使用的一项外观设计。但在下列情况下，允许例外：（1）属于一个总的发明构思的两项以上的发明或实用新型，可以作为一件申请提出；（2）用于同一类别并且成套出售或者使用的一项外观设计，可以作为一件申请提出。

国务院专利行政部门对收到的专利申请决定受理的，以收到专利申请文件之日为申请日。如果申请文件是邮寄的，以寄出的邮戳日为申请日，邮戳不清的，以收到专利申请文件之日为申请日。

申请人自发明或者实用新型在外国第一次提出专利申请之日起12个月内，或者自外观设计在外国第一次提出专利申请之日起6个月内，又在中国就相同主题提出专利申请的，依照该外国同中国签订的协议或者共同参加的国际条约，或者依照相互承认优先权的原则，可以享有优先权。申请人自发明或者实用新型在中国第一次提出专利申请之日起12个月内，又向国务院专利行政部门就相同主题提出专利申请的，可以享有优先权。

所谓优先权，是指优先权的法律效力，是：（1）在优先权期间内，他人就同样内容的发明创造提出专利申请的，享有优先权的专利申请人处于先申请的优先地位；（2）在优先权期间内，任何人以任何形式将发明创造的内容予以公开，不影响发明创造的新颖性和创造性。

对专利申请，申请人可以对其专利申请文件进行修改，但是，对发明和实用新型专利申请文件的修改不得超出原说明书和权利要求书记载的范围，对外观设计专利申请文件的修改不得超出原图片或者照片表示的范围。申请人也可以在被授予专利权之前随时撤回其专利申请。

（二）专利申请的审查和批准

在我国，发明专利申请的审查和实用新型、外观设计专利申请的审查制度是不同的，前者所适用的是早期公开、迟延审查的实质审查制度，后者适用的是形式审查制度。

　　具体地说，对收到的发明专利申请，国务院专利行政部门先进行初步审查，符合专利法要求的，自申请日起满 18 个月，即行公布。也可以根据申请人的请求早日公布其申请。自申请日起 3 年内，国务院专利行政部门可以根据申请人随时提出的请求，对其申请进行实质审查；申请人无正当理由逾期不请求实质审查的，该申请即被视为撤回。国务院专利行政部门认为必要的时候，也可以自行对发明专利申请进行实质审查。国务院专利行政部门实质审查后，认为不符合规定的，应当通知申请人，要求其在指定的期限内陈述意见，或者对其申请进行修改；无正当理由逾期不答复的，该申请即被视为撤回。经申请人陈述意见或者进行修改后，国务院专利行政部门仍然认为不符合规定的，应当予以驳回。经实质审查没有发现驳回理由的，由国务院专利行政部门作出授予发明专利权的决定，发给发明专利证书，同时予以登记和公告。

　　发明专利权自公告之日起生效。但在发明专利申请公布后和授权前的这一段时间，专利权人享有临时保护，即在获得专利授权后，专利权人对发明专利申请公布后至专利权授予前，使用该发明的使用者，可以要求支付适当的使用费。

　　对收到的实用新型和外观设计专利申请，经初步审查没有发现驳回理由的，由国务院专利行政部门作出授予实用新型专利权或者外观设计专利权的决定，发给相应的专利证书，同时予以登记和公告。实用新型专利权和外观设计专利权自公告之日起生效。

　　国务院专利行政部门设立专利复审委员会。专利申请人对国务院专利行政部门驳回申请的决定不服的，可以自收到通知之日起 3 个月内，向专利复审委员会请求复审。专利复审委员会复审后，作出决定，并通知专利申请人。专利申请人对专利复审委员会的复审决定不服的，可以自收到通知之日起 3 个月内向人民法院起诉。

　　上述审查中，所谓初步审查，主要是对申请文件和手续是否符合专利法规定所做的审查。实质审查，是对申请是否符合专利法规定的授权要求所做的审查。

　　关于专利授权，应当遵循"单一性原则"，即专利法规定禁止重复授权，同样的发明创造只能授予一项专利。因此，当两个以上的申请人分别就同样的发明创造申请专利时，则应当遵循"先申请原则"，即应以申请日为准，将专利权授予最先申请的人；如果是在同一日提出申请的，申请人应当在收到国务院专利行政部门的通知后自行协商确定申请人。

获得专利授权的，专利权人应当自被授予专利权的当年开始缴纳专利年费。专利权人不缴纳年费超过 6 个月的，自应缴纳日起，专利权自行终止，不超过 6 个月时补缴纳的，应当缴纳年费的 25% 的滞纳金。

（三）专利权无效

自国务院专利行政部门公告授予专利权之日起，任何单位或者个人认为该专利权的授予不符合专利法有关规定的，可以请求专利复审委员会宣告该专利权无效。

专利复审委员会对宣告专利权无效的请求应当及时审查和作出决定，并通知请求人和专利权人。宣告专利权无效的决定，由国务院专利行政部门登记和公告。宣告无效的专利权视为自始即不存在。宣告专利权无效的决定，对在宣告专利权无效前人民法院作出并已执行的专利侵权的判决、调解书，已经履行或者强制执行的专利侵权纠纷处理决定，以及已经履行的专利实施许可合同和专利权转让合同，不具有追溯力。但是不返还专利侵权赔偿金、专利使用费、专利权转让费，明显违反公平原则的，应当全部或者部分返还。因专利权人的恶意给他人造成的损失，应当给予赔偿。

对专利复审委员会宣告专利权无效或者维持专利权的决定不服的，可以自收到通知之日起 3 个月内向人民法院起诉。人民法院应当通知无效宣告请求程序的对方当事人作为第三人参加诉讼。

（四）专利权的期限、终止

发明专利的保护期限为 20 年，实用新型和外观设计专利的保护期限为 10 年，自申请日开始计算，期满后终止，不予续展。

在期限届满前，如果有下列情形之一的，专利权终止：（1）专利权人没有按照规定缴纳年费的；（2）专利权人以书面声明放弃其专利权的。专利权在期限届满前终止的，由国务院专利行政部门登记和公告。

四　专利权的内容和限制

（一）专利权内容

专利权包括专利独占实施权、处分权和标记权。

1. 独占实施权

依据专利法规定，发明和实用新型专利权被授予后，除专利法另有规定外，任何单位或者个人未经专利权人许可，都不得实施其专利，即不得为生产经营目的制造、使用、许诺销售、销售、进口其专利产品，或者使用其专利方法以及使用、许诺销售、销售、进口依照该专利方法直接获得的产品。外观设计专利权被授予后，任何单位或者个人未经专利权人许可，都不得实施其专利，即不得为生产经营目的制造、许诺销售、销售、进口其外观设计专利产品。

2. 处分权

专利权处分，有专利权转让、专利权许可实施和其他形式。

专利权人转让专利申请权或者专利权，应当订立书面合同，并向国务院专利行政部门登记，由国务院专利行政部门予以公告。专利申请权或者专利权的转让自登记之日起生效。中国单位或者个人向外国人转让专利申请权或者专利权的，必须经国务院有关主管部门批准。

专利权人可以通过订立书面实施许可合同，许可他人实施其专利。合同自生效之日起3个月内，须向国务院专利行政部门备案。

3. 标记权

获得专利授权后，专利权人有权在其专利产品或者该产品的包装上标明专利标记和专利号。

（二）专利权限制

现行专利法所规定的对专利权的限制，有专利实施强制许可制度和发明专利推广应用制度。

所谓专利实施强制许可，是指国务院专利行政部门根据专利法规定，不经专利权人同意，通过行政程序许可他人实施专利权人专利的一种专利权限制制度。

根据专利法规定，国务院专利行政部门可以给予专利实施强制许可的情况有：

1. 专利权人自专利权被授予之日起满三年，且自提出专利申请之日起满四年，无正当理由未实施或者未充分实施其专利的；或者专利权人行使专利权的行为被依法认定为垄断行为，为消除或者减少该行为对竞争产生的不利影响的，国务院专利行政部门根据具备实施条件的单位或者个人的申请，可以给予实施发明专利或者实用新型专利的强制许可。

2. 在国家出现紧急状态或者非常情况时，或者为了公共利益的目的，国务院专利行政部门可以给予实施发明专利或者实用新型专利的强制许可。

3. 为了公共健康目的，对取得专利权的药品，国务院专利行政部门可以给予制造并将其出口到符合中华人民共和国参加的有关国际条约规定的国家或者地区的强制许可。

4. 一项取得专利权的发明或者实用新型比前已经取得专利权的发明或者实用新型具有显著经济意义的重大技术进步，其实施又有赖于前一发明或者实用新型的实施的，国务院专利行政部门根据后一专利权人的申请，可以给予实施前一发明或者实用新型的强制许可。在依照前述规定给予实施强制许可的情形下，国务院专利行政部门根据前一专利权人的申请，也可以给予实施后一发明或者实用新型的强制许可。

国务院专利行政部门作出的给予实施强制许可的决定，应当及时通知专利权人，并予以登记和公告。给予实施强制许可的决定，应当根据强制许可的理由规定实施的范围和时间。强制许可的理由消除并不再发生时，国务院专利行政部门应当根据专利权人的请求，经审查后作出终止实施强制许可的决定。

取得实施强制许可的单位或者个人应当付给专利权人合理的使用费，或者依照中华人民共和国参加的有关国际条约的规定处理使用费问题。付给使用费的，其数额由双方协商；双方不能达成协议的，由国务院专利行政部门裁决。取得实施强制许可的单位或者个人不享有独占的实施权，并且无权允许他人实施。

专利权人对国务院专利行政部门关于实施强制许可的决定不服的，专利权人和取得实施强制许可的单位或者个人对国务院专利行政部门关于实施强制许可的使用费的裁决不服的，可以自收到通知之日起 3 个月内向人民法院起诉。

除上述专利实施强制许可制度外，专利法还规定，国有企业事业单位的发明专利，对国家利益或者公共利益具有重大意义的，国务院有关主管部门和省、自治区、直辖市人民政府报经国务院批准，可以决定在批准的范围内推广应用，允许指定的单位实施，由实施单位按照国家规定向专利权人支付使用费。这就是发明专利推广应用制度。

五　专利权归属

专利法针对发明创造完成的不同情况，根据利益衡平原则，对其专利权归属作了不同规定。

1. 职务发明创造与非职务发明创造

职务发明创造，是执行本单位的任务或者主要是利用本单位的物质技术条件所完成的发明创造。

职务发明创造包括执行本单位的任务完成的，和主要是利用本单位的物质技术条件所完成的两种类型。前者是指：（1）在本职工作中做出的发明创造；（2）履行本单位交付的本职工作之外的任务所做出的发明创造；（3）退职、退休或者调动工作后 1 年内做出的，与其在原单位承担的本职工作或者原单位分配的任务有关的发明创造。后者是指，主要利用本单位的资金、设备、零部件、原材料或者不对外公开的技术资料等完成的发明创造。

职务发明创造申请专利的权利属于该单位；申请被批准后，该单位为专利权人。被授予专利权的单位应当对职务发明创造的发明人或者设计人给予奖励；发明创造专利实施后，根据其推广应用的范围和取得的经济效益，对发明人或者设计人给予合理的报酬。

非职务发明创造，是职务发明创造以外的发明创造。非职务发明创造，申请专利的权利属于发明人或者设计人；申请被批准后，该发明人或者设计人为专利权人。

如果在完成发明创造的过程中，利用了本单位的物质技术条件，但不是主要利用本单位的物质技术条件完成的，这种情况的发明创造，其权利归属由单位与发明人或设计人订立合同，对申请专利的权利和专利权的归属进行约定。

2. 合作发明创造与委托发明创造

合作发明创造，指两个以上单位或者个人合作完成的发明创造。委托发明创造，指一个单位或者个人接受其他单位或者个人委托所完成的发明创造。

这两种发明创造，其专利申请权的归属，应由当事人通过协议作出约定，没有约定的，申请专利的权利属于完成或者共同完成的单位或者个人，申请被批准后，申请的单位或者个人为专利权人。

合作发明创造与委托发明创造，可能形成专利权共有的结果。对共有专利权的行使，专利申请权或者专利权的共有人有约定的，从其约定。没有约定的，共有人可以单独实施或者以普通许可方式许可他人实施该专利；许可他人实施该专利的，收取的使用费应当在共有人之间分配。除上述规定的情形外，行使共有的专利申请权或者专利权应当取得全体共有人的同意。

应该注意的是，发明人或者设计人不论是否获得专利申请权和专利权，都有权在专利文件中写明自己是发明人或者设计人。

六　专利权保护

专利权保护，首先须确定专利权保护范围。专利权的保护范围是指专利权效力所及的发明创造的技术范围。根据专利法规定，发明或者实用新型专利权的保护范围以其权利要求的内容为准，说明书及附图可以用于解释权利要求。外观设计专利权的保护范围以表示在图片或者照片中的该外观设计专利产品为准。

凡未经专利权人许可，也没有其他合法依据，实施专利权人的专利，即构成对专利权的侵害。判断实施行为是否构成专利侵权，应遵循"全面覆盖原则"，即将所实施的技术方案的技术特征与专利权利要求中记载的技术特征进行比较，如果其覆盖了专利权利要求中记载的全部技术特征，就表明该技术方案落入了专利权的保护范围，应认定构成侵权；否则，不构成侵权。另外，在专利侵权纠纷中，被控侵权人有证据证明其实施的技术或者设计属于现有技术或者现有设计的，可以主张现有技术（设计）抗辩，从而排除专利侵权。

有下列情形之一的，不视为侵犯专利权：（1）专利产品或者依照专利方法直接获得的产品，由专利权人或者经其许可的单位、个人售出后，使用、许诺销售、销售、进口该产品的；（2）在专利申请日前已经制造相同产品、使用相同方法或者已经做好制造、使用的必要准备，并且仅在原有范围内继续制造、使用的；（3）临时通过中国领陆、领水、领空的外国运输工具，依照其所属国同中国签订的协议或者共同参加的国际条约，或者依照互惠原则，为运输工具自身需要而在其装置和设备中使用有关专利的；（4）专为科学研究和实验而使用有关专利的；（5）为提供行政审批所需的信息，制造、使用、进口专利药品或者专利医疗器械的，以及专门为其制造、进口专利药品或者专利医疗器械的。

因专利侵权引起的纠纷，当事人可以协商解决，不愿协商或者协商不成的，专利权人或者利害关系人可以向人民法院起诉，也可以请求管理专利工作的部门处理。

管理专利工作的部门处理的，如认定侵权行为成立，可以责令侵权人立即停止侵权行为。当事人对管理专利工作的部门的处理决定不服的，可以自收到处理通知之日起15日内依照《中华人民共和国行政诉讼法》（以下简称《行政诉讼法》）向人民法院起诉。侵权人期满不起诉又不停止侵权行为的，管理专利工作的部门可以申请人民法院强制执行。进行处理的管理专利工作的部门应当事人的请求，可以就侵犯专利权的赔偿数额进行调解。调解不成的，当事人可以依照《中华人民共和国民事诉讼法》向人民法院起诉。

专利权人或者利害关系人因专利权受侵犯向人民法院起诉的，诉讼时效为两年，自专利权人或者利害关系人得知或者应当得知侵权行为之日起计算。专利权人或者利害关系人有证据证明他人正在实施或者即将实施侵犯专利权的行为，如不及时制止将会使其合法权益受到难以弥补的损害的，可以在起诉前向人民法院申请采取责令停止有关行为的措施。为了制止专利侵权行为，在证据可能灭失或者以后难以取得的情况下，专利权人或者利害关系人可以在起诉前向人民法院申请保全证据。

侵犯专利权的赔偿数额按照权利人因被侵权所受到的实际损失确定；

实际损失难以确定的，可以按照侵权人因侵权所获得的利益确定。权利人的损失或者侵权人获得的利益难以确定的，参照该专利许可使用费的倍数合理确定。赔偿数额还应当包括权利人为制止侵权行为所支付的合理开支。权利人的损失、侵权人获得的利益和专利许可使用费均难以确定的，人民法院可以根据专利权的类型、侵权行为的性质和情节等因素，确定给予 1 万元以上 100 万元以下的赔偿。

第 四 章

商标法基本理论

一 商标权客体

商标是经营者使用在商品或服务上用来区别商品或服务来源的标志。其具有以下功能：（1）识别功能。商标能把经营者的商品或服务同其他经营者的同类商品或服务区别开来，也就是识别商品来源。（2）品质保证功能。即使用同一商标的商品或服务具有同样的品质，便于消费者借助商标选购商品或服务。（3）广告和竞争功能。基于商标的识别功能和品质保证功能，商标上会积累经营者商誉，这样，商标对经营者的商品或服务就能起到广告宣传作用，帮助经营者获得竞争优势。

商标有注册商标和未注册商标的区分。所谓注册商标，是指根据商标法规定的条件和程序，经商标管理机关核准注册的商标。未注册商标，则是未经商标管理机关核准注册的商标。根据我国商标法规定，只有注册商标才能取得商标专用权。

根据我国现行商标法规定，商标不限于可视性标志，其构成要素包括文字、图形、字母、数字、三维标志、颜色组合和声音等，以及上述要素的组合。

经营者在设计商标时，下列标志不得作为商标使用：（1）同中华人民共和国的国家名称、国旗、国徽、国歌、军旗、军徽、军歌、勋章等相同或者近似的，以及同中央国家机关的名称、标志、所在地特定地点的名称或者标志性建筑物的名称、图形相同的；（2）同外国的国家名称、国旗、国徽、军旗等相同或者近似的，但经该国政府同意的除外；（3）同政府间国际组织的名称、旗帜、徽记等相同或者近似的，但经该组织同意或者不易误导公众的除外；（4）与表明实施控制、予以保证的官方标志、检验印记相同或者近似的，但经授权的除外；（5）同"红十字""红新月"的名称、标志相同或者近似的；（6）带有民族歧视性的；（7）带有欺骗性，容易使公众对商品的质量等特点或者产地产生误认的；（8）有害于社会主义道德风尚或者有其他不良影响的。

县级以上行政区划的地名或者公众知晓的外国地名，也不得作为商标。但有三种例外，即：（1）地名具有其他含义的；（2）地名作为集体商标、证明商标的组成部分的；（3）在 1988 年《商标法实施细则》明令禁止前已获注册的使用地名的商标继续有效。

如果商标中有商品的地理标志，而该商品并非来源于该标志所标示的地区，误导公众的，不予注册并禁止使用。但是，在 2001 年商标法修订做出此规定前，已经善意取得注册的继续有效。所谓地理标志，是指标示某商品来源于某地区，该商品的特定质量、信誉或者其他特征，主要由该地区的自然因素或者人文因素所决定的标志。地理标志可以作为证明商标或集体商标申请注册。

商标申请注册应具有显著性。所谓显著性，指商标应具有识别性。其包括两方面要求，一是商标标志本身要具有独特性，特点要明显，不易和别的商标混淆，便于识记；二是商标应用在商品或服务上，能起到识别商品来源的作用。

商标的显著性，分为固有显著性与获得显著性。所谓固有显著性，是指商标刚开始应用在商品或服务上时，就具有识别性，即能起到识别商品来源的作用。具有固有显著性的标志可以直接申请商标注册。

所谓获得显著性，是指商标刚开始应用在商品或服务上时，不能起到识别商品来源的作用，但经过使用以后具有识别性。不具有固有显著性的标志可以作为商标使用，但在获得显著性之前不得注册，只有获得显著性后才能申请注册。

我国现行《商标法》即规定，下列标志不得作为商标注册：（1）仅有本商品的通用名称、图形、型号的；（2）仅仅直接表示商品的质量、主要原料、功能、用途、重量、数量及其他特点的；（3）缺乏显著特征的。前列标志经过使用取得显著特征，并便于识别的，可以作为商标注册。此外，三维标志，仅由商品自身的性质产生的形状、为获得技术效果而需有的商品形状或者使商品具有实质性价值的形状，也不得注册。

商标的显著性可能会退化或完全丧失。一旦注册商标演变为该商品通用名称，即可能因其显著性完全丧失而进入公有领域。根据《商标法》第四十九条第二款的规定，注册商标成为其核定使用的商品的通用名称的，任何单位或个人可以向商标局申请撤销该注册商标。

商标注册的另一个条件是，不与他人在先取得的合法权利相冲突。所谓他人在先取得的合法权利，是指在注册商标申请人提出商标注册申请以前，他人已经依法取得或依法享有并受法律保护的权利。具体包括：（1）不与他人在同种商品或类似商品上已经注册的或初步审定的商标相同或近似；（2）不与他人在先取得的其他合法权利，如著作权、专利权、名称权等相冲突。

二　商标权的内容及其限制

（一）商标权的内容

商标权是注册商标所有人依法对其注册商标所享有的专有权。商标权是一个集合概念，它的内容包括商标专有权、注册商标处分权。

商标专有权包括专有使用权和禁止权。前者是商标权人对注册商标的独占使用权。后者是指商标权人禁止他人使用自己注册商标的权利。所谓商标的使用，是指将商标用于商品、商品包装或者容器以及商品交易文书上，或者将商标用于广告宣传、展览以及其他商业活动中，用于识别商品来源的行为。

商标所有人使用注册商标，应以核准注册的商标和核定使用的商品为限。其在使用注册商标时，可以在商品、商品包装、说明书或者其他附着物上标明"注册商标"或注册标记。注册标记包括（注外加○）和（R外加○）。使用注册标记，应当标注在商标的右上角或者右下角。

与商标权人使用注册商标限于核准注册的商标和核定使用的商品不同，出于防止消费者产生混淆、误认商品来源的原因，商标权人有权禁止他人在同一种商品或者类似商品上使用与其注册商标相同或者近似的商标。

商标权处分有注册商标转让、注册商标许可使用和其他一些处分形式。

注册商标转让，是指商标权人将其所有的注册商标的专用权，依照法定的程序转让给他人的法律行为。转让注册商标的，转让人和受让人应当签订转让协议，并共同向商标局提出申请。商标局对转让注册商标的申请，应进行审查，对容易导致混淆或者有其他不良影响的转让，商标局不予核准，书面通知申请人并说明理由。对经审查认为符合商标法和实施细则有关规定的，商标局应当予以核准，发给受让人相应的证明，并予以公告。受让人自公告之日起享有商标专用权。受让人应当保证使用该注册商标的商品质量。

注册商标的转让应注意，对在同一种或者类似商品上注册的相同或者近似的商标，应当一并办理转让；注册商标许可他人使用的，应当征得被许可方的同意；共有商标的转让，应取得全体共有人同意。此外，集体商标不得转让。

注册商标许可使用，是指商标注册人通过合同将注册商标的使用权许可给他人使用的法律行为。注册商标许可使用主要有以下几种方式：（1）独占许可使用，指在一定地域内，商标权人将注册商标使用权仅许可一个被许可人使用，其他任何人包括商标权人都不得在该地域使用该注册商标。（2）排他许可使用，是指在一定地域内，商标权人将注册商标使用权仅许可一个被许可人使用，商标权人依约定可以使用，但商标权人不得再许可任何第三人在该地域使用该注册商标。（3）一般许可使用，指在一定地域内，注册商标的被许可人和许可人同时享有商标的使用权，同时经注册商标所有人的许可，第三人也可以被许可使用该注册商标。无论是哪种方式，经许可人特别授权，被许可人还可以进行分许可，但分许可必须是一般许可。

商标权人许可他人使用其注册商标应订立书面商标使用许可合同，并报商标局备案，由商标局公告。商标使用许可未经备案不得对抗善意第三人。商标许可使用合同内容主要有：双方当事人的名称、地址；许可使用的商标名称、商标注册证号码；许可使用注册商标的商品范围和期限；许可方提供的相应技术和许可方监督商品质量、被许可方保证商品质量的措施；许可使用的报酬数额和支付形式等。

许可人应当监督被许可人使用其注册商标的商品质量。被许可人应当保证使用该注册商标的商品质量。经许可使用他人注册商标的，必须在使用该注册商标的商品上标明被许可人的名称和商品产地。

（二）商标权的限制

1. 正当使用的限制

注册商标中含有的本商品的通用名称、图形、型号，或者直接表示商品的质量、主要原料、功能、用途、重量、数量及其他特点，或者含有的地名，注册商标专用权人无权禁止他人正当使用。三维标志注册商标中含有的商品自身的性质所产生的形状、为获得技术效果而需要的商品形状或者使商品具有实质性价值的形状，注册商标专用权人无权禁止他人正当使用。

2. 未注册商标在先使用权

商标注册人申请商标注册前，他人已经在同一种商品或者类似商品上先于商标注册人使用与注册商标相同或者近似并有一定影响的商标的，注册商标专用权人无权禁止该使用人在原使用范围内继续使用该商标，但是可以要求其附加适当区别标识。

三　商标注册

（一）商标注册原则

根据我国商标法的规定，要取得商标权必须向商标局申请注册并获得核准。商标注册应遵循以下原则：

1. 自愿原则

《商标法》规定，商标注册实行自愿原则。但法律、行政法规规定必须使用注册商标的商品，必须申请商标注册，未经核准注册的，不得在市场销售。依据现行《中华人民共和国烟草专卖法》（以下简称《烟草专卖法》）第二十条规定，卷烟、雪茄烟和有包装的烟丝必须申请商标注册，未经核准注册的，不得生产、销售。

2. 诚信原则

《商标法》规定，申请注册和使用商标，应当遵循诚实信用原则。具体体现在以下一些规定中：（1）未经授权，代理人或者代表人以自己的名义将被代理人或者被代表人的商标进行注册，被代理人或者被代表人提出异议的，不予注册并禁止使用。（2）就同一种商品或者类似商品申请注册的商标与他人在先使用的未注册商标相同或者近似，申请人与该他人具有前款规定以外的合同、业务往来关系或者其他关系而明知该他人商标存在，该他人提出异议的，不予注册。（3）申请商标注册不得损害他人现有的在先权利，也不得以不正当手段抢先注册他人已经使用并有一定影响的商标。

3. 一商标一专用权原则和先申请原则

在商标注册申请中，两个或两个以上的申请人，在同一种商品或者类似商品上，以相同或者近似的商标申请注册的，初步审定并公告申请在先的商标；同一天申请的，初步审定并公告使用在先的商标，驳回其他人的申请，不予以公告。两个或者两个以上的申请人，在同一种商品或者类似商品上，分别以相同或者近似的商标在同一天申请注册的，各申请人应当自收到商标局通知之日起 30 日内提交其申请注册前在先使用该商标的证据。同日使用或者均未使用的，各申请人可以自收到商标局通知之日起 30 日内自行协商，并将书面协议报送商标局；不愿协商或者协商不成的，商标局通知各申请人以抽签的方式确定一个申请人，驳回其他人的注册申请。商标局已经通知但申请人未参加抽签的，视为放弃申请，商标局应当书面通知未参加抽签的申请人。

（二）商标注册申请和受理

根据商标法规定，自然人、法人和其他组织都可以申请商标注册。两个以上的自然人、法人或者其他组织可以共同向商标局申请注册同一商标，共同享有和行使该商标专用权。申请商标注册或者办理其他商标事宜，可以自行办理，也可以委托依法设立的商标代理机构办理。外国人的申请资格根据中国与外国申请人所属国签订的协议或共同参加的国际条约办理，或按对等原则办理。外国人或者外国企业在中国申请商标注册和办理其他商标事宜的，应当委托依法设立的商标代理机构办理。

需要注意的是，注册商标需要在核定使用范围之外的商品上取得商标专用权的，应当另行提出注册申请。注册商标需要改变其标志的，应当重新提出注册申请。

　　申请商标注册的，申请人应填写统一的"商标注册申请书"，报送商标图样和其他应提交的文件，并按照国家工商行政管理局的规定缴纳申请费、注册费。所申报的事项和所提供的材料应当真实、准确、完整。商标注册申请等有关文件，可以以书面方式或者数据电文方式提出。在申请文件中，应按规定的商品分类表填报使用商标的商品类别和商品名称。商标注册申请人可以通过一份申请就多个类别的商品申请注册同一商标。

　　商标局收到申请后，申请手续齐备并按照规定填写申请文件的，商标局予以受理并书面通知申请人，以商标局收到申请文件的日期作为商标注册的申请日期；申请手续不齐备或者未按照规定填写申请文件的，商标局不予受理，书面通知申请人并说明理由。申请手续基本齐备或者申请文件基本符合规定，但是需要补正的，商标局通知申请人予以补正，限其自收到通知之日起30日内，按照指定内容补正并交回商标局。在规定期限内补正并交回商标局的，保留申请日期；期满未补正的，视为放弃申请，商标局应当书面通知申请人。

　　商标注册申请人自其商标在外国第一次提出商标注册申请之日起6个月内，又在中国就相同商品以同一商标提出商标注册申请的，依照该外国同中国签订的协议或者共同参加的国际条约，或者按照相互承认优先权的原则，可以享有优先权。商标在中国政府主办的或者承认的国际展览会展出的商品上首次使用的，自该商品展出之日起6个月内，该商标的注册申请人可以享有优先权。优先权的效力主要表现在，在优先权期间，也就是在第一次申请日或首次使用日和后来的申请日之间的期间内，其他人就相同商标提出注册申请的，优先权人的申请处于先申请的优先地位。

（三）商标注册的审查和核准

　　对申请注册的商标，商标局应当自收到商标注册申请文件之日起9个月内审查完毕，符合商标法有关规定的，予以初步审定公告。在审查过程中，商标局认为商标注册申请内容需要说明或者修正的，可以要求申请人做出说明或者修正。申请人未做出说明或者修正的，不影响商标局做出审查决定。

申请注册的商标，凡不符合商标法有关规定或者同他人在同一种商品或者类似商品上已经注册的或者初步审定的商标相同或者近似的，由商标局驳回申请，不予公告。对驳回申请、不予公告的商标，商标局应当书面通知商标注册申请人。商标注册申请人不服的，可以自收到通知之日起15日内向商标评审委员会申请复审。商标评审委员会应当自收到申请之日起9个月内做出决定，并书面通知申请人。有特殊情况需要延长的，经国务院工商行政管理部门批准，可以延长3个月。当事人对商标评审委员会的决定不服的，可以自收到通知之日起30日内向人民法院起诉。

对初步审定公告的商标，自公告之日起3个月内，在先权利人、利害关系人认为违反我国《商标法》第十三条第二款和第三款、第十五条、第十六条第一款、第三十条、第三十一条、第三十二条规定的，或者任何人认为违反该法第十条、第十一条、第十二条规定的，可以向商标局提出异议。公告期满无异议的，予以核准注册，发给商标注册证，并予公告。

对初步审定公告的商标提出异议的，商标局应当听取异议人和被异议人陈述事实和理由，经调查核实后，自公告期满之日起12个月内做出是否准予注册的决定，并书面通知异议人和被异议人。有特殊情况需要延长的，经国务院工商行政管理部门批准，可以延长6个月。

商标局做出准予注册决定的，发给商标注册证，并予公告。异议人不服的，可以依照我国《商标法》第四十四条、第四十五条的规定向商标评审委员会请求宣告该注册商标无效。

商标局做出不予注册决定，被异议人不服的，可以自收到通知之日起15日内向商标评审委员会申请复审。商标评审委员会应当自收到申请之日起12个月内做出复审决定，并书面通知异议人和被异议人。有特殊情况需要延长的，经国务院工商行政管理部门批准，可以延长6个月。被异议人对商标评审委员会的决定不服的，可以自收到通知之日起30日内向人民法院起诉。人民法院应当通知异议人作为第三人参加诉讼。商标评审委员会在依照前述规定进行复审的过程中，所涉及的在先权利的确定必须以人民法院正在审理或者行政机关正在处理的另一案件的结果为依据的，可以中止审查。中止原因消除后，应当恢复审查程序。

法定期限届满，当事人对商标局做出的驳回申请决定、不予注册决定不申请复审或者对商标评审委员会做出的复审决定不向人民法院起诉的，驳回申请决定、不予注册决定或者复审决定生效。

应该注意的是，申请注册的商标如果是被撤销、被宣告无效或者期满不再续展的注册商标，则自撤销、宣告无效或者注销之日起一年内，商标局对与该商标相同或者近似的商标注册申请，不予核准。

四　注册商标的有效期、续展

注册商标的有效期为 10 年，自核准注册之日起计算。

在初步审定公告期间有商标异议的，经审查异议不成立而准予注册的商标，商标注册申请人取得商标专用权的时间自初步审定公告 3 个月期满之日起计算。自该商标公告期满之日起至准予注册决定做出前，对他人在同一种或者类似商品上使用与该商标相同或者近似的标志的行为不具有追溯力；但是，因该使用人的恶意给商标注册人造成的损失，应当给予赔偿。

注册商标有效期满，需要继续使用的，商标注册人应当在期满前 12 个月内按照规定办理续展手续；在此期间未能办理的，可以给予 6 个月的宽展期。每次续展注册的有效期为 10 年，自该商标上一届有效期满次日起计算。期满未办理续展手续的，注销其注册商标。商标局应当对续展注册的商标予以公告。

五　注册商标的无效宣告

商标注册无效宣告，是指已经注册的商标，违反商标法关于商标、商标注册的规定，或者违反诚实信用原则取得注册的，而由商标局或商标评审委员会宣告注册商标无效的程序性制度。商标注册无效宣告的目的在于使违反商标法规定取得的注册商标得以纠正。

（一）注册商标无效宣告程序
注册商标无效宣告事由不同，其程序也有不同。

1. 根据《商标法》第四十四条规定，注册商标违反《商标法》第十条、第十一条、第十二条规定，或者是以欺骗手段或者其他不正当手段取得注册的，由商标局宣告该注册商标无效；其他单位或者个人都可以请求商标评审委员会宣告该注册商标无效。

商标局做出宣告注册商标无效的决定，应当书面通知当事人。当事人对商标局的决定不服的，可以自收到通知之日起 15 日内向商标评审委员会申请复审。商标评审委员会应当自收到申请之日起 9 个月内做出决定，并书面通知当事人。有特殊情况需要延长的，经国务院工商行政管理部门批准，可以延长 3 个月。当事人对商标评审委员会的决定不服的，可以自收到通知之日起 30 日内向人民法院起诉。

其他单位或者个人请求商标评审委员会宣告注册商标无效的，商标评审委员会收到申请后，应当书面通知有关当事人，并限期提出答辩。商标评审委员会应当自收到申请之日起 9 个月内做出维持注册商标或者宣告注册商标无效的裁定，并书面通知当事人。有特殊情况需要延长的，经国务院工商行政管理部门批准，可以延长 3 个月。当事人对商标评审委员会的裁定不服的，可以自收到通知之日起 30 日内向人民法院起诉。人民法院应当通知商标裁定程序的对方当事人作为第三人参加诉讼。

2. 根据《商标法》第四十五条规定，已经注册的商标，违反《商标法》第十三条第二款和第三款、第十五条、第十六条第一款、第三十条、第三十一条、第三十二条规定的，自商标注册之日起五年内，在先权利人或者利害关系人可以请求商标评审委员会宣告该注册商标无效。对恶意注册的，驰名商标所有人不受五年的时间限制。

商标评审委员会收到宣告注册商标无效的申请后，应当书面通知有关当事人，并限期提出答辩。商标评审委员会应当自收到申请之日起 12 个月内做出维持注册商标或者宣告注册商标无效的裁定，并书面通知当事人。有特殊情况需要延长的，经国务院工商行政管理部门批准，可以延长 6 个月。当事人对商标评审委员会的裁定不服的，可以自收到通知之日起 30 日内向人民法院起诉。人民法院应当通知商标裁定程序的对方当事人作为第三人参加诉讼。商标评审委员会在依照前款规定对无效宣告请求进行审查的过程中，所涉及的在先权利的确定必须以人民法院正在审理或者行政机关正在处理的另一案件的结果为依据的，可以中止审查。中止原因消除后，应当恢复审查程序。

（二）注册商标无效宣告的效力

法定期限届满，当事人对商标局宣告注册商标无效的决定不申请复审或者对商标评审委员会的复审决定、维持注册商标或者宣告注册商标无效的裁定不向人民法院起诉的，商标局的决定或者商标评审委员会的复审决定、裁定生效。

依照《商标法》第四十四条、第四十五条规定宣告无效的注册商标，由商标局予以公告，该注册商标专用权视为自始即不存在。宣告注册商标无效的决定或者裁定，对宣告无效前人民法院做出并已执行的商标侵权案件的判决、裁定、调解书和工商行政管理部门做出并已执行的商标侵权案件的处理决定以及已经履行的商标转让或者使用许可合同不具有追溯力。但是，因商标注册人的恶意给他人造成的损失，应当给予赔偿。依照前述规定不返还商标侵权赔偿金、商标转让费、商标使用费，明显违反公平原则的，应当全部或者部分返还。

六　商标使用的管理

《商标法》规定，申请注册和使用商标，应当遵循诚实信用原则。商标使用人应当对其使用商标的商品质量负责。各级工商行政管理部门应当通过商标管理，制止欺骗消费者的行为。《商标法》对以下几个方面违反《商标法》规定的情形做出了规定。

1. 违反注册商标使用规定

根据《商标法》规定，注册商标需要变更注册人的名义、地址或者其他注册事项的，应当提出变更申请。商标注册人在使用注册商标的过程中，自行改变注册商标、注册人名义、地址或者其他注册事项的，由地方工商行政管理部门责令限期改正；期满不改正的，由商标局撤销其注册商标。

注册商标成为其核定使用的商品的通用名称或者没有正当理由连续三年不使用的，任何单位或者个人可以向商标局申请撤销该注册商标。商标局应当自收到申请之日起 9 个月内做出决定。有特殊情况需要延长的，经国务院工商行政管理部门批准，可以延长 3 个月。

对商标局撤销或者不予撤销注册商标的决定，当事人不服的，可以自收到通知之日起 15 日内向商标评审委员会申请复审。商标评审委员会应当自收到申请之日起 9 个月内做出决定，并书面通知当事人。有特殊情况需要延长的，经国务院工商行政管理部门批准，可以延长 3 个月。当事人对商标评审委员会的决定不服的，可以自收到通知之日起 30 日内向人民法院起诉。法定期限届满，当事人对商标局做出的撤销注册商标的决定不申请复审或者对商标评审委员会做出的复审决定不向人民法院起诉的，撤销注册商标的决定、复审决定生效。

被撤销的注册商标，由商标局予以公告，该注册商标专用权自公告之日起终止。

2. 违反商标强制注册规定

《商标法》第六条规定，法律、行政法规规定必须使用注册商标的商品，必须申请商标注册，未经核准注册的，不得在市场销售。违反上述规定的，由地方工商行政管理部门责令限期申请注册，违法经营额在 5 万元以上的，可以处违法经营额 20% 以下的罚款，没有违法经营额或者违法经营额不足 5 万元的，可以处 1 万元以下的罚款。

3. 违反未注册商标使用规定

将未注册商标冒充注册商标使用的，或者使用未注册商标违反《商标法》第十条规定的，由地方工商行政管理部门予以制止，限期改正，并可以予以通报，违法经营额在 5 万元以上的，可以处违法经营额 20% 以下的罚款，没有违法经营额或者违法经营额不足 5 万元的，可以处 1 万元以下的罚款。

4. 违反驰名商标使用管理规定

《商标法》第十四条第五款规定，生产、经营者不得将“驰名商标”字样用于商品、商品包装或者容器上，或者用于广告宣传、展览以及其他商业活动中。违反上述规定的，由地方工商行政管理部门责令改正，处 10 万元罚款。

七　注册商标专用权的保护

有下列行为之一的，均属侵犯注册商标专用权：（1）未经商标注册人的许可，在同一种商品上使用与其注册商标相同的商标的；（2）未经商标注册人的许可，在同一种商品上使用与其注册商标近似的商标，或者在类似商品上使用与其注册商标相同或者近似的商标，容易导致混淆的；（3）销售侵犯注册商标专用权的商品的；（4）伪造、擅自制造他人注册商标标识或者销售伪造、擅自制造的注册商标标识的；（5）未经商标注册人同意，更换其注册商标并将该更换商标的商品又投入市场的；（6）故意为侵犯他人商标专用权行为提供便利条件，帮助他人实施侵犯商标专用权行为的；（7）给他人的注册商标专用权造成其他损害的。

因上述侵犯注册商标专用权的行为引起的纠纷，由当事人协商解决，不愿协商或者协商不成的，商标注册人或者利害关系人可以向人民法院起诉，也可以请求工商行政管理部门处理。

1. 行政查处

对侵犯注册商标专用权的行为，工商行政管理部门有权依法查处。县级以上工商行政管理部门根据已经取得的违法嫌疑证据或者举报，对涉嫌侵犯他人注册商标专用权的行为进行查处时，可以行使下列职权：（1）询问有关当事人，调查与侵犯他人注册商标专用权有关的情况；（2）查阅、复制当事人与侵权活动有关的合同、发票、账簿以及其他有关资料；（3）对当事人涉嫌从事侵犯他人注册商标专用权活动的场所实施现场检查；（4）检查与侵权活动有关的物品；对有证据证明是侵犯他人注册商标专用权的物品，可以查封或者扣押。工商行政管理部门依法行使前款规定的职权时，当事人应当予以协助、配合，不得拒绝、阻挠。在查处商标侵权案件过程中，对商标权属存在争议或者权利人同时向人民法院提起商标侵权诉讼的，工商行政管理部门可以中止案件的查处。中止原因消除后，应当恢复或者终结案件查处程序。

工商行政管理部门处理时，认定侵权行为成立的，责令立即停止侵权行为，没收、销毁侵权商品和主要用于制造侵权商品、伪造注册商标标识的工具，违法经营额在 5 万元以上的，可以处违法经营额五倍以下的罚款，没有违法经营额或者违法经营额不足 5 万元的，可以处 25 万元以下的罚款。对五年内实施两次以上商标侵权行为或者有其他严重情节的，应当从重处罚。销售不知道是侵犯注册商标专用权的商品，能证明该商品是自己合法取得并说明提供者的，由工商行政管理部门责令停止销售。

对侵犯商标专用权的赔偿数额的争议，当事人可以请求进行处理的工商行政管理部门调解，也可以依照《中华人民共和国民事诉讼法》向人民法院起诉。经工商行政管理部门调解，当事人未达成协议或者调解书生效后不履行的，当事人可以依照《中华人民共和国民事诉讼法》向人民法院起诉。

2. 民事诉讼

对侵犯注册商标专用权的行为，商标注册人或者利害关系人可以向人民法院起诉。

（1）诉前禁令和诉前财产保全、诉前证据保全

商标注册人或者利害关系人有证据证明他人正在实施或者即将实施侵犯其注册商标专用权的行为，如不及时制止将会使其合法权益受到难以弥补的损害的，可以依法在起诉前向人民法院申请采取责令停止有关行为和财产保全的措施。为制止侵权行为，在证据可能灭失或者以后难以取得的情况下，商标注册人或者利害关系人可以依法在起诉前向人民法院申请保全证据。

（2）侵犯商标专用权的赔偿数额计算

侵犯商标专用权的赔偿数额，按照权利人因被侵权所受到的实际损失确定；实际损失难以确定的，可以按照侵权人因侵权所获得的利益确定；权利人的损失或者侵权人获得的利益难以确定的，参照该商标许可使用费的倍数合理确定。对恶意侵犯商标专用权，情节严重的，可以在按照上述方法确定数额的一倍以上三倍以下确定赔偿数额。赔偿数额应当包括权利人为制止侵权行为所支付的合理开支。权利人因被侵权所受到的实际损失、侵权人因侵权所获得的利益、注册商标许可使用费难以确定的，由人民法院根据侵权行为的情节判决给予 300 万元以下的赔偿。

人民法院为确定赔偿数额，在权利人已经尽力举证，而与侵权行为相关的账簿、资料主要由侵权人掌握的情况下，可以责令侵权人提供与

侵权行为相关的账簿、资料；侵权人不提供或者提供虚假的账簿、资料的，人民法院可以参考权利人的主张和提供的证据判定赔偿数额。

注册商标专用权人请求赔偿，被控侵权人以注册商标专用权人未使用注册商标提出抗辩的，人民法院可以要求注册商标专用权人提供此前三年内实际使用该注册商标的证据。注册商标专用权人不能证明此前三年内实际使用过该注册商标，也不能证明因侵权行为受到其他损失的，被控侵权人不承担赔偿责任。

销售不知道是侵犯注册商标专用权的商品，能证明该商品是自己合法取得并说明提供者的，不承担赔偿责任。

3. 刑事责任

未经商标注册人许可，在同一种商品上使用与其注册商标相同的商标，构成犯罪的，除赔偿被侵权人的损失外，依法追究刑事责任。根据《中华人民共和国刑法》（以下简称《刑法》）第 213 条的规定，未经注册商标所有人许可，在同一种商品上使用与其注册商标相同的商标，情节严重的，处三年以下有期徒刑或者拘役，并处或者单处罚金；情节特别严重的，处三年以上七年以下有期徒刑，并处以罚金。

伪造、擅自制造他人注册商标标识或者销售伪造、擅自制造的注册商标标识，构成犯罪的，除赔偿被侵权人的损失外，依法追究刑事责任。根据《刑法》第二百一十五条的规定，伪造、擅自制造他人注册商标标识或者销售伪造、擅自制造的注册商标标识，情节严重的，处三年以下有期徒刑，拘役或者管制，并处或者单处罚金；情节特别严重的，处三年以上七年以下有期徒刑，并处罚金。

销售明知是假冒注册商标的商品，构成犯罪的，除赔偿被侵权人的损失外，依法追究刑事责任。根据《刑法》第 214 条的规定，销售明知是假冒商标的商品，销售金额较大的，处 3 年以下有期徒刑或者拘役，并处或者单处罚金；销售金额巨大的，处 3 年以上 7 年以下有期徒刑，并处罚金。

八 驰名商标的特殊保护

所谓驰名商标，是指在市场上享有较高声誉并为相关公众所熟知的商标。认定驰名商标应当考虑下列因素：（1）相关公众对该商标的知晓程度；（2）该商标使用的持续时间；（3）该商标的任何宣传工作的持续时间、程度和地理范围；（4）该商标作为驰名商标受保护的记录；（5）该商标驰名的其他因素。

根据《商标法》第十三条规定，为相关公众所熟知的商标，持有人认为其权利受到侵害时，可以依照本法规定请求驰名商标保护。在商标注册审查、工商行政管理部门查处商标违法案件过程中，当事人依照商标法第十三条规定主张权利的，商标局根据审查、处理案件的需要，可以对商标驰名情况作出认定。在商标争议处理过程中，当事人依照该法第十三条规定主张权利的，商标评审委员会根据处理案件的需要，可以对商标驰名情况作出认定。在商标民事、行政案件审理过程中，当事人依照该法第十三条规定主张权利的，最高人民法院指定的人民法院根据审理案件的需要，可以对商标驰名情况作出认定。

上述驰名商标认定方式属于个别认定和被动认定，即商标局或者商标评审委员会不主动认定驰名商标，只有在商标注册、商标评审过程中产生争议时，应有关当事人的申请，商标局或者商标评审委员会才对产生争议的商标是否是驰名商标作出认定。依据上述方式认定的驰名商标，只具有个案效力，也就是说该驰名商标的认定，只在该商标争议案件或商标侵权案件中对纠纷当事人具有效力，对其他人都没有效力。

驰名商标享有特殊保护，表现在：（1）就相同或者类似商品申请注册的商标是复制、模仿或者翻译他人未在中国注册的驰名商标，容易导致混淆的，不予注册并禁止使用。（2）就不相同或者不相类似商品申请注册的商标是复制、模仿或者翻译他人已经在中国注册的驰名商标，误导公众，致使该驰名商标注册人的利益可能受到损害的，不予注册并禁止使用。

此外，将他人注册商标、未注册的驰名商标作为企业名称中的字号使用，误导公众，构成不正当竞争行为的，依照《中华人民共和国反不正当竞争法》处理。

第 五 章

其他知识产权基本理论

一 集成电路布图设计专有权

（一） 集成电路布图设计概念及其保护方式

集成电路，依据我国《集成电路布图设计保护条例》第 2 条规定，是指半导体集成电路，即以半导体材料为基片，将至少有一个是有源元件的两个以上元件和部分或者全部互连线路集成在基片之中或者基片之上，以执行某种电子功能的中间产品或者最终产品。集成电路是微电子技术的核心，是现代电子信息技术的基础，其应用范围广泛，计算机、通信设备、家用电器等，几乎所有的电子产品都离不开集成电路。

作为一种综合性技术成果，集成电路涉及集成电路布图设计和工艺技术。所谓集成电路布图设计，简称布图设计，依据我国《集成电路布图设计保护条例》第 2 条规定，是指集成电路中至少有一个是有源元件的两个以上元件和部分或者全部互连线路的三维配置，或者为制造集成电路而准备的上述三维配置。通俗地说，布图设计就是确定用以制造集成电路的电子元件在一个传导材料中的几何图形排列和连接的布局设计。而集成电路工艺技术，是根据布图设计把电路所需要的电子元件制作在电路板上并对电子元件进行互联，以及进行封装所采用的工艺技术。

对于集成电路来说，其功能取决于布图设计，因此，布图设计是根据要实现的功能来而进行的，不同功能的集成电路要求其布图设计也是不同的。由此决定了布图设计是制造集成电路产品中非常重要的一个环节，其开发费用一般要占集成电路产品总投资的一半以上。另外，布图设计又具有容易复制的特点，尤其是计算机和电子扫描技术的发展，使布图设计的复制更加便利。如果对布图设计不加保护的话，则仿制者较之设计人可以获得成本优势，而使设计人处于不利的竞争地位，影响集成电路产业的创新和发展。这使布图设计的知识产权保护成为必要。

集成电路布图设计，就其实质来说是一种图形设计，这使其具备版权保护客体作品的属性；这种图形设计是制作集成电路产品技术的一个关键环节，具有实用性的特征，这使其也具备专利保护客体技术方案的属性。但是，虽然原则上版权法、专利法都可以适用于集成电路布图设计的保护，但在实际操作中都存在很多问题，不论采用版权法还是专利法保护集成电路布图设计都不理想。[①] 因此，各国关于集成电路布图设计的保护，最终选择了专门立法的模式。即在现行知识产权法之外，另行制定专门的保护集成电路布图设计的法律，并由此创设了一种新型知识产权——集成电路布图设计权。我国对集成电路布图设计采取的也是这种保护模式。2001 年 4 月 2 日，我国颁布了《集成电路布图设计保护条例》，同年 10 月 1 日起施行。

（二）集成电路布图设计专有权的客体

集成电路布图设计专有权的客体是布图设计，但是其保护范围除了布图设计本身外，还延及布图设计以外的相关产品，但不延及思想、处理过程、操作方法或者数学概念等。不过，在具体保护范围的界定上，发达国家和发展中国家存在差异。发达国家主张"权利无限延伸论"，规定布图设计专有权不仅保护布图设计本身，也保护这种布图设计所构成的集成电路，还保护由这种集成电路构成的物品。发展中国家主张"权利有限延伸论"，规定布图设计专有权的效力除了及于布图设计本身外，只延伸到用该布图设计制造的集成电路产品，而不延伸到由这种集成电路构成的物品。从我国《集成电路布图设计保护条例》的具体规定看，我国对集成电路布图设计的保护范围，采纳的是权利无限延伸论，即对布图设计的保护延伸到布图设计所构成的集成电路，以及集成电路所构成的物品。

根据《集成电路布图设计保护条例》第 4 条规定，受保护的布图设

---

① 具体分析请参阅杨巧主编《知识产权法》，法律出版社 2007 年版，第 399—401 页。

计应当具有独创性，即布图设计是创作者独立创作的智力劳动成果，并且在其创作时该布图设计在布图设计创作者和集成电路制作者中不是公认的常规设计。受保护的由常规设计组成的布图设计，其组合作为整体应当符合前款规定的条件。这里的独创性，较之于作品取得著作权保护要求的独创性，内涵要丰富一些。其不但包含了后者独立创作的要求，而且包含了非常规性这一带有专利保护创造性要求中的非显而易见性的要求。

（三）　集成电路布图设计专有权的内容、保护期限和限制

布图设计权利人享有下列专有权：（1）对受保护的布图设计的全部或者其中任何具有独创性的部分进行复制；（2）将受保护的布图设计、含有该布图设计的集成电路或者含有该集成电路的物品投入商业利用。所谓复制，是指重复制作布图设计或者含有该布图设计的集成电路的行为；商业利用，是指为商业目的进口、销售或者以其他方式提供受保护的布图设计、含有该布图设计的集成电路或者含有该集成电路的物品的行为。

布图设计专有权的保护期为 10 年，自布图设计登记申请之日或者在世界任何地方首次投入商业利用之日起计算，以较前日期为准。但是，无论是否登记或者投入商业利用，布图设计自创作完成之日起 15 年后，不再受保护。

布图设计权利人可以将其专有权转让或者许可他人使用其布图设计。转让布图设计专有权的，当事人应当订立书面合同，并向国务院知识产权行政部门登记，由国务院知识产权行政部门予以公告。布图设计专有权的转让自登记之日起生效。许可他人使用其布图设计的，当事人应当订立书面合同。

《集成电路布图设计保护条例》对布图设计专有权规定有以下限制：

1. 下列行为可以不经布图设计权利人许可，不向其支付报酬：（1）为个人目的或者单纯为评价、分析、研究、教学等目的而复制受保护的布图设计的；（2）在依据前项评价、分析受保护的布图设计的基础上，创作出具有独创性的布图设计的；（3）对自己独立创作的与他人相同的布图设计进行复制或者将其投入商业利用的。

2. 受保护的布图设计、含有该布图设计的集成电路或者含有该集成电路的物品，由布图设计权利人或者经其许可投放市场后，他人再次商业利用的，可以不经布图设计权利人许可，并不向其支付报酬。

3. 在国家出现紧急状态或者非常情况时，或者为了公共利益的目的，或者经人民法院、不正当竞争行为监督检查部门依法认定布图设计权利人有不正当竞争行为而需要给予补救时，国务院知识产权行政部门可以给予使用其布图设计的非自愿许可。

（四）集成电路布图设计专有权的归属

根据《集成电路布图设计保护条例》规定，中国自然人、法人或者其他组织创作的布图设计，依照本条例享有布图设计专有权。外国人创作的布图设计首先在中国境内投入商业利用的，创作者依照本条例享有布图设计专有权。外国人创作的布图设计，其创作者所属国同中国签订有有关布图设计保护协议或者与中国共同参加有关布图设计保护国际条约的，依照本条例享有布图设计专有权。

根据《集成电路布图设计保护条例》规定，集成电路布图设计专有权的具体归属依据以下法律原则决定：

1. 布图设计专有权属于布图设计创作者，《集成电路布图设计保护条例》另有规定的除外。由法人或者其他组织主持，依据法人或者其他组织的意志创作，并由法人或者其他组织承担责任的布图设计，该法人或者其他组织是创作者。由自然人创作的布图设计，该自然人是创作者。

2. 两个以上自然人、法人或者其他组织合作创作的布图设计，其专有权的归属由合作者约定；未作约定或者约定不明的，其专有权由合作者共同享有。

3. 受委托创作的布图设计，其专有权的归属由委托人和受托人双方约定；未作约定或者约定不明的，其专有权由受托人享有。

（五）集成电路布图设计专有权的取得和撤销

根据《集成电路布图设计保护条例》规定，布图设计专有权经国务院知识产权行政部门登记产生。未经登记的布图设计不受条例保护。

申请人向国家知识产权局申请布图设计登记的，应当提交：布图设计登记申请表；布图设计的复制件或者图样；布图设计已投入商业利用的，提交含有该布图设计的集成电路样品；国务院知识产权行政部门规定的其他材料。布图设计自其在世界任何地方首次商业利用之日起 2 年内，未向国务院知识产权行政部门提出登记申请的，国务院知识产权行政部门不再予以登记。

布图设计登记申请经初步审查，未发现驳回理由的，由国务院知识产权行政部门予以登记，发给登记证明文件，并予以公告。经初步审查，发现不符合法定要求的，国家知识产权局驳回登记申请。布图设计登记申请人对国家知识产权局驳回登记申请决定不服的，可以自收到通知之日起 3 个月内，向国务院知识产权行政部门请求复审。国务院知识产权行政部门复审后，作出决定，并通知布图设计登记申请人。布图设计登记申请人对国务院知识产权行政部门的复审决定仍不服的，可以自收到通知之日起 3 个月内向人民法院起诉。

布图设计获准登记后，国务院知识产权行政部门发现该登记不符合本条例规定的，应当予以撤销，通知布图设计权利人，并予以公告。被撤销的布图设计专有权视为自始即不存在。布图设计权利人对国务院知识产权行政部门撤销布图设计登记的决定不服的，可以自收到通知之日起 3 个月内向人民法院起诉。

（六）集成电路布图设计专有权的保护

根据《集成电路布图设计保护条例》规定，除条例另有规定外，未经布图设计权利人许可，有下列行为之一的，行为人必须立即停止侵权行为，并承担赔偿责任：（1）复制受保护的布图设计的全部或者其中任何具有独创性的部分的；（2）为商业目的进口、销售或者以其他方式提供受保护的布图设计、含有该布图设计的集成电路或者含有该集成电路的物品的。侵犯布图设计专有权的赔偿数额，为侵权人所获得的利益或者被侵权人所受到的损失，包括被侵权人为制止侵权行为所支付的合理开支。但是，在获得含有受保护的布图设计的集成电路或者含有该集成电路的物品时，不知道也没有合理理由应当知道其中含有非法复制的布图设计，而将其投入商业利用的，不视为侵权。行为人得到其中含有非法复制的布图设计的明确通知后，可以继续将现有的存货或者此前的订货投入商业利用，但应当向布图设计权利人支付合理的报酬。

未经布图设计权利人许可使用其布图设计，即侵犯其布图设计专有权引起纠纷的，由当事人协商解决；不愿协商或者协商不成的，布图设计权利人或者利害关系人可以向人民法院起诉，也可以请求国务院知识产权行政部门处理。

国务院知识产权行政部门处理时，认定侵权行为成立的，可以责令侵权人立即停止侵权行为，没收、销毁侵权产品或者物品。当事人不服的，可以自收到处理通知之日起 15 日内依照《中华人民共和国行政诉讼法》向人民法院起诉；侵权人期满不起诉又不停止侵权行为的，国务院知识产权行政部门可以请求人民法院强制执行。

应当事人的请求，国务院知识产权行政部门可以就侵犯布图设计专有权的赔偿数额进行调解；调解不成的，当事人可以依照《中华人民共和国民事诉讼法》向人民法院起诉。

布图设计权利人或者利害关系人有证据证明他人正在实施或者即将实施侵犯其专有权的行为，如不及时制止将会使其合法权益受到难以弥补的损害的，可以在起诉前依法向人民法院申请采取责令停止有关行为和财产保全的措施。

二 植物新品种权

（一）植物新品种的概念及其知识产权保护

植物新品种，根据我国《植物新品种保护条例》第 2 条的规定，是指经过人工培育的或者对发现的野生植物予以开发，具备新颖性、特异性、一致性和稳定性并有适当命名的植物品种。

1961 年 12 月 2 日，比利时、丹麦、法国等国家在巴黎签订了《保护植物新品种国际公约》，奠定了植物新品种知识产权保护制度的基础，为国际间开展植物优良品种开发、研究、技术转让、农林产品贸易、交流提供了一个基本框架。1994 年，TRIPS 把植物品种的保护纳入了世界贸易体系当中，其在"专利"一节中规定了植物新品种的保护问题。根据TRIPS 第 27 条规定，成员国应以专利制度或有效的专门制度，或者以任何组合制度，给植物新品种以保护。

植物新品种保护法律制度自 20 世纪以来，经历了一个产生与发展的过程，已构成了一个完整的保护体系，在国际上形成了三种不同的保护模式：一是专利保护模式，即以专利制度来保护植物新品种；二是专门立法保护模式，即制定特别法来保护植物新品种；三是双轨制保护模式，即实行植物专利和植物品种专门法保护双轨制。[1]

在我国，对植物新品种的保护采取的是专门立法保护模式。根据我国《专利法》第二十五条的规定，植物新品种被明确排除在专利权保护客体范围之外。有关植物新品种保护的法律，是 1997 年 3 月 20 日国务院所颁布的《植物新品种保护条例》，依据该条例的规定，对育种人培育出的符合条件的植物新品种授予植物新品种权的保护。

（二）植物新品种权的客体

植物新品种权，简称为品种权，其客体是植物新品种。根据《植物新品种保护条例》的规定，植物新品种取得品种权的保护，必须具备以下条件：

1. 列入国家植物品种保护名录。申请品种权的植物新品种应当属于国家植物品种保护名录中列举的植物的属或者种。植物品种保护名录由审批机关确定和公布。

2. 具备新颖性。授予品种权的植物新品种应当具备新颖性。新颖性，是指申请品种权的植物新品种在申请日前该品种繁殖材料未被销售，或者经育种者许可，在中国境内销售该品种繁殖材料未超过 1 年；在中国境外销售藤本植物、林木、果树和观赏树木品种繁殖材料未超过 6 年，销售其他植物品种繁殖材料未超过 4 年。

3. 具备特异性。授予品种权的植物新品种应当具备特异性。特异性，是指申请品种权的植物新品种应当明显区别于在递交申请以前已知的植物品种。

4. 具备一致性。授予品种权的植物新品种应当具备一致性。一致性，是指申请品种权的植物新品种经过繁殖，除可以预见的变异外，其相关的特征或者特性一致。

---

[1] 杨巧主编：《知识产权法》，法律出版社 2007 年版，第 367—368 页。

5. 具备稳定性。授予品种权的植物新品种应当具备稳定性。稳定性，是指申请品种权的植物新品种经过反复繁殖后或者在特定繁殖周期结束时，其相关的特征或者特性保持不变。

6. 具备适当的名称。授予品种权的植物新品种应当具备适当的名称，并与相同或者相近的植物属或者种中已知品种的名称相区别。该名称经注册登记后即为该植物新品种的通用名称。下列名称不得用于品种命名：（1）仅以数字组成的；（2）违反社会公德的；（3）对植物新品种的特征、特性或者育种者的身份等容易引起误解的。

（三）品种权的内容、归属及其限制

1. 品种权的内容

品种权，指完成育种的单位或者个人对其授权品种，享有排他的独占权。除非《植物新品种保护条例》另有规定，任何单位或者个人未经品种权所有人，即称品种权人许可，不得为商业目的生产或者销售该授权品种的繁殖材料，不得为商业目的将该授权品种的繁殖材料重复使用于生产另一品种的繁殖材料，否则构成侵权。

品种权人在行使权利时应注意，生产、销售和推广被授予品种权的植物新品种，应当按照国家有关种子的法律、法规的规定审定。不论授权品种的保护期是否届满，销售该授权品种应当使用其注册登记的名称。

植物新品种的申请权和品种权可以依法转让。中国的单位或者个人就其在国内培育的植物新品种向外国人转让申请权或者品种权的，应当经审批机关批准。国有单位在国内转让申请权或者品种权的，应当按照国家有关规定报经有关行政主管部门批准。转让申请权或者品种权的，当事人应当订立书面合同，并向审批机关登记，由审批机关予以公告。

2. 品种权的归属

（1）职务育种和非职务育种。执行本单位的任务或者主要是利用本单位的物质条件所完成的职务育种，植物新品种的申请权属于该单位；非职务育种，植物新品种的申请权属于完成育种的个人。申请被批准后，品种权属于申请人。

（2）委托育种和合作育种。委托育种，指受托人按照委托人的委托而培育的植物新品种。合作育种，指两个以上的单位或个人共同提供物质、技术条件培育的植物新品种。委托育种或者合作育种，品种权的归属由当事人在合同中约定；没有合同约定的，品种权属于受委托完成或者共同完成育种的单位或者个人。

当事人就植物新品种的申请权和品种权的权属发生争议的，可以向人民法院提起诉讼。

3. 品种权的限制

（1）合理使用。在下列情况下使用授权品种的，可以不经品种权人许可，不向其支付使用费，但是不得侵犯品种权人依照条例享有的其他权利：其一，利用授权品种进行育种及其他科研活动；其二，农民自繁自用授权品种的繁殖材料。

（2）强制许可。为了国家利益或者公共利益，审批机关可以作出实施植物新品种强制许可的决定，并予以登记和公告。取得实施强制许可的单位或者个人应当付给品种权人合理的使用费，其数额由双方商定；双方不能达成协议的，由审批机关裁决。品种权人对强制许可决定或者强制许可使用费的裁决不服的，可以自收到通知之日起3个月内向人民法院提起诉讼。

（四）品种权的取得

品种权的取得，应由申请人向审批机关提出申请，由其审查后对符合法定条件的植物新品种授予品种权。国务院农业、林业行政部门作为审批机关，按照职责分工共同负责植物新品种权申请的受理和审查。

1. 申请和受理

中国的单位和个人申请品种权的，可以直接或者委托代理机构向审批机关提出申请。中国的单位和个人申请品种权的植物新品种涉及国家安全或者重大利益需要保密的，应当按照国家有关规定办理。外国人、外国企业或者外国其他组织在中国申请品种权的，应当按其所属国和中华人民共和国签订的协议或者共同参加的国际条约办理，或者根据互惠原则，依照条例办理。

申请品种权的，应当向审批机关提交符合规定格式要求的请求书、说明书和该品种的照片。申请文件应当使用中文书写。

审批机关收到品种权申请文件之日为申请日；申请文件是邮寄的，

以寄出的邮戳日为申请日。申请人自在外国第一次提出品种权申请之日起 12 个月内，又在中国就该植物新品种提出品种权申请的，依照该外国同中华人民共和国签订的协议或者共同参加的国际条约，或者根据相互承认优先权的原则，可以享有优先权。申请人要求优先权的，应当在申请时提出书面说明，并在 3 个月内提交经原受理机关确认的第一次提出的品种权申请文件的副本；未依照条例规定提出书面说明或者提交申请文件副本的，视为未要求优先权。

对符合条例规定的品种权申请，审批机关应当予以受理，明确申请日、给予申请号，并自收到申请之日起 1 个月内通知申请人缴纳申请费。对不符合或者经修改仍不符合条例第二十一条规定的品种权申请，审批机关不予受理，并通知申请人。申请人可以在品种权授予前修改或者撤回品种权申请。

中国的单位或者个人将国内培育的植物新品种向国外申请品种权的，应当向审批机关登记。

2. 审查与批准

申请人缴纳申请费后，审批机关对品种权申请的下列内容进行初步审查：（1）是否属于植物品种保护名录列举的植物属或者种的范围；（2）是否符合条例第二十条的规定；（3）是否符合新颖性的规定；（4）植物新品种的命名是否适当。审批机关应当自受理品种权申请之日起 6 个月内完成初步审查。对经初步审查合格的品种权申请，审批机关予以公告，并通知申请人在 3 个月内缴纳审查费。对经初步审查不合格的品种权申请，审批机关应当通知申请人在 3 个月内陈述意见或者予以修正；逾期未答复或者修正后仍然不合格的，驳回申请。

申请人按照规定缴纳审查费后，审批机关对品种权申请的特异性、一致性和稳定性进行实质审查。申请人未按照规定缴纳审查费的，品种权申请视为撤回。审批机关主要依据申请文件和其他有关书面材料进行实质审查。审批机关认为必要时，可以委托指定的测试机构进行测试或者考察业已完成的种植或者其他试验的结果。因审查需要，申请人应当根据审批机关的要求提供必要的资料和该植物新品种的繁殖材料。对经实质审查符合条例规定的品种权申请，审批机关应当作出授予品种权的决定，颁发品种权证书，并予以登记和公告。对经实质审查不符合条例规定的品种权申请，审批机关予以驳回，并通知申请人。

审批机关设立植物新品种复审委员会。对审批机关驳回品种权申请的决定不服的，申请人可以自收到通知之日起 3 个月内，向植物新品种复审委员会请求复审。植物新品种复审委员会应当自收到复审请求书之日起 6 个月内作出决定，并通知申请人。申请人对植物新品种复审委员会的决定不服的，可以自接到通知之日起 15 日内向人民法院提起诉讼。

品种权被授予后，在自初步审查合格公告之日起至被授予品种权之日止的期间，对未经申请人许可，为商业目的生产或者销售该授权品种的繁殖材料的单位和个人，品种权人享有追偿的权利。

（五）品种权的期限、终止和无效

品种权的保护期限，自授权之日起，藤本植物、林木、果树和观赏树木为 20 年，其他植物为 15 年。

品种权人应当自被授予品种权的当年开始缴纳年费，并且按照审批机关的要求提供用于检测的该授权品种的繁殖材料。

有下列情形之一的，品种权在其保护期限届满前终止：（1）品种权人以书面声明放弃品种权的；（2）品种权人未按照规定缴纳年费的；（3）品种权人未按照审批机关的要求提供检测所需的该授权品种的繁殖材料的；（4）经检测该授权品种不再符合被授予品种权时的特征和特性的。品种权的终止，由审批机关登记和公告。

自审批机关公告授予品种权之日起，植物新品种复审委员会可以依据职权或者依据任何单位或者个人的书面请求，对不符合条例第十四条、第十五条、第十六条和第十七条规定的，宣告品种权无效；对不符合条例第十八条规定的，予以更名。宣告品种权无效或者更名的决定，由审批机关登记和公告，并通知当事人。对植物新品种复审委员会的决定不服的，可以自收到通知之日起 3 个月内向人民法院提起诉讼。

被宣告无效的品种权视为自始不存在。宣告品种权无效的决定，对在宣告前人民法院作出并已执行的植物新品种侵权的判决、裁定，省级以上人民政府农业、林业行政部门作出并已执行的植物新品种侵权处理决定，以及已经履行的植物新品种实施许可合同和植物新品种权转让合同，不具有追溯力；但是，因品种权人的恶意给他人造成损失的，应当给予合理赔偿。依照前款规定，品种权人或者品种权转让人不向被许可实施人或者受让人返还使用费或者转让费，明显违反公平原则的，品种权人或者品种权转让人应当向被许可实施人或者受让人返还全部或者部分使用费或者转让费。

（六）品种权的保护

1. 侵害品种权的法律责任

未经品种权人许可，以商业目的生产或者销售授权品种的繁殖材料的，品种权人或者利害关系人可以请求省级以上人民政府农业、林业行政部门依据各自的职权进行处理，也可以直接向人民法院提起诉讼。

省级以上人民政府农业、林业行政部门依据各自的职权处理品种权侵权案件时，为维护社会公共利益，可以责令侵权人停止侵权行为，没收违法所得和植物品种繁殖材料；货值金额 5 万元以上的，可处货值金额 1 倍以上 5 倍以下的罚款；没有货值金额或者货值金额 5 万元以下的，根据情节轻重，可处 25 万元以下的罚款。

省级以上人民政府农业、林业行政部门依据各自的职权，根据当事人自愿的原则，对侵权所造成的损害赔偿可以进行调解。调解达成协议的，当事人应当履行；调解未达成协议的，品种权人或者利害关系人可以依照民事诉讼程序向人民法院提起诉讼。

人民法院根据侵权行为的具体情况，可以责令侵权人承担停止侵权行为、赔偿损失的民事责任。赔偿数额按照权利人因被侵权所受的损失或者侵权人因侵权所获得的利益确定。数额难以确定的，可在品种权许可费的 1 倍以上 5 倍以下酌情确定。

2. 假冒授权品种的法律责任

假冒授权品种的，由县级以上人民政府农业、林业行政部门依据各自的职权责令停止假冒行为，没收违法所得和植物品种繁殖材料；货值金额 5 万元以上的，处货值金额 1 倍以上 5 倍以下的罚款；没有货值金额或者货值金额 5 万元以下的，根据情节轻重，处 25 万元以下的罚款；情节严重、构成犯罪的，依法追究刑事责任。

3. 强制措施

省级以上人民政府农业、林业行政部门依据各自的职权在查处品种权侵权案件和县级以上人民政府农业、林业行政部门依据各自的职权在查处假冒授权品种案件时，根据需要，可以封存或者扣押与案件有关的植物品种的繁殖材料，查阅、复制或者封存与案件有关的合同、账册及有关文件。

三　特殊标志权

（一）特殊标志及其法律保护

特殊标志是指在一些重大科学、文化、体育及社会公益活动中使用的名称、徽记、吉祥物、口号等标记。由于这些大型活动具有极大的社会号召力，蕴藏着巨大的商业机会，因此，在这些特定的大型科学、文化、体育及社会公益活动中所使用的特殊标志也就具有了特殊的商业价值，保护这些特殊标志成为必要。

与其他知识产权保护不同，至今没有一个专门保护特殊标志的国际公约，只有一些有相当知名度的国际组织，针对自己的标志在各成员国的使用规定了相应的原则、方法。比如，国际奥林匹克委员会为保护奥林匹克所有相应标志制定的《奥林匹克宪章》。因此，有关特殊标志的法律保护，主要由各国自行立法保护。

在我国现行知识产权法体系下，《著作权法》和《商标法》对特殊标志提供了一定程度的保护。对于特殊标志来说，如其符合作品的规定性，具有独创性，则可享受著作权保护；特殊标志所有人也可以根据商标法的规定，将其注册为商标，享受商标权的保护。但这些保护，受到具体权利保护范围的限制。为了更有效、更直接地管理、保护这些标志，维护特殊标志所有人、使用人和消费者的合法权益，推动科学、文化、体育及社会公益事业的发展，国务院于1996年7月13日发布了《特殊标志管理条例》，对特殊标志予以保护。除了保护特殊标志的这一专门性法规外，针对在我国举办的一些大型活动，国务院或地方政府还制定有一些具体的特殊标志保护的行政法规或地方性规章，如2002年2月4日国务院公布的《奥林匹克标志保护条例》，2004年10月13日国务院公布的《世界博览会标志保护条例》，2001年10月11日北京市政府颁布的《北京市奥林匹克知识产权保护规定》。

（二）特殊标志权的客体

特殊标志权的客体是经国务院工商行政管理部门核准登记的特殊标志。所谓特殊标志，是指经国务院批准举办的全国性和国际性的文化、体育、科学研究以及其他社会公益活动所使用的，由文字、图形组成的名称及缩写、会徽、吉祥物等标志。

特殊标志不得含有下列内容的文字、图形组成，否则不予登记：（1）有损于国家或者国际组织的尊严或者形象的；（2）有害于社会善良习俗和公共秩序的；（3）带有民族歧视性，不利于民族团结的；（4）缺乏显著性，不便于识别的；（5）法律、行政法规禁止的其他内容。

（三）特殊标志权的内容

特殊标志权，是特殊标志所有人对其核准登记的特殊标志所享有的独占权利。就特殊标志权的内容来说，包括两个方面：一是特殊标志所有人可以在与其公益活动相关的广告、纪念品及其他物品上使用该标志；二是特殊标志所有人可以许可他人在国务院工商行政管理部门核准使用该标志的商品或者服务项目上使用。

特殊标志所有人使用或者许可他人使用特殊标志所募集的资金，必须用于特殊标志所服务的社会公益事业，并接受国务院财政部门、审计部门的监督。

特殊标志所有人在许可他人使用特殊标志时，被许可的特殊标志使用人应当是依法成立的企业、事业单位、社会团体、个体工商户。特殊标志使用人应当同所有人签订书面使用合同。特殊标志使用人应当自合同签订之日起 1 个月内，将合同副本报国务院工商行政管理部门备案，并报使用人所在地县级以上人民政府工商行政管理部门存查。

特殊标志所有人或者使用人在使用特殊标志时，应遵守规定，有下列行为之一的，由其所在地或者行为发生地县级以上人民政府工商行政管理部门责令改正，可以处 5 万元以下的罚款；情节严重的，由县级以上人民政府工商行政管理部门责令使用人停止使用该特殊标志，由国务院工商行政管理部门撤销所有人的特殊标志登记：（1）擅自改变特殊标志文字、图形；（2）许可他人使用特殊标志，未签订使用合同，或者使用人在规定期限内未报国务院工商行政管理部门备案或者未报所在地县级以上人民政府工商行政管理机关存查；（3）超出核准登记的商品或者服务范围使用的。

（四）特殊标志权的取得

1. 申请和核准登记

根据《特殊标志管理条例》第 3 条规定，只有经国务院工商行政管理部门核准登记的特殊标志，才受条例保护。也就是特殊标志只有经核准登记才能取得特殊标志权。因此，举办社会公益活动的组织者或者筹备者对其使用的名称、会徽、吉祥物等特殊标志，需要取得特殊标志权保护的，应当向国务院工商行政管理部门提出登记申请。登记申请可以直接办理，也可以委托他人代理。

申请特殊标志登记，应当填写特殊标志登记申请书并提交下列文件：（1）国务院批准举办该社会公益活动的文件；（2）准许他人使用特殊标志的条件及管理办法；（3）特殊标志图样 5 份，黑白墨稿 1 份。图样应当清晰，便于粘贴，用光洁耐用的纸张印制或者用照片代替，长和宽不大于 10 厘米、不小于 5 厘米；（4）委托他人代理的，应当附代理人委托书，注明委托事项和权限；（5）国务院工商行政管理部门认为应当提交的其他文件。

国务院工商行政管理部门收到申请后，按照以下规定处理：（1）符合条例有关规定，申请文件齐备无误的，自收到申请之日起 15 日内，发给特殊标志登记申请受理通知书，并在发出通知之日起 2 个月内，将特殊标志有关事项、图样和核准使用的商品和服务项目，在特殊标志登记簿上登记，发给特殊标志登记证书。特殊标志经核准登记后，由国务院工商行政管理部门公告。（2）申请文件不齐备或者有误的，自收到申请之日起 10 日内发给特殊标志登记申请补正通知书，并限其自收到通知之日起 15 日内予以补正；期满不补正或者补正仍不符合规定的，发给特殊标志登记申请不予受理通知书。（3）违反条例第四条规定的，自收到申请之日起 15 日内发给特殊标志登记申请驳回通知书。申请人对驳回通知不服的，可以自收到驳回通知之日起 15 日内，向国务院工商行政管理部门申请复议。

特殊标志有效期为 4 年。自核准登记日起计算。特殊标志所有人可以在有效期满前 3 个月内提出延期申请，延长的期限由国务院工商行政管理部门根据实际情况和需要决定。特殊标志所有人变更地址，应当自变更之日起 1 个月内报国务院工商行政管理部门备案。

2. 无效宣告

已获准登记的特殊标志有下列情形之一的，任何单位和个人可以在特殊标志公告刊登之日至其有效期满的期间，向国务院工商行政管理部门申明理由并提供相应证据，请求宣告特殊标志登记无效：（1）同已在先申请的特殊标志相同或者近似的；（2）同已在先申请注册的商标或者已获得注册的商标相同或者近似的；（3）同已在先申请外观设计专利或者已依法取得专利权的外观设计专利相同或者近似的；（4）侵犯他人著作权的。国务院工商行政管理部门自收到特殊标志登记无效申请之日起 10 日内，通知被申请人并限其自收到通知之日起 15 日内作出答辩。被申请人拒绝答辩或者无正当理由超过答辩期限的，视为放弃答辩的权利。

国务院工商行政管理部门自收到特殊标志登记无效申请之日起 3 个月内作出裁定，并通知当事人；当事人对裁定不服的，可以自收到通知之日起 15 日内，向国务院工商行政管理部门申请复议。

（五）特殊标志权的保护

侵害特殊标志权的行为有：（1）擅自使用与所有人的特殊标志相同或者近似的文字、图形或者其组合的；（2）未经特殊标志所有人许可，擅自制造、销售其特殊标志或者将其特殊标志用于商业活动的；（3）给特殊标志所有人造成经济损失的其他行为。

特殊标志所有人或者使用人发现特殊标志所有权或者使用权被侵害时，可以向侵权人所在地或者侵权行为发生地县级以上人民政府工商行政管理部门投诉；也可以直接向人民法院起诉。

工商行政管理部门受理特殊标志侵权案件，在调查取证时，可以行使下列职权，有关当事人应当予以协助，不得拒绝：（1）询问有关当事人；（2）检查与侵权活动有关的物品；（3）调查与侵权活动有关的行为；（4）查阅、复制与侵权活动有关的合同、账册等业务资料。

查证有上述侵权行为之一的，由县级以上人民政府工商行政管理部门责令侵权人立即停止侵权行为，没收侵权商品，没收违法所得，并处违法所得 5 倍以下的罚款，没有违法所得的，处 1 万元以下的罚款。工商行政管理部门受理特殊标志侵权案件投诉的，应当依特殊标志所有人的请求，就侵权的民事赔偿主持调解；调解不成的，特殊标志所有人可以向人民法院起诉。

第 六 章

与知识产权有关的不正当竞争

一 知识产权的反不正当竞争法保护

民法的功能在于："它确定在一个社会当中共同生活的人们相互之间的法律地位。就法律技术而言，这主要由此实现，即由民法来分派这些人在相互关系当中的权利、义务和风险。"① "因为人类是在共同体当中生活，因此必然会发生相互接触（社会交往）。在共同生活当中，民法上的人作为权利和保护范围的拥有者而相遇。私法主体有义务互相尊重这一地位。在发生冲突时，由民法来规定在当事人相互关系中所产生的法律效果。" "因此，民法便做出规定，什么权利和利益在普通的社会交往当中——在此不考虑法律行为——应当相对于每一个人而受到保护以及以什么方式受到保护。"②

如前所述，权利就其本质而言，是一种法律上之力，由"特定利益"和"法律上之力"两个要素构成，"特定利益"构成权利的目的，"法律上之力"是权利人实现其"特定利益"的手段。由此可见，权利从根本上来说，是获得权利保护的利益。但是，这并不意味着利益只有上升为权利才受法律保护。有些利益，尚未达到权利的属性密度，因此，法律并未对其赋予"法律上之力"，给予其权利保护，而是对其给

---

① ［德］迪特尔·施瓦布：《民法导论》，郑冲译，法律出版社 2006 年版，第 3 页。
② 同上书，第 187 页。

予侵权法保护。①

　　反不正当竞争法就是应用侵权法保护商业活动中经营者未达到权利属性密度的商业竞争利益的一种利益保护机制。立法上关于不正当竞争的规定，一般都将其和违反诚实习惯做法、违反诚实商业惯例联系在一起，而将其界定为商业活动中违反诚实商业惯例的行为，② 而不论其是否侵害了他人的特定权利。因此，不正当竞争行为的本质，就在于违背诚实商业惯例，以恶意的竞争手段给其他竞争者造成损害。基于不正当竞争行为的这一性质，各国均借助侵权法来规范不正当竞争行为，由此使《反不正当竞争法》成为特别侵权法。③

　　以大陆法系和英美法系代表国家为例。在法国，并没有专门的禁止不正当竞争的成文法，有关制止不正当竞争的规则是法国法院依据民法典侵权行为条款发展出来的。在德国，竞争法学者普遍认为，德国的反不正当竞争法是一种特别侵权法。即使在 1896 年，德国颁布了成文的《反不正当竞争法》之后，为克服该法在功能上的局限性，仍然以民法典有关侵权责任的规定为补充，对不正当竞争行为进行规范。

　　而英国和美国的反不正当竞争法，是从司法判例中发展而来的。从 19 世纪开始，英国主要通过反假冒制度制止恶意竞争。英国学理认为，假冒之诉在性质上属于侵权之诉。美国对不正当竞争的制止在最初也主要依据普通法上的反假冒制度和侵权法原理。如 1844 年发生了戴乐诉卡派特案，戴乐以"戴乐波斯线"的名称在英国和美国制造、销售棉线，被告仿冒其商号、商标、封装和标签，当时美国尚无商标法，法官斯道

----

　　① 在大陆法系国家的侵权法中，不论是法国模式还是德国模式，一般侵权行为条款都全面保护各种民事权益，不论是否属于"权利"。只不过法国模式之下，因过失而侵害他人的民事权益时，不论侵害权利还是其他利益，原则上均承担损害赔偿责任，但是关于过错、损害和因果关系的判断标准可能在纯粹经济利益受侵害时更加严格。而在德国模式下，因故意或者过失侵害绝对权时应承担损害赔偿责任，而对于绝对权之外的利益的保护程度则较低：必须加害人因过错违反了以保护该利益为目的的法律时才应该赔偿，或者，只有故意违反善良风俗时才应当赔偿。参见葛云松《〈侵权责任法〉保护的民事权益》，《中国法学》2010 年第 3 期。

　　② 如《保护工业产权巴黎公约》第 10 条之 2 规定："凡在商业活动中违反诚实习惯做法的竞争行为构成不正当竞争行为。"世界知识产权组织《反不正当竞争示范法》第 1 条第 1 款规定："凡在工商业活动中违反诚实商业惯例的行为"。

　　③ 刘春田：《知识产权法》（第四版），高等教育出版社、北京大学出版社 2010 年版，第 353—354 页。

里在判决中指出该案是侵权案，被告为了欺骗公众，损害了他人从技术、劳动和企业得到的正当收入。

知识产权的客体是智力成果和工商业标记，借助著作权法、专利法、商标法等知识产权法，作品、发明创造和商标等智力成果和工商业标记获得了知识产权保护。但不是所有的智力成果和工商业标记都能依据知识产权法获得知识产权保护，对于那些没有纳入知识产权保护客体中的智力成果以及工商业标记，其所有人在其上所拥有的正当利益，只能依据《反不正当竞争法》来保护。由此，《反不正当竞争法》弥补了知识产权法保护的不足，形成对知识产权保护的补充。

二　与知识产权有关的不正当竞争行为类型

应予注意的是，并非《反不正当竞争法》中所规范的不正当竞争行为都与知识产权有关，其中只有一部分不正当竞争与知识产权有关。《中华人民共和国反不正当竞争法》中列举的不正当竞争行为有 11 种，其中与知识产权有关的不正当竞争行为包括市场混淆行为、虚假宣传行为、侵犯商业秘密行为和诋毁商业信誉行为。此外，我国司法实践也认定了一些与知识产权有关的不正当竞争行为。

（一）市场混淆行为

市场混淆行为，是指在市场交易中，经营者擅自使用与他人商业标识相同或者近似的标识，导致或者可能导致其商品或者服务与他人的商品或者服务相混淆的行为。市场混淆行为表现为经营者擅自使用他人的商业标识，其以造成消费者误认误购为目的，本质则是盗用他人商业标识上所凝结的商业信誉或商品声誉，是一种典型的违反诚实信用原则的不正当竞争行为。

市场混淆行为的表现形式有以下几种：

1. 假冒他人的注册商标

商标是经营者使用在商品或服务上用来区别商品或服务来源的标志。注册商标，是指根据我国《商标法》规定的条件和程序，经商标管理机关核准注册的商标。

根据我国《商标法》规定，侵害商标权的行为包括：（1）未经注册商标所有人的许可，在相同或类似商品上使用与其注册商标相同或近似的商标；（2）销售侵犯注册商标专用权的商品的；（3）伪造、擅自制造他人注册商标标识或者销售伪造、擅自制造注册商标标识的；（4）未经商标注册人同意，更换其注册商标并将该更换商标的商品又投入市场的；（5）给他人的注册商标专用权造成其他损害的，如在同一种或者类似商品上，将与他人注册商标相同或者近似的标志作为商品名称或者商品装潢使用，误导公众的；故意为侵犯他人注册商标专用权行为提供仓储、运输、邮寄、隐匿等便利条件的；等等。有学者认为，上述行为中，除第（4）项行为，即反向假冒行为外，其他侵害注册商标权的行为都构成假冒他人注册商标的行为。这种理解扩大了假冒他人的注册商标的不正当竞争行为的范围。

从字面意思来看，假冒注册商标的行为应是直接使用他人注册商标而使人对商品来源发生混淆的行为，而销售假冒商标的商品、制造注册商标标识、销售这种标识以及其他侵害注册商标专用权的行为，其性质上是假冒行为的辅助行为，或是假冒行为的延伸、扩展，而非假冒行为本身。因此，假冒他人的注册商标的不正当竞争行为就是指，未经注册商标所有人的许可，在相同或类似商品上使用与其注册商标相同或近似的商标的行为，具体包括：（1）在相同商品上使用与注册商标相同的商标的行为；（2）在相同商品上使用与注册商标近似的商标的行为；（3）在类似商品上使用与注册商标相同的商标的行为；（4）在类似商品上使用与注册商标近似的商标的行为。

2. 擅自使用知名商品特有的名称、包装、装潢，或者使用与知名商品近似的名称、包装、装潢，造成和他人的知名商品相混淆，使购买者误认为是该知名商品

商品名称，是用来将一种商品在原料、用途等方面区别于其他商品的称呼。包装，是指为识别商品以及方便携带、储运而使用在商品上的辅助物和容器。装潢，是指为识别与美化商品而在商品或者其包装上附加的文字、图案、色彩及其排列组合。

商品的名称、包装、装潢可分为商品通用的名称、包装、装潢和商品特有的名称、包装、装潢两类。商品通用的名称、包装、装潢，是指

在特定的商品领域内为全体经营者所普遍使用的商品名称、包装、装潢。它们只能表示某种商品的类别和归属，而不能起到区分特定经营者的作用。商品特有的名称、包装、装横，是指该名称、包装、装潢并不是为相关商品所通用的，而且该商品的名称、包装、装潢具有显著的区别性特征，即具有区别商品来源的显著特征。

所谓知名商品，是指在市场上具有一定知名度，为相关公众所知悉的商品。一般来说，商品名称、包装、装潢被他人擅自做相同或者相似使用，足以造成购买者误认的，该商品即可认定为知名商品。

该种不正当竞争行为的成立，须具备以下要件：（1）使用者使用了知名商品特有的名称、包装、装潢，或者使用了与知名商品近似的名称、包装、装潢，前者属于假冒，后者属于仿冒。（2）造成和他人的知名商品相混淆，即使购买者误认为假冒或仿冒的商品就是该知名商品，包括已经引起误认和可能引起误认两种后果。（3）行为人系擅自使用，主观上具有故意。擅自使用，是指行为人未经他人同意而使用其知名商品特有的名称、包装、装潢。擅自使用表明行为人主观上存在故意，即明知该商品的名称、包装、装潢为知名商品所特有，出于利用该知名商品在市场上的知名度，使购买者发生混淆的目的，不经知名商品所有人的同意而使用。行为人的上述故意，可以通过其实施的客观行为及其他客观事实，予以推定和认定。

3. 擅自使用他人的企业名称或者姓名，引人误认为是他人的商品

企业名称是一个企业区别于另一个企业的文字标志。企业名称应依法登记注册。经登记的企业名称由字号、行业或经营特点以及组织形式三个部分组成。反不正当竞争法意义上的企业名称，包括企业登记主管机关依法登记注册的企业名称，在中国境内进行商业使用的外国（地区）企业名称，以及具有一定的市场知名度、为相关公众所知悉的企业名称中的字号。

姓名是自然人的称呼。反不正当竞争法意义上的姓名，一般指个体工商户、个人合伙的字号。此外，在商品经营中使用的自然人的姓名，具有一定的市场知名度、为相关公众所知悉的自然人的笔名、艺名等，也是反不正当竞争法意义上的姓名。

该种不正当竞争行为的成立，须具备以下要件：（1）行为人客观上

必须有擅自使用他人企业名称或姓名的行为。所谓擅自使用，是指不经权利人许可而使用。使用的形式，通常是将他人的企业名称或姓名使用在自己的商品上，还包括将他人的企业名称中的字号作为商标或商品名称加以使用的情形。（2）擅自使用行为具有引人混淆的后果，即具有造成购买者误认的可能，并不要求造成误认的实际结果。判断是否有造成误认的可能，应当以一般购买者在施以普通注意力的情况下能否发生误认为准。

4. 在商品上伪造或者冒用认证标志、名优标志等质量标志，伪造产地，对商品质量做引人误解的虚假表示

质量标志，是指证明经营者的商品质量达到了一定水平的符号或标记。质量标志主要包括认证标志、名优标志和其他质量标志。所谓认证标志，是指认证机构证明商品符合认证标准和技术要求而由认证机构颁发并准许在商品上使用的专用质量标志。所谓名优标志，是指经消费者、有关社会组织或者行政机关评选，对达到一定质量条件的名牌优质产品的经营者授予其使用的一种荣誉性标志。

产地，指商品的地理来源，也就是商品的实际生产地、制造地或加工地。产地标志，则是指用以表示商品来源于特定的国家、地区、地方、地点的文字或标记。产地标志除具有识别商品的地理来源的作用外，还具有质量保证的意义。因为产品的质量和其他特征在很大程度上受制于当地特定的气候、土壤、水质等自然条件，以及当地的传统技术工艺等人为因素，因此，商品的质量与其产地之间往往具有直接的联系。

伪造质量标志，是指经营者在其商品上使用客观上并不存在的认证标志、名优标志或其他标志的行为。冒用质量标志，是指经营者在无权使用客观上存在的某种质量标志的情况下，在其商品上使用该质量标志的行为。伪造产地，是指经营者在自己生产或经销的商品或商品包装、说明书上标注虚假不实的产地标志的行为。

经营者在商品上不论是伪造或者冒用质量标志，还是伪造产地，其行为性质都是对商品质量做虚假表示，目的是造成购买者误认。

（二）虚假宣传行为

虚假宣传行为，是指经营者在商业活动中，利用广告或者其他方法，

对商品或者服务提供与实际内容不相符合的虚假信息，导致客户或消费者误解的行为。以广告为主要形式的商业宣传，是商业竞争的重要手段，内容上夸大失真、引人误解的虚假宣传，不仅会误导消费者，严重损害消费者利益，还会影响其他经营者的销售，使他们失去公平竞争的机会。因此，虚假宣传行为是一种不正当竞争行为。

虚假宣传行为的成立，须具备以下构成要件：（1）虚假宣传行为的主体为经营者，即经营商品或提供营利性服务的法人、其他经济组织和个人。经营者在委托广告经营者设计、制作、发布广告时又称广告主。（2）在主观方面，从事虚假宣传行为的经营者必须具有故意，具有通过虚假宣传欺骗或误导商品的购买人特别是消费者，以不正当地获取交易机会和竞争优势的动机。经营者的故意可以推定其存在，无须由他人加以特别证明。（3）在客观方面，虚假宣传行为包括两种形式，一是虚假宣传，即经营者对商品的质量、性能、用途、生产者、有效期限、产地等商品内容或者服务项目、服务内容、服务方式和服务质量等作出完全不符合真实情况的宣传，欺骗客户和消费者的行为；二是做引人误解的宣传，即利用广告形式或其他形式对商品内容或服务项目所做的宣传可能导致客户和广大消费者对商品和服务的真实情况产生误解或错误的联想，从而影响其购买决定的行为。

此外，广告经营者在明知或者应知的情况下，代理、设计、制作、发布虚假广告的行为，也构成不正当竞争行为。广告经营者虚假广告行为的成立，须具备以下构成要件：（1）主体为广告经营者，即经营广告业务的经营者，包括专门经营广告业务的经营者，即广告公司，以及兼营广告业务的新闻单位，包括广播电台、电视台、报刊出版单位等。（2）在主观方面，从事虚假广告行为的广告经营者在过失的情况下也能构成不正当竞争行为。（3）在客观方面，广告经营者的虚假广告行为表现为，在其明知或应知经营者的广告是虚假的或引人误解的情况下，仍然为经营者代理、设计、制作或发布该虚假广告。所谓明知，是指广告的经营者明确知道广告是虚假的。所谓应知，是指广告的经营者本来应该根据广告法律的有关规定，对有关证明文件予以查验，以审查广告内容是否真实，以决定是否为广告主提供广告设计、制作、代理、发布服务，但其怠于履行此项义务，因而他本应知道广告的虚假性而不知，使虚假广告得以流向市场。

（三）侵犯商业秘密的行为

商业秘密，是指不为公众所知悉、能为权利人带来经济利益、具有实用性并经权利人采取保密措施的信息。包括技术信息和经营信息。技术信息，是有关生产或制造方面的信息，包括设计、公式、图样、程序、方法、产品配方、制作工艺、制作方法、技巧等方面的信息。经营信息是有关经营、管理和决策方面的信息，涉及经营者的企业组织机构、财务、人事、经营等多个领域，包括资信状况、财务预测、资产购置计划、产销策略和计划、广告计划、管理诀窍、客户名单、货源情报、招投标中的标底及标书内容等信息。

一项技术信息或经营信息，要构成商业秘密必须符合以下条件：（1）具有秘密性，即商业秘密所包含的客体必须是不为公众所知悉的信息。所谓不为公众所知悉，是指有关信息不为其所属领域的相关人员普遍知悉和容易获得。商业秘密的秘密性是相对的，即有关商业秘密并不是只有其所有人才知道，其他国内外的任何人都不知道，而是指有关商业秘密在所有人所属的行业内并非众所周知。（2）具有经济实用性，即商业秘密能为权利人带来经济利益、具有实用性。也就是该信息具有确定的可应用性，能为权利人带来现实的或者潜在的经济利益或者竞争优势。（3）权利人采取了保密措施。包括订立保密协议、建立保密制度及采取其他合理的保密措施。判断一项信息是否具有秘密性的关键因素，是看权利人主观上是否具有保密的意思，客观上是否采取了保密措施。首先，权利人必须在主观上具有将一项信息作为秘密进行保护的意思。如果权利人主观上根本不具有保守某项信息的秘密的意思，则此项信息不可能成为商业秘密。其次，仅仅具有主观上的保密意思还不够，权利人还必须在客观上采取保密措施，通过这些措施将有关信息加以控制，并保持对此项信息的独占状态。如果权利人客观上未采取任何保密措施，则从反面也表明其根本不具有占有此项信息的意图。

侵犯商业秘密行为的表现形式有：

（1）经营者以不正当手段获取他人的商业秘密。即经营者以盗窃、利诱、胁迫或者其他不正当手段获取权利人的商业秘密。如果经营者通过自行开发的方式获得与权利人的信息相同的商业秘密的，其行为不属于以不正当手段获取他人商业秘密。同样，经营者通过反向工程的方式获得与权利人的信息相同的商业秘密的，也不能认定为是侵犯商业秘密的行为。所谓反向工程，是指通过技术手段对从公开渠道取得的产品进行拆卸、测绘、分析等而获得该产品的有关技术信息。

（2）经营者非法披露、使用或允许他人使用以不正当手段获取的商业秘密。披露，是指经营者将非法获取的商业秘密向其他人公开或扩散。使用，是指经营者将非法获取的商业秘密直接加以利用。允许他人使用，则是指经营者将非法获取的商业秘密提供给第三人使用，不论是有偿的还是无偿的。凡经营者将其以不正当手段获取的商业秘密予以披露、使用或允许他人使用，即构成对商业秘密的侵害。

（3）违反约定或违反保密要求披露、使用或允许他人使用他人的商业秘密。这是一种发生在合同当事人之间的违约行为。合同当事人一方以正当手段从权利人处获得了商业秘密，但他在合同中负有保守该商业秘密的义务，不得擅自将商业秘密予以披露、使用或允许他人使用。违反约定或者违反保密要求披露、使用或者允许他人使用权利人商业秘密的，也构成对商业秘密的侵害。

此外，当第三人明知或者应知商业秘密的侵害人有前述违法行为，仍然从商业秘密侵害人处获取商业秘密，以及使用或者披露从商业秘密侵害人处获取的他人的商业秘密，视为侵犯商业秘密。

（四）诋毁商业信誉的行为

商业信誉，是指经营者通过公平竞争和诚实经营所取得的良好的社会综合性评价。经营者的商誉反映了人们对该经营者在市场竞争中地位的总体评价，良好的商誉有利于经营者开拓市场，扩大交易，提高市场占有率，所以，商誉体现了一种竞争优势或财产价值，是经营者在市场竞争中保持和获取交易机会的根本依托。而以贬低竞争对手商誉形式开展竞争，阻碍其经营活动，剥夺其交易机会的行为，是一种违反公认的商业道德的不正当竞争行为。

诋毁商业信誉的行为，其表现形式主要有：（1）经营者在公开场合，用散发公开信、召开新闻发布会、在新闻媒体上刊播广告等形式，捏造、散布虚伪事实，贬低竞争对手的商业信誉和商品声誉；（2）经营者利用虚假广告或比较广告，对自己的商品进行不符合事实的宣传，以贬低竞争对手的商品声誉，抬高自己企业或商品的地位；（3）经营者在经营过程中，向业务客户或消费者编造、散布虚伪事实，损害竞争对手的商业信誉和商品声誉；（4）直接在商品的包装说明或其他说明书上，对竞争对手的同类商品进行贬低。

诋毁商业信誉的行为的成立，应包括以下要件：（1）从事诋毁商誉行为的主体是经营者。在经营者唆使或利用他人在公众中制造谣言，传播或散布虚假事实的方式，损害竞争对手商业信誉或商品声誉的情况下，被唆使或利用的第三人如不具备经营者的资格，不能成为诋毁商誉行为的主体。但实施唆使行为的经营者，可以认定为实施了诋毁商誉的行为。（2）经营者从事诋毁商誉的行为必须是出于竞争的目的，主观上必须具有故意。（3）客观上，经营者必须捏造、散布了虚伪事实，且实际损害了或可能损害竞争对手的商誉。

三　与知识产权有关的不正当竞争法行为的法律责任

一方面，不正当竞争行为损害了其他正当经营者的合法权益，性质上属于民事侵权行为，对给被侵害的经营者造成损害的，应当承担民事损害赔偿责任。另一方面，不正当竞争行为在损害其他经营者的合法权益的同时，还破坏了公平竞争的市场秩序，损害了社会公共利益，因此，还必须承担公法责任，包括行政责任和刑事责任。

1. 民事责任

不正当竞争行为的民事责任形式包括：

（1）停止侵害或防止侵害。其责任成立只要客观上不正当竞争行为正在发生或即将发生即可，不以行为人主观上有过错为要件。

（2）损害赔偿。经营者违反我国《反不正当竞争法》规定，给被侵害的经营者造成损害的，应当承担损害赔偿责任。其在构成要件上与一般侵权行为相同，实行过错责任原则。但在侵害商业秘密之诉中，由于证明对方获取信息的途径非常困难，因此实行过错推定，使举证责任倒置。被侵害的经营者的损失难以计算的，赔偿额为侵权人在侵权期间因侵权所获得的利润；侵权人应当承担被侵害的经营者因调查该经营者侵害其合法权益的不正当竞争行为所支付的合理费用。

2. 行政责任

根据我国《反不正当竞争法》的规定，除诋毁商业信誉行为外，其他与知识产权有关的不正当竞争行为应承担相应的行政责任，责任形式包括责令停止违法行为、消除影响、罚款、没收违法所得、吊销营业执照等。

3. 刑事责任

根据我国《反不正当竞争法》第二十一条第二款规定，销售伪劣商品构成犯罪的，依法追究刑事责任。因此，市场混淆行为如果符合我国《刑法》相关规定的，应追究刑事责任。此外，依据我国《刑法》关于侵犯商业秘密犯罪的规定，侵犯商业秘密构成犯罪的，应追究刑事责任。

第 七 章

知识产权法前沿问题

一 新技术条件下知识产权法的发展

（一）技术创新与知识产权

知识产权是私权法律制度创新与变迁的结果，同时也是直接保护科技创新活动的基本法律制度。知识产权法从其兴起到现在只有三四百年的时间，但历经从工业革命到信息革命的不同时期，基于科技革命而生，由于科技革命而变，其制度史本身就是一个法律制度创新与科技创新相互作用、相互促进的过程。[①]

知识产权法诞生之后，科学技术进步不断对知识产权法提出挑战，给知识产权领域带来新的课题和任务，引发知识产权法律制度的创新与变革。这种创新和变革沿着两个方向展开。一是引发既有的知识产权类型的内部变化。表现为使既有知识产权类型保护客体的范围不断扩大。如伴随着作品传播技术由印刷技术到广播技术、再到数字网络技术的发展，受著作权保护的客体也由传统的印刷作品扩展到视听作品，再扩展到计算机软件、多媒体作品等。再就是导致既有知识产权类型的权项的扩展。如随着作品传播技术的发展，广播权、信息网络传播权等先后加入著作财产权的行列。二是促进新的知识产权类型的出现。随着技术进步，出现了一些新的客体。对这些新客体如果将其纳入既有的知识产权

---

① 吴汉东：《科学技术的创新和知识产权的制度创新》，载赵凌云主编《市场与法治——纪念中南财经政法大学合并组建一周年学术研讨会论文集》，中国财政经济出版社 2001 年版，第 17 页。

类型中予以保护，会面临一些障碍，这样就产生了在既有的知识产权类型之外创设新的知识产权类型的需要。于是，一些新的知识产权形式应运而生，如集成电路布图设计专有权、植物新品种权等。应该注意的是，新的知识产权类型的创设不是一种完全另起炉灶的做法，而常常是会吸收既有知识产权类型的一些合理机制，在此基础上根据新客体保护的需要加以创新，形成新的保护机制。如集成电路布图设计的保护，就是有选择地吸收了著作权和专利权的一些保护机制，创设出新的集成电路布图设计专有权。

当前，我们正处在以数字网络技术应用为内容的信息技术革命和以基因技术应用为内容的生物技术革命中，新技术带来了新的技术成果，其知识产权保护的要求，对现行知识产权法提出了许多新的问题。本节选择网络环境下的著作权和生物技术的专利权保护对此作一介绍。

（二）网络环境中的著作权

随着互联网的迅猛发展，传统的版权观念和法律规定面临严峻的挑战。作为一种新的作品传播方式，网络传输带给作品使用者以前所未有的便利的同时，对版权人的利益保护构成重大威胁。如何在不妨碍文化传播的前提下，保护版权人在新技术环境下的利益，促进文学艺术创作，是版权制度所面临的现实问题。网络与数字技术对版权制度形成的冲击，主要集中在版权客体、内容和网络服务商的侵权责任认定等方面。

1. 网络环境下的版权客体

网络空间中的作品有两类。第一类是传统类型的作品，如文字作品、美术作品、音乐作品等，其基于两种不同的来源而出现在网络空间。一是原先以纸质形式或其他形式存在，通过扫描仪、计算机键盘或其他转换设备，将传统作品转换为数字编码，以这种数字化形式进行存储后被上传到网上，从而成为网络作品。其可称为网络转载作品。二是网络原创作品。从作品表达方式来看，其虽属于传统类型的作品，或者是文字作品，或者是美术作品，或者是音乐作品，等等，但以数字化方式进行创作，从创作伊始即以数字化形式存在，并在网络上传播。① 第二类是伴随网络传播技术的出现，在原有的传统作品形式之外所产生的新的作品形式，主要是网页。

对于网络转载作品来说，引起争议的是数字化行为性质上是否产生了一种与原作品相区别的新作品。一种意见认为，传统作品的数字化类似作品演绎行为中的翻译，具有一定的独创性。另一种意见则认为，作品的数字化不过是使作品增加了一种新的表现形式罢了，没有产生新的作品。原作品被数字化后，改变的只是原作品的存在形式、外在表现以及固定方式，对作品的独创性和可复制性不产生任何影响。因此，数字化了的作品与原作品并没有区别，不产生新作品。② 对此，联合国教科文组织与世界知识产权组织在《关于计算机使用与创作作品的版权问题的建议》中指出："被计算机改变了形态的作品不视为新作品。"

就网络原创作品来说，就其表达而言，其本身仍然属于文字作品、美术作品、音乐作品等各种传统作品类型，尽管其创作、存在和传播采用数字化、网络化方式，但这只是其作品载体形式的变化，并非产生新的作品类型，对其纳入传统作品类型中进行保护即可。

对网页这种网络环境下出现的新的作品形式，又应如何定性呢？通常，一个网页至少由六部分组成：（1）由主页的所有者创建的网页内容（例如，图表设计、图片、文章等）；（2）网站开发者创建的网页内容，特别是根据网站开发合同创建的网页内容；（3）前置软件模块（例如，数字代码本身、HTML、JAVA 等）；（4）特别为网站创建的软件模块；（5）作品使用者计算机界面的非功能性和非事实性方面；（6）网页的计算机屏幕显示。③ 对作为一个完整作品的网页，至少有两种有效保护方式。一种方式，将其看做是软件。按照这一方式，网页的集合体可以归结到软件汇编作品或者包含许多部分的计算机程序作品的类别。另一种方式，网页可以作为各种不同作品的汇编得到版权保护。一个网页的不同组成部分分别纳入不同传统作品类别，各自获得版权保护，而集合不

---

①　王景川、胡开忠主编：《知识产权制度现代化问题研究》，北京大学出版社 2010 年版，第 38 页。

②　丛立宪：《网络版权问题研究》，武汉大学出版社 2007 年版，第 12 页。

③　同上书，第 39 页。

同作品成分的网页可以作为汇编作品获得版权保护。后一种解决方式对于许可或者诉讼来说似乎更加实用。①

关于网络环境下作品的著作权保护，最高人民法院《关于审理涉及计算机网络著作权纠纷案件适用法津若干问题的解释》第 2 条规定："受著作权法保护的作品，包括著作权法第 3 条规定的各类作品的数字化形式。在网络环境下无法归于著作权法第 3 条列举的作品范围，但在文学、艺术和科学领域内具有独创性并能以某种有形形式复制的其他智力创作成果，人民法院应当予以保护。"据此，网络环境下以数字化形式存在的作品，如果能认定其属于传统作品，即著作权法第 3 条所规定的各类作品形式，即按照传统作品加以保护。如果不能认定其属于传统作品，即著作权法第 3 条所规定的各类作品形式，但只要其属于文学、艺术和科学领域内具有独创性并能以某种有形形式复制的其他智力创作成果，也应予以著作权保护。

2. 网络环境下版权内容的演化和发展

数字网络时代对版权法的最大冲击，在于它彻底改变了作品复制和传播的方式，由此导致了复制权和传播权的演化和发展。

就复制权来说，问题是如何处理网络环境下的"暂时复制"。在网络空间，信息以数字形式出现，信息获取意味着不可避免的复制。利用计算机阅读书籍报刊、看电影、听歌曲（网上浏览），都会有一系列的复制发生。当我们浏览万维网的页面时，电脑必须首先把页面的复制本发送到电脑上，这个复制本保存在我们的电脑里，然后显示在电脑屏幕上。该信息在电脑存储器中可能随时被刷新，一旦关机或运行新的指令也会从内存中消失。浏览行为还可以导致一种特殊的复制：用户在多次登录同一网站或浏览同一网上信息时，上网软件将自动在硬盘中划出一块区域作为缓存区，将被浏览的网上作品以临时性文件的形式存入其中，形成复制件。所有电子信息都是这样复制的，这种复制即"暂时复制"。暂时性复制是由计算机的功能决定的，伴随着计算机操作而自发产生，是计算机正常运行中产生的附带性复制。因此，数字网络环境中的任何传播都离不开暂时复制。尽管暂时复制具有暂时性，但它对于在线传输又

---

① 丛立宪：《网络版权问题研究》，武汉大学出版社 2007 年版，第 39—40 页。

具有不可避免性，由此在版权人和使用者之间产生了暂时复制是否应受复制权规范的不同立场。就版权人来说，其要求扩大复制权的范围，将暂时复制纳入其中；而使用者则持相反立场，其认为，在网络上获取和浏览信息必须经由复制，如果允许版权人控制暂时复制，就意味着任由版权人完全控制网络信息的获取。

1996 年，在世界知识产权组织为制定《世界知识产权组织版权公约》和《世界知识产权组织表演和录音制品公约》而主持召开的日内瓦外交会议上，美国和欧盟的代表要求对《伯尔尼公约》中的复制权予以澄清，将临时复制也纳入其中。虽然会议在最后时刻以多数票表决通过了关于复制权范围的"议定声明"，但由于许多国家代表团质疑该议定声明是否有解释条约的效力，因此，临时复制的性质在国际上依然悬而未决。而我国现行立法基于政策考量，也不支持将临时复制纳入复制权的控制范围。①

互联网的出现，带来了作品传播模式的变化，即实现了与传统的广播传播形式不同的"交互式传播"，其突出特征是：首先，对信息内容的传输是由受众而非传播者的行为直接触发的。受众可以自主选择信息内容，以及接受传播的时间和地点。其次，传播采用"点对点"的模式，受众是点播内容的特定个人。虽然《伯尔尼公约》已经赋予作者传播权，但只包括传统意义上的公开表演权、公开朗诵权、公开放映权和广播权四项。其对于作品传播的控制，不包括这种交互式传播形式。为将通过互联网进行的这种交互式传播纳入版权控制范围，《世界知识产权组织版权公约》第 8 条以"向公众传播的权利"为标题规定："文学和艺术作品的作者应享有专有权，以授权将其作品以有线或无线方式向公众传播，包括将其作品向公众提供，使公众中的成员在其个人选定的地点和时间可获得这些作品。"由于在讨论缔结该公约的日内瓦外交会议上，各国虽然都同意应规定版权人享有控制交互式传播行为的专有权利，但对应采取何种专有权控制这一行为存在巨大分歧，所以，第 8 条虽然标题是"向公众传播的权利"，但却允许各成员国自行决定以何种专有权利来控

---

① 王迁：《网络环境中的著作权保护研究》，法律出版社 2011 年版，第 35—45 页。

制交互式的网络传播行为。[1] 对此，我国《著作权法》在 2001 年修订时，新增了"信息网络传播权"的规定："以有线或无线方式向公众提供作品，是公众可以在其个人选定的时间和地点获得作品的权利。"

3. 网络服务商的间接侵权责任

在网络环境下，发生侵害版权的行为时，权利人一般不会直接起诉那些未经许可将作品上传至网站的个人用户，而是将追究责任的主要目标指向网络服务提供者。因此，网络环境中的版权保护，主要是通过合理确定网络服务提供者的责任来实现的。网络服务提供者包括技术服务提供者和内容服务提供者。技术服务提供者，主要指提供接入、搜索以及链接和网络平台服务等服务类型的网络主体。网络接入服务提供者，是指其通过自己的交换机等硬件设施向用户提供以光缆、电话线等方式接入互联网的服务；网络搜索、链接服务提供者，是指通过使用信息定位工具，包括目录、索引、超文本链接等，将用户指引或链接至另一个在线站点的主体；网络平台服务提供者，主要为用户提供存储空间，提供用户上载各种信息或者进行交互沟通等功能的平台服务，如为用户提供邮箱、博客、作品传输共享等网络空间。网络平台提供者为用户提供信息交流和技术服务的平台，在技术上它可以对用户上载的信息进行编辑控制。而网络内容服务提供者，是指组织信息并通过设立的网站向公众提供信息服务的网络主体，包括自然人和法人。

网络服务提供者在网络版权侵权中的责任性质属于间接责任。在版权法理论中，间接侵权相对于直接侵权而言，是指行为人并未直接侵犯版权，但由于其行为与他人的直接侵权行为之间的特定关系，而被法律基于公共政策等方面的考虑界定为侵权行为。[2] 间接侵权行为主要包括教唆和引诱他人侵权及故意帮助他人侵权和直接侵权的预备行为与扩大侵权后果的行为两类。教唆、引诱他人进行侵权，或明知及应知他人行为构成侵权，但仍然给予实质性帮助的，应当对侵权后果承担责任。这是各国侵权行为法所普遍承认的规则。某些行为并未直接侵犯版权人的专有权利，也不属于教唆、引诱或帮助他人侵权，但却极有可能导致直接

---

① 王迁：《网络环境中的著作权保护研究》，法律出版社 2011 年版，第 115 页。

② 杨小兰：《网络著作权研究》，武汉大学出版社 2012 年版，第 242—243 页。

侵权或扩大其侵权行为的损害后果。一些国家的立法者出于防止直接侵权和避免其损害后果扩大的政策考虑，也将这类行为规定为间接侵权。

在我国，立法中不曾明确使用间接侵权的概念，司法实践中则一直运用共同侵权规则来处理网络著作权的帮助侵权问题。《民法通则》第一百三十条规定："二人以上共同侵权造成他人损害的，应当承担连带责任。"最高人民法院《关于贯彻执行〈民法通则〉若干问题的意见》第一百四十三条规定："教唆、帮助他人实施侵权行为的人，为共同侵权人，应当承担连带民事责任。"最高人民法院《关于审理涉及计算机网络著作权纠纷案件适用法律若干问题的解释》第4条规定："网络服务提供者通过网络参与他人侵犯著作权行为，或者通过网络教唆、帮助他人实施侵犯著作权行为的，人民法院应当根据《民法通则》第一百三十条的规定，追究其与其他行为人或者直接实施侵权行为人的共同侵权责任。"

目前，世界上主要国家和地区都对网络服务提供者适用过错责任，并且对责任限制条款作了明文规定。在美国网络版权侵权理论中，主观认知分为两种：一是"实际认识"，即帮助侵权人实际认识到直接侵权行为的发生，且这种直接侵权行为是特定和具体的；二是"推定认识"，即帮助侵权人并非实际认识特定的直接侵权行为，但通过具体情形能够推定其知道。所谓实际认识即"明知"，是对主观过错的事实认定，是过错责任认定的普遍情形，可依证据判断；而推定认识则是"应知"，是对主观过错的法律推定，是过错责任认定的例外情形。①

在认定网络服务提供者的间接责任方面，美国1998年《千禧年数字版权法》（DMCA）为四类网络服务提供者规定了免于承担赔偿责任的情形，称为"避风港"规则。"避风港"规则包括"通知—移除"两部分，将其作为网络服务提供者的免责条件。由于网络中介服务商没有能力进行事先的内容审查，一般事先对侵权信息的存在不知情。所以，采取"通知—移除"规则，是对网络中介服务商间接侵权责任的限制，首要目的在于鼓励网络服务商积极开拓新市场而不担心因此承受的著作权责任，

---

① 杨小兰：《网络著作权研究》，武汉大学出版社2012年版，第252—253页。

以提高网络服务的效率、品质和范围。①

根据我国《民法通则》《侵权责任法》等立法规定，我国对一般侵权行为适用过错责任归责原则。因此，行为人侵害他人网络著作权，给他人造成损害的，应适用过错责任归责原则承担侵权损害赔偿责任。也因此，过错成为判定网络服务提供者的间接侵权行为成立的核心要件，是网络服务提供者承担间接侵权责任的基础。根据《信息网络传播权保护条例》第 22 条第 3 项规定，网络服务提供者为服务对象提供信息存储空间，供服务对象通过信息网络向公众提供作品、表演、录音录像制品，不知道也没有合理的理由应当知道服务对象提供的作品、表演、录音录像制品侵权的，不承担赔偿责任；根据《信息网络传播权保护条例》第 23 条规定，网络服务提供者为服务对象提供搜索或者链接服务，明知或者应知所链接的作品、表演、录音录像制品侵权的，应当承担共同侵权责任。上述规定可以看作认定网络服务提供者在间接侵权中是否具有过错的标准。《侵权责任法》第三十六条第三款规定："网络服务提供者知道网络用户利用其网络服务侵害他人民事权益，未采取必要措施的，与该网络用户承担连带责任。"该规定中"知道"，作为认定网络服务提供者在间接侵权中是否具有过错的标准，应解释为包括"明知"和"应知"两种情形。②

为了保证网络服务提供者的合法经营不受干扰，在保护版权的同时促进网络服务业的发展，我国立法也仿效美国数字版权法（DMCA），在立法中规定了"避风港"规则。《信息网络传播权保护条例》第 14 条规定："对提供信息存储空间或者提供搜索、链接服务的网络服务提供者，权利人认为其服务所涉及的作品、表演、录音录像制品，侵犯自己的信息网络传播权或者被删除、改变了自己的权利管理电子信息的，可以向该网络服务提供者提交书面通知，要求网络服务提供者删除该作品、表演、录音录像制品，或者断开与该作品、表演、录音录像制品的链接。"根据第 15 条、第 22 条、第 23 条规定，网络服务提供者接到权利人的通

---

① 史学清、汪涌：《避风港还是暴风角——解读〈信息网络传播条例〉第 23 条》，《知识产权》2009 年第 2 期。

② 王迁：《网络环境中的著作权保护研究》，法律出版社 2011 年版，第 286 页。

知书后，应当立即删除涉嫌侵权的作品、表演、录音录像制品，或者断开与涉嫌侵权的作品、表演、录音录像制品的链接。网络服务提供者根据规定删除权利人认为侵权的作品、表演、录音录像制品的，断开与侵权的作品、表演、录音录像制品的链接的，不承担赔偿责任。我国《侵权责任法》第三十六条第二款规定："网络用户利用网络服务实施侵权行为的，被侵权人有权通知网络服务提供者采取删除、屏蔽、断开链接等必要措施。网络服务提供者接到通知后未及时采取必要措施的，对损害的扩大部分与该网络用户承担连带责任。"上述规定都将"通知—移除"作为网络服务提供者的免责条件，对网络服务提供商的间接侵权责任进行了限制。

（三）　基因技术成果的专利保护

20 世纪生物技术的突破性进展，使基因应否予以专利保护成为重要问题。在专利的历史发展中，有关基因专利的争论涉及面最广、持续时间最长，其对专利制度影响深远，是任何其他新技术都不能与之相提并论的。关于基因专利的争论主要包括基因应否被授予专利、基因专利的授权条件、基因专利与公共利益的关系等。

1. 基因是否应受专利保护

基因是 DNA 分子或 RNA 分子上具有特定遗传效应的一段特定的核苷酸序列，其本身是一种自然产品，人们不能发明、创造基因，只能发现、利用基因。因此，围绕基因是否能被授予专利权产生了争议，争议焦点是基因到底属于发现还是发明。

早期美国的法院信守这一原则，认为自然界的物质不依赖人的活动而存在，不能视为人类的发明产物。这种认识在早期作为专利法的法律原则受到严格遵守。美国最高法院在 1948 年有关 "Funk Rrothers Seed Company v. Kalo Inoculant" 案判决中对自然物质的专利性持明确否定态度，提出 "对有关自然现象的发现是不能颁发专利的。对细菌等生物特点的认识，是人类对自然法则的揭示，是人类共有知识库的一部分，因而应该为人们自由使用，不应被任何人独占"[1]。

---

[1]　王震：《基因专利研究》，知识产权出版社 2008 年版，第 23 页。

但是，在查克拉巴蒂案中，美国最高法院为适应当时生物产业的快速发展需求对专利法作出了重大调整，判决对通过基因工程所获得的该类细菌本身授予专利权，并在判决中宣称"专利权人生产了一种新的不同于自然存在的具有显著不同特性的细菌，并具有重要实用性的潜力。他的发明不是自然的制品，而是他自己的手工制品；相应地，该发明属于第 101 条中的可专利性主题"①。这是美国最高法院就生物专利权问题作出的具有里程碑意义的重大裁定，其意义在于，自然物质只要有人类介入的痕迹，在本质上它就是"人造"的，也就可以申请专利权。该案扫清了基因申请专利的障碍，从此，基因专利的大门得以打开。自此，人们只要对自然物质进行一定程度的纯化与分离，使其不再处于原来的自然状态，就可以对该物质主张专利权。

2001 年，美国专利商标局公布 2001 年版实用性审查指南，适应基因技术的发展对基因专利的审查标准加以修改。针对基因更多的是一种发现而不是发明，因而不应授予专利的观点，美国专利商标局认为，只要满足法律规定的要求，发明人的发现可以被授予专利。基因的发现，亦即将其由自然状态从其他与其相联系的分子中分离、提纯得出的遗传成分，可以构成获得专利的基础。但如果发明人只揭示一个新发现基因的核酸分子结构，而没有揭示该分离基因的实用性，则不能授予专利。分离、提纯的基因必须满足实用性的特定、翔实和可靠的三个标准，也就是说发明人必须同时揭示如何应用这一从自然状态中分离提纯的基因，这一分离、提纯的基因成分才可被授予专利。美国专利商标局认为，与分离、提纯的 DNA 分子有关的专利申请包括由自然存在的染色体中分离的基因或人工合成 DNA 分子。

有鉴于生物技术和基因工程在广泛的产业领域正发挥着日益增长的重要作用，而且生物技术发明的保护对共同体的产业发展将理所当然地具有根本性的重要意义，尤其是在基因工程领域，R&D 需要相当数额的高风险投资，并且因此只有充分的法律保护才能使他们赢利，而在全体成员国内有效和一致的保护对维持和鼓励生物技术领域的投资非常重要，欧盟于 1998 年通过了《关于生物技术发明的法律保护指令》（EC/98/

---

① 王震：《基因专利研究》，知识产权出版社 2008 年版，第 26—27 页。

44）。该指令第 5 条规定："在其形成和发展的不同阶段的人体，以及对其某一元素的简单发现，包括基因序列或基因序列的某一部分，不构成可授予专利的发明；脱离人体的或者通过技术方法而产生的某种元素，包括基因序列或基因序列的某一部分，可以构成可授予专利的发明，即使该元素的结构与一个自然界的结构完全相同。"该规定认可了脱离人体的或者通过技术方法而产生的基因序列或基因序列的某一部分，可以授予专利。

2. 基因专利不得违反公序良俗

各国专利法大都有一项基本原则，即对于违反公序良俗的发明不授予专利权，有关基因的发明也应如此。应予指明的是，所谓公序良俗，是一个非常含混的概念，它植根于某一特定文化传统下的全部行为准则，不同社会乃至同一社会内部对其分歧太大，不可能取得一致，因此，法律也无法对这一概念内涵作出明确界定。一般来说，社会较为一致接受的是公序良俗涉及保障公共安全，维护作为社会成员的个人身体完整，以及环境保护等。

在各国专利实践中，与基因相关的发明中，被认为违反公序良俗，不具有可专利性的常见客体包括：（1）克隆人的方法：联合国科教文组织大会于 1997 年通过的《人类基因组宣言》明确指出，"不允许进行任何有损于人类尊严的科研活动。例如运用克隆技术复制人"。（2）改变人的生殖系统基因同一性的方法：这种对人类生殖细胞系统的遗传同一性进行修饰的方法同样与社会的公共秩序和公共道德等是违背的，故也不具有可专利性。（3）为商业和工业的目的使用人的胚胎：欧盟《保护指令》明确作了此规定，当然，这种排除专利性并不影响以治疗或诊断的目的而应用于人类胚胎且对其有用的发明。（4）改变动物遗传基因同一性的方法：如果该方法可能导致动物痛苦，并对人和动物及由该方法产生的动物从研究、预防、诊断或治疗的角度看没有任何实质性医学利益的，这就排除了其可专利性。反之，如有实质性利益的，就有可专利性。（5）任何阶段的人体，以及相关基因序列等的简单发现：包括生殖细胞在内的在形成和发展的任何阶段的人体，以及关于其某个部分或某种产品，包括人类基因序列或部分基因序列的任何简单发现，都不能被授予专利。（6）繁殖动植物的生物学方法：生物学方法属自然法则，不具有可专利性。当动植物的繁殖方法是生物学方法和非生物学方法（包括转基因方法等）结合时，就要审查哪种方法为主。如果主要是生物学的方法，同样不可被授予专利。(7) 转基因动植物新品种。(8) 利用基因对疾病的诊断和治疗方法：直接作用于人类或动物的诊断和治疗方法大多数国家均不授予专利，因此，如基因疗法等治病方法就不具有可专利性。①

3. 基因专利授权的实质性条件

在传统专利法中，发明获得专利权保护必须具备专利三性要求，即新颖性、创造性和实用性，其构成发明取得专利保护的实质性条件。基因要取得专利权同样必须满足上述专利三性要求。②

(1) 新颖性。在基因的新颖性审查时，经 DNA 重组的人造新基因显然可以满足新颖性的要求，但对于自然界客观存在的基因的揭示，似乎仅仅是对自然物质的发现而并没有创造任何新东西，因而不满足新颖性的要求。但这个问题在解决化学领域的天然物质的专利保护时已经讨论得很深入了，学术界也基本上达成了一致意见，即虽然某些物质在自然界客观存在，但以前人们无法将其分离出来并稳定地再现，也没有准确完整地认识其结构、功能，那么一旦发明人完成了上述工作，对自然物质的揭示也被视为具有新颖性而成为专利客体。因此基于上述理由对自然界客观存在的基因的揭示也可以具有新颖性。此外，由于基因技术的特殊性，往往对充分公开的要求要较其他技术领域更高、更具体。它要求应该使公众知晓以下几项：基因的名称、结构式即基因图谱、功能特性以及至少一种获得方法。此外，如果有必要，还可以要求将附载该基因的核苷酸片段提交专利局指定的保藏中心保存。所以，只是某一基因在自然界存在的简单事实，或只是一种想法并没有完成实体，是不满足充分公开要求的。

在进行基因序列片段的新颖性审查时，由于构成基因序列片段的主要物质是核酸，因此主要是判断是否存在在先的与其碱基结构相同的DNA 序列。可能存在的导致其丧失新颖性的基因主要包括全长基因和包

---

① 王震：《基因专利研究》，知识产权出版社 2008 年版，第 42—43 页。
② 郑友德：《知识产权法》（第 2 版），高等教育出版社 2009 年版，第 335—336 页。

括所申请基因的较长基因序列片段。一般而言，全长基因的在先公开不影响基因序列片段的新颖性，因为两者的作用是完全不同的，全长基因主要是用于合成蛋白质，而基因序列片段则主要是对其他基因的表达起调节或辨认作用，因此即使基因序列片段的碱基排列与全长基因的一部分完全相同也不影响其新颖性。

（2）创造性。在基因的创造性审查时，应该注意以下三个要点：第一，分离或纯化基因的方法是否公开并不影响基因的创造性，也就是说，如果申请专利的基因的分离方法是已知的，并不必然导致其丧失创造性。因为一项基因专利主要涉及的是基因本身，而非分离或纯化该基因的方法。若已知该基因的结构及功能，或该领域一般技术人员能够轻而易举地推导出其功能，那么，该基因将会丧失创造性。第二，即使在基因和蛋白质序列都已知的情况下，只要发明者揭示了所属技术领域普通技术人员所不能预见到的优越效果或特定用途，也同样具有创造性，这是各国基因专利审查中达成的共识。第三，由于基因序列片段与全长基因往往具有不同的功能，因此对基因序列片段的揭示并不影响全长基因的创造性，也不会影响其申请专利。

在进行基因序列片段的创造性审查时，常常面临着较大的困难。事实上基因序列片段类似于医药和化学领域的发明，其创造性往往与实用性密切联系在一起，也就是说基因序列片段的创造性不取决于所申请的DNA片段本身是什么，而在于所获取的DNA片段具有什么用途或特征、它自身的碱基排列所反映的遗传信息、它能完成什么、能解决什么技术难题，这些才是其创造性审查的关键所在。

（3）实用性。在基因的实用性审查时，应该注意以下三个要点：第一，所申请的发明必须有一项明确的用途。例如，对基因的诊断用途的一般陈述，如诊断一种未指明的疾病，缺少对什么疾病被诊断的披露，通常被认为是不充分的。蛋白质作为抗原使用，就不是具体的明确的用途，因为本质上所有的蛋白质都是抗原。第二，所申请的发明的用途必须是客观上可以实现的。也就是说，其技术方案是本专业领域的普通技术人员可以实现的，其实用性的陈述不存在逻辑上的缺陷，或缺乏可行性。在通常的情况下，申请人申请时应提供证明基因所编码的蛋白质的功能和用途的实验证据。第三，所申请的发明的用途必须是可产业化的，具有商业上的正效益。对产品本身的性质或其所涉及的机制的基础研究，对一种未具体指明的疾病的治疗方法、化验或鉴定其本身不具有具体的或实在的实用性材料的方法、用于制造不具有具体用途的最终产品的中间产品等不能直接带来商业用途的发明都不符合这个标准。此外，客观上无效益或造成负效益的发明也不符合本标准。

在审查基因序列片段的实用性时，应主要着眼于鉴别该基因序列片段与其在说明书中所描述的实用性之间是否存在必然的联系，也就是说，这种实用性是客观存在的而不是推测的。如果只是笼统的实用性，可适用一大类核酸，则不应认定具备实用性。

4. 我国基因专利保护

我国 1984 年颁布的《专利法》第二十五条规定对"药品和化学方法获得的物质"不授予专利权。由于基因、基因序列片段以及蛋内质在我国被列入化学物质的范围，因此该项规定明确将基因排除在专利保护范围之外。1992 年《专利法》第一次修订时，删除了该项规定，从而在立法上消除了对基因、基因序列片段和蛋白质等给予专利权保护的障碍。1993 年，国家专利局发布的《审查指南》第 2 部分第 10 章分别规定了专利申请中对 DNA 序列和蛋白质的记载要求，初步明确了基因专利的可行性。2001 年修订的《审查指南》第 2 部分第 10 章"关于化学领域发明专利申请审查的若干规定"第 1.2 规定："基因是具有特定生理功能的 DNA 序列。无论是基因或是 DNA 片段，从本质上讲，它是一种化学物质，而从生物体中分离和提取得到的基因属于天然物质；人们从自然界找到的以天然形态存在的基因或其 DNA 片段，仅仅是一种发现，属于《专利法》第二十五条第一款规定的科学发现，不能授予专利权。但是，如果是首次从自然界分离或提取出来的基因或 DNA 片段，其碱基的排列顺序是现有技术中不曾记载的，并能被确切地表征，且在产业上有利用价值，则该基因或 DNA 序列片段本身及其获取方法均属于可给予专利保护的客体。"这一规定首次明确了在我国基因获得专利权保护的范围和条件，其内容和精神与美国、欧洲等国家和地区的做法基本一致。

新《审查指南》还首次界定了不授予专利权的涉及生物技术的发明，即"对于涉及生物技术的发明，如果其商业开发有悖于社会公德或者妨害公共利益，那么这样的发明将被认为是属于《专利法》第五条所规定的不授予专利权的发明。以下的发明将被认为属于上述不授予专利权的发明：（1）克隆人的方法以及克隆的人；（2）改变人生殖系遗传身份的方法；（3）人胚胎的工业或商业目的的应用；（4）可能导致动物痛苦而对人或动物医疗没有实质性益处、改变动物遗传身份的方法，以及由此方法得到的动物。

二　传统知识的知识产权保护

（一）传统知识知识产权保护问题的由来及实践

传统知识的定义有广义与狭义之分。狭义上的传统知识仅指在传统的生产生活实践中创造出来的知识、技术、诀窍和经验，包括农业知识、生态知识、医药知识、与生物多样性有关的知识。广义上的传统知识包括三个方面：一是上述狭义的传统知识；二是以音乐、舞蹈、歌曲、手工艺品、设计、故事与艺术品形式表达的民间文学艺术；三是传统标志，如地理标志。① 本书所介绍的为广义的传统知识。

传统知识保护是从 20 世纪 90 年代末开始进入知识产权讨论范围的。这些讨论的出现，一方面，发达国家的各种产业越来越多地依赖传统知识，他们经常利用这些知识去开发新产品，并在世界范围内对其进行利用。在多数情况下，各种产业利用这些传统知识时，并没有请求这些传统知识所有人的原住民的同意，也没有与原住民分享利用所得的利益。这些行为并不违反现行知识产权法，因为根据现行知识产权法，绝大部分传统知识都处于由知识产权法界定的公有领域。另一方面，原住民则主张这些行为是不公平的，并且缺乏应有的尊重，毕竟，根据其习惯法这些行为通常会构成侵权。此外，原住民意识的增强，其自身组织和其代表的活动导致了世界范围内对原住民关注的增加。这方面，世界知识产权组织在有关知识产权问题上扮演了重要角色，其开展了大量工作，

---

① 邹彩霞：《中国知识产权发展的困境与出路》，上海社会科学院出版社 2013 年版，第 125—126 页。

且已经产生了一些成果。① 2000 年，在世界知识产权组织第 26 届大会上，成员国决定设立一个特别的机构讨论与遗传资源、传统知识和民间文学艺术有关的知识产权问题。该机构被指认为"知识产权与遗传资源、传统知识和民间文学艺术政府间委员会"，其主题包括遗传资源合同示范条款的发展以及关于传统知识和民间文学艺术可能的特别制度的工作。世界知识产权组织已经提交了供讨论的草案目标和保护原则，同时还提交了可供国家、地区或者国际立法参考的条款草案。尽管世界知识产权组织进行了各种努力，然而保护传统知识的国际条约的目标依然充满争议，但是在有关问题的决策以及斟酌有关准则的适当用词方面已经取得良好进展。②

在世界贸易组织成立时，印度等国提出应在世界贸易组织框架中把"传统知识"作为保护的内容。因此，在 TRIPS 中提及了传统知识保护的问题。然而，该协议并没有特别强调对传统知识的保护。在该协议中，传统知识问题是在"多边环境协议和 WTO 规则相互关系的标题"之下，第一次在世界贸易组织和环境委员会中提出，讨论主要集中在协议的第27 条（3）（b），涉及的是某些生物科技创新可专利性的细节问题。③

就传统知识保护的需求和期望来说，传统知识持有者在两个大致的层面上表达了他们对知识产权和传统知识之间关系的关注。第一，在宽泛的整体层面，传统知识应当被视为与社群本身的观念相统一并因此作为社群幸存下来，包括延续传统的生活方式和保持土地及遗传资源的习惯用法。在法律上，传统知识完全属于人权法、环境保护、文化多样性及其他关键的公共法律背景；任何知识产权体系——新型的、修改的或是传统的——都应当尊重且不得损害这种背景，比如采取屡教不改的盗用行为。第二，由于传统知识持有者将知识产权事项视作他们格外关注的事务或首要事务，保护传统知识以制止盗用和滥用的两种一般形式通常被定义为：积极保护，或者说是创造或承认关于传统知识或其受保护

---

①　［德］莱万斯基：《原住民遗产与知识产权：遗传资源、传统知识和民间文学艺术》，廖冰冰等译，中国民主法制出版社 2011 年版，第 1—2 页。

②　［德］莱万斯基：《原住民遗产与知识产权：遗传资源、传统知识和民间文学艺术》，廖冰冰等译，中国民主法制出版社 2011 年版，第 32—33 页。

③　同上书，第 33 页。

方面可能完全被他人利用的积极权利；以及防御保护，或者说是采取措施保证第三方无法通过传统知识客体获取知识产权，或者一旦获取这种权利则宣布无效，或使之无法行使。对传统知识持有者而言，一条典型但绝非通用的经验是，首先要求采取防御保护措施以应对通过知识产权体系擅用其传统知识及其衍生品或应用品的关注。接着，当防御保护的局限性日益明显，比如，现实的情况是许多防御保护战略直接要求将传统知识置于公共领域，否则就不将其转换为传统知识持有者的利益，甚至简单的仲裁也可能败诉——利益转变成了复合路径，并恰当地融合了防御措施及积极承认和宣告此类传统知识的权利。① 世界知识产权组织对以知识产权保护传统知识的现行模式的调查展现了当前实践中千差万别的路径，涵盖了传统知识产权体系，例如在传统知识体系中采用专利保护合法发明，和特别保护路径的方方面面。②

　　近年来，发达国家一再把知识产权保护水平拔高，而发展中国家则提出了保护现代文化及高技术之源的问题，即传统知识保护问题。这两部分利益，不同的国家实际上在不同的"两端"上，不断争论着。所谓"两端"，实质上是在"源"上的智力成果与在"流"上的智力成果。现代知识产权制度对生物技术等高新技术成果的专利保护，对计算机软件、文学作品的版权保护，是在保护今天的各种智力创作于创造之"流"，但其忽视了对它们的"源"的知识产权保护，这不能不说是一个缺陷。而传统知识正是这个"源"的重要组成部分。目前，中国在知识产权、特别是"自主知识产权"的拥有及利用上，从总体上看不占优势。这主要是因为发明、驰名商标、软件与视听作品等的版权主要掌握在少数发达国家手中。而要增强我国的地位、至少使我们避免处于过于劣势的地位，我们有两条路可走。一是力争在国际上降低现有专利、商标、版权的知识产权保护水平；二是力争把中国占优势而国际上还不保护，或者多数国家尚不保护的有关客体纳入国际知识产权保护的范围，以及提高中国占优势的某些客体的保护水平。走第一条路十分困难，从世贸组织的

---

　　① ［德］莱万斯基：《原住民遗产与知识产权：遗传资源、传统知识和民间文学艺术》，廖冰冰等译，中国民主法制出版社 2011 年版，第 76 页。

　　② 同上书，第 77 页。

TRIPS 的形成历史看，这几乎是不可能的。因此，第二条路则成为我们可行的选择，为此，我们应力争把传统知识纳入知识产权保护。①

（二）民间文学艺术的知识产权保护

根据 1989 年联合国教科文组织给出的定义，民间文学艺术是指一个文化社群基于传统创造的总和，经由群体和个人加以表达，且被承认反映其文化和社会身份；其标准和价值通过效仿或其他方式口头传承。它在形式上与语言、文学、音乐、舞蹈、游艺、神话、礼仪、习俗、手工艺、建筑等艺术融为一体。② 可见，民间文学艺术是一种基于传统、集体拥有、经由口头传承且能够证明文化身份的资源。

按时间顺序来看，国际层面第一个将有关知识产权规定运用到民间文学艺术的是《伯尔尼公约》第 15 条第 4 款。该条款为未出版的、作者不明但可推定该作者为伯尔尼联盟成员国国民的作品提供了版权保护。尽管该条款没有明确地提到民间文学艺术，但是毫无疑问，从其准备工作来看，该条款如无其他含义，其客体至少特指民间文学艺术。其把所有权赋予了作者可推定为某公约成员国国民的国家所指定的主管当局，它将代表该作者，并且有权在所有公约成员国内保护和主张其权利。但执行该规定的国家的立法必须包含保护民间文学艺术的规定，即只有当一个国家国内的版权立法包括了民间文学艺术，该国才可以根据《伯尔尼公约》的规定寻求国际版权保护。正是因为这些原因，该条款对民间文学艺术的保护是不充分的。③

除了《伯尔尼公约》，其他国际知识产权法都没有为民间文学艺术提供直接保护。以《罗马公约》为基础，借助《世界知识产权组织表演和录音制品条约》民间文学艺术获得了一种间接保护，这种保护是以邻接权和有关权利为基础的，仅仅只能作为一种对民间文学艺术表现形式的补充保护模式。这种保护模式并不覆盖所有的民间文学艺术表现形式，

---

① 郑成思：《国际知识产权保护和我国面临的挑战》，《法制与社会发展》2006 年第 6 期。

② 郑友德：《知识产权法》（第 2 版），高等教育出版社 2009 年版，第 349 页。

③ ［德］莱万斯基：《原住民遗产与知识产权：遗传资源、传统知识和民间文学艺术》，廖冰冰等译，中国民主法制出版社 2011 年版，第 323 页。

也不直接惠及有关社群，它唯一的客体是表演，固定的表演或表演的汇编，而非民间文学艺术表达。①

　　在国家层面，一些国家的版权立法为民间文学艺术提供了直接保护。这类法律数量众多且各有千秋。但大多数立法都实行一种既与版权法很近似但又与其有区别的保护民间文学艺术的制度，很难断定其对民间文学艺术的保护是源自版权法还是特殊保护模式。② 之所以如此，是因为通过现有的版权保护模式保护民间文学艺术存在着许多内在的缺陷，主要表现为：（1）在保护客体上，版权保护只能针对作品的表达，而不能涵盖民间文学艺术的特色元素、风格或技巧；（2）在保护条件上，版权保护所要求的原创性、固定性对于大部分民间文学艺术而言是难以达到的；（3）在保护主体上，版权保护所要求的作者确定性与民间文学艺术主体的群体性二者难以协调；（4）在保护期限上，版权保护所要求的时间限制性无法满足民间文学艺术永久性保护的要求。③

　　因此，一些学者和非政府组织提议适应民间文学艺术的本质和特点而为其建立特殊保护模式，设立特别权利保护。这种特殊权利保护，设想通过新的专门权利的确立，赋予权利人某些禁止权与受益权，从而使其可能依法禁止其他人针对受保护的资源实施某些行为，或在实施相关行为前以某种方式征得许可或者同意，当其他人因利用受保护的资源取得收益时，权利人有权按照一定比例或方式获得利益。

　　在我国，民间文学艺术的保护被纳入版权法中对其实行版权保护。现行《著作权法》第六条规定："民间文学艺术作品的著作权保护办法由国务院另行规定。"目前，国务院尚未就此制定著作权保护办法，但是现实生活中已经有一些民间文学艺术作品著作权纠纷提交到司法部门。④ 司法部门对这些纠纷的处理，已经初步建立了一些有关民间文学艺术版权保护的规则。如何根据我国现实需要，确立民间文学艺术保护的立法政

---

　　① ［德］莱万斯基：《原住民遗产与知识产权：遗传资源、传统知识和民间文学艺术》，廖冰冰等译，中国民主法制出版社 2011 年版，第 326—329 页。

　　② 同上书，第 323 页。

　　③ 郑友德：《知识产权法》（第 2 版），高等教育出版社 2009 年版，第 351 页。

　　④ 如"白秀娥诉国家邮政局和邮票印制局侵犯著作权纠纷案""黑龙江省饶河县四排赫哲族乡政府诉郭颂、中央电视台侵犯著作权纠纷案"等。

策，在总结司法经验基础上，尽快进行民间文学艺术保护的立法，这是目前我们所面临的一项艰巨任务。

（三）遗传资源保护和知识产权

《生物多样性公约》是遗传资源领域的核心国际法律文件。根据《生物多样性公约》的权威定义，在一般情况下，遗传资源是指"具有实际或潜在价值的遗传材料"。所谓遗传材料，其定义为："包含遗传功能单位的任何植物、动物、微生物或其他来源的材料。"其中的遗传功能，是指植物、动物、微生物（或其他来源）具有通过复制或允许整个组织再生而将特性从祖代传给子代的功能。[①]

遗传资源具有生态价值，首先，体现为维持生物圈的功能。这一功能通过生态系统单项及整体服务功能体现出来，其中遗传信息的作用是隐性的，生物系统是显性的，生态系统服务功能是由遗传信息和生物系统及环境相结合的共同结果。其次，遗传资源是生物多样性的重要组成部分，是维持生物多样性的保证。没有多样性的遗传资源及其变异性状，物种和生态系统就失去了进化的素材。最后，遗传资源在保护生态环境方面发挥了重要作用。除去生态价值外，遗传资源还具有很高的经济价值，包括直接利用价值和未来经济利用价值。前者主要通过人类社会的直接利用而实现，后者则源于现代生物技术所带来的遗传资源的广泛利用价值，其为人类解决粮食、健康和环境等21世纪重大问题提供了诱人的情景，也蕴藏了巨大的商机。[②]

遗传资源在全球范围内的地域分布是极为不平衡的，主要集中在发展中国家。但长期以来，遗传资源一直被视为人类的共同遗产，其他国家的使用者可以从遗传资源的起源国无偿获取并利用。这使掌握现代生物技术的发达国家可以无偿获取遗传资源进行开发利用，并借助专利制度对其开发利用成果进行独占控制，从而获取巨大的经济利益，而提供遗传资源的发展中国家却不能分享任何利益。为改变这种不公平的利益分配格局，在发展中国家的努力下，1992年，联合国环境与发展大会在

---

① 张海燕：《遗传资源知识产权法律问题研究》，法律出版社2012年版，第11—12页。

② 同上书，第23—25页。

巴西的里约热内卢召开，作为该次大会最重要的成果之一，签订了《生物多样性公约》。缔结《生物多样性公约》的目标是：保持生物多样性、持久利用其组成部分以及公平合理分享由利用遗传资源所产生的利益。为达到这一目标，该公约确立了遗传资源国家主权、获得遗传资源的事先知情同意以及对利用遗传资源所产生的利益进行分享的原则。

就遗传资源来说，其本身并非知识产权保护的主题。在《生物多样性公约》中，遗传资源被定义为具有实际或潜在价值的某种材料。很明显，这些材料本质上应是物质实体，而非蕴含于其中的无形客体。因此，我们不能主张遗传资源取得知识产权。虽然遗传资源被定义为"包含了遗传功能单位"，但无论从概念上或从法律上讲，遗传资源与其包含的遗传功能都不是一回事。然而，如果上述功能被以具有新颖性和创造性的方式加以利用，则可能成为某个可获专利发明的一部分。但对于在该发明的研发过程中起到了促进作用或被使用的遗传资源来说，这项专利并非对该资源的一种所有形式。换句话说，知识产权机制可能在实现遗传资源的"实际或潜在价值"、利用遗传功能单元、使遗传资源与一般生物材料区分开来的过程中，起到关键作用。但这并不意味着，可以通过上述知识产权机制取得对上述实物样本的财产权，上述样本仍可以被单独购买、销售或被作为实物财产对待。对实物样本的所有权是不同于对从中获得之知识产权的所有权的。① 因此，在《生物多样性公约》中，并未对遗传资源直接给予知识产权保护。

但是，这并不意味着遗传资源保护与知识产权无关。如前所述，对遗传资源中包含的遗传功能进行具有新颖性和创造性方式的利用，则其可能成为某个可获专利发明的一部分。当专利体系越来越多地被用于从遗传资源的下游利用中产生开发价值，原住民和当地社群以及其他遗传资源保管人对此的回应则是，对其保管的资源的下游开发宣称保管责任和公平利益。② 这样，作为实物财产的遗传资源的所有权和以其他法律手段控制对遗传资源实物的获取，能被用来控制遗传资源的下游利用，控

---

① ［德］莱万斯基：《原住民遗产与知识产权：遗传资源、传统知识和民间文学艺术》，廖冰冰等译，中国民主法制出版社 2011 年版，第 200—201 页。

② 同上书，第 171 页。

制可能涉及获益于遗传资源功能性内容之发明的知识产权。① 《生物多样性公约》顺应了遗传资源保管人的这种要求，确立了遗传资源国家主权，并以获得遗传资源的事先知情同意来控制遗传资源的下游利用及其知识产权，保障其对利用遗传资源所产生的利益进行分享。

然而需要注意的是，尽管《生物多样性公约》倡导了一些基本原则和义务，它仍带有框架性公约的特征，自其缔结之日起，设计适当的机制、以求该公约有效实施的高强度工作就一直都在继续："这只是一份引领变革的文件，该公约的规定把制定［有关取得与惠益分享的］实施性措施的大部分棘手问题留给了各国政府。"②

关于遗传资源涉及知识产权的利益分享的具体方式，国际社会在目前的讨论中主要有以下设想：（1）对实施所获收益按比例分享，即将实施发明的收益或者许可他人实施发明的许可费按一定的比例返还提供资源方；（2）知识产权共享，即按照协议的约定，提供资源方作为共同权利人直接享有有关的知识产权；（3）作为利益分享的保障措施，应当在有关文件中载明遗传资源的出处，即在源于遗传资源和传统知识的发明中记载资源提供方的身份，例如在专利申请文件中标明完成发明所利用的遗传资源的来源地，同时出示从主管机关和遗传资源所有者那里获得事先知情同意的证明。如果不符合这一要求，其后果可能导致驳回专利申请，即便授予了专利权，也可以以此理由将专利权宣告无效或者撤销。③

在现行国际条约框架下，植物遗传资源的保护还有联合国粮农组织2001年通过的《粮食和农业植物遗传资源国际条约》所确立的"农民权"这种保护形式。该条约序言第7段和第9条（1）为"农民权"整个概念奠定了基调，确认"世界所有地区的农民，特别是原产地中心及多样性中心的农民过去、现在和将来在保存、改良及提供这些资源方面的贡献是农民权利的基础"。根据这些用语，农民权来自他们过去和未来在

---

① ［德］莱万斯基：《原住民遗产与知识产权：遗传资源、传统知识和民间文学艺术》，廖冰冰等译，中国民主法制出版社2011年版，第202页。

② 同上书，第235页。

③ 郑友德：《知识产权法》（第2版），高等教育出版社2009年版，第356页。

保持和发展遗传资源中的各种贡献。①

条约要求各缔约方应当适当地根据其国内立法，采取措施保护和促进农民权，包括：（1）保护与粮食和农业植物遗传资源相关的传统知识。（2）公平地分享植物遗传资源利用所带来的利益。（3）有权参加国家关于植物基因资源的保护和可持续利用方面的政策的决策。

为了维护植物遗传资源的国家主权原则，防止国家权益的流失，并使农民权的实现更具可操作性，农民权的主体区分为事实上的主体和法律上的主体。前者即农民，特别是原产地和生物多样性中心的农民；后者即国家，由其作为农民权事实主体的代表在法律上行使权利并承担义务。②

国家作为农民权的法律主体，其权利主要有：（1）获取和利用植物遗传资源和相关传统知识的知情同意权。例如，在资源起源国采集植物遗传资源应当获得该国主管机关的批准。基因专利或者植物新品种的审批，应当注明遗传资源的来源国并须得到该国的知情同意；（2）开发利益分享权，例如，当基因专利或植物新品种权申请人在获得资源国的知情同意时，遗传资源国可通过协议等形式参与相关利益分享。而其义务主要包括：（1）对本国植物遗传资源和传统知识的保护和可持续利用进行扶持、资助和管理。包括对农民权事实主体给予利益补偿，支持他们和其他有关机构继续保存、改良和提供植物遗传资源和传统知识；（2）为便利获取提供帮助。

农民群体、社区、部落或民族作为农民权事实主体，其权利主要有：（1）有权请求国家给予利益补偿及其他支持；（2）因提供植物遗传资源和相关传统知识而要求获得名誉的权利。而其义务主要包括：（1）继续为植物遗传资源和相关传统知识的保存和可持续利用作出贡献；（2）为相关获取提供便利。

---

① ［德］莱万斯基：《原住民遗产与知识产权：遗传资源、传统知识和民间文学艺术》，廖冰冰等译，中国民主法制出版社2011年版，第37—38页。

② 郑友德：《知识产权法》（第2版），高等教育出版社2009年版，第357—358页。

第 二 编
知识产权法案例解析

第八章

著作权法案例解析

一 工业领域计算机软件侵权犯罪中复制与非法经营额
——鞠某某等侵犯他人计算机软件著作权刑事诉讼案

【案例导读】

在工业领域的计算机软件侵权犯罪中，犯罪嫌疑人多将他人享有著作权的计算机软件略作修改或改头换面后与特定硬件产品相结合。从而使被控软件在某些程序、代码方面与他人享有著作权的软件会有不同，但是根据《计算机软件保护条例》第二十四条的规定，只要其实现硬件产品功能的目标程序或功能性代码与他人享有著作权的计算机软件"实质相同"就可以判定其构成我国《刑法》第二百一十七条的侵犯著作权罪的"复制"行为。同时，由于工业领域计算机软件多依附于硬件对外销售，其自身价值难以确定，故在确定非法经营数额时应以产品整体销售价格作为认定依据。

【案情】

公诉机关：江苏省无锡市滨湖区人民检察院

被告人：鞠某某、徐某某、华某

一审法院：江苏省无锡市滨湖区人民法院

起诉书指控：被告人鞠某某在江苏无锡某科技电子有限公司（以下简称科技电子公司）工作期间，未经公司许可擅自下载了该公司的 OP 系列人机监控软件 V3.0 等软件。后于 2008 年 8 月与徐某某、华某以其非法获取的上述 OP 系列人机监控软件，生产与科技电子公司同类的文本显示器以牟利，生产、销售了 TD100 型、TD307 型等型号文本显示器共计 2045 台，销售金额计人民币 448465 元。2010 年 10 月 21 日，三被告人被抓获。2010 年 11 月下旬，鞠某某、徐某某在被公安机关取保候审后，伙同孙某某又生产、销售上述文本显示器计 114 台，销售金额计人民币 25200 元。三被告人应当以侵犯著作权罪追究其刑事责任。鞠某某在共同犯罪中起主要作用，系主犯；徐某某、华某在共同犯罪中起次要作用，系从犯；应当从轻或者减轻处罚。

被告人华某对起诉书指控的事实不持异议。

被告人鞠某某、徐某某主要辩称：（1）涉案司法鉴定意见书只是比较了文本显示器计算机芯片上的部分功能区而不是全部功能区，事实上其开发的下位机驱动程序与科技电子公司的下位机驱动程序相似度约为 1%，不构成实质相同。（2）本案非法经营数额的认定应当扣除文本显示器的自身成本。

【审理及判决】

一审法院查明：

被告人鞠某某于 2007 年在科技电子公司担任研发部硬件工程师期间，未经科技电子公司许可，擅自下载、保存了 OP 系列人机监控软件 V3.0 在内的部分软件。2008 年 8 月，鞠某某提议并与徐某某、华某合谋，用其非法获取的上述 OP 系列人机监控软件 V3.0 生产与科技电子公司同类的文本显示器以牟利。随后，华某利用鞠某某非法获取的 OP 系列人机监控软件 V3.0，提取并整合了其中使用于科技电子公司 OP320—A 型文本显示器上的目标程序（即下位机 .BIN 文件），提供给鞠某某、徐某某用于生产 TD100 型、TD307 型文本显示器。2008 年 12 月至 2010 年 10 月，鞠某某、徐某某购买了相应的 CPU、电路板、外壳等元器件进行组装，并将华某整合提取的上述目标程序烧写至上述文本显示器的 CPU 芯片内，生产 TD100 型、TD307 型等型号文本显示器 2045 台对外销售，销售金额计人民币 448465 元。2010 年 9 月，原科技电子公司员工孙某某（另案处理）参与销售上述文本显示器。2010 年 10 月 21 日，鞠某某、徐某某、华某被公安机关抓获。

鞠某某、徐某某在取保候审期间，于 2010 年 10 月至 2011 年 3 月，伙同孙某某继续用上述方法生产上述文本显示器计 114 台并向多家单位销售，销售金额计人民币 25200 元。

一审法院认为：被告人鞠某某、徐某某、华某以赢利为目的，未经著作权人许可，复制发行其计算机软件，情节特别严重，其行为已构成侵犯著作权罪。无锡市滨湖区人民检察院指控被告人鞠某某、徐某某、华某犯侵犯著作权罪的事实清楚，证据确实、充分，指控的罪名成立。被告人鞠某某、徐某某、华某侵犯著作权的犯罪行为发生在 2011 年 4 月 30 日以前，依照《中华人民共和国刑法》第十二条第一款之规定，应当适用 2011 年 4 月 30 日以前的《中华人民共和国刑法》。

对于被告人鞠某某、徐某某针对鉴定中心出具的司法鉴定意见书所提出的异议，法院评判如下：现控方证据能够证实，鞠某某所谓自主开发的下位机驱动程序，实际上是在涉案 OP 系列人机监控软件 V3.0 下位机程序基础上进行少量改动而完成的，尽管二者在局部的功能和表现形式上有所不同，但二者的目标程序、源程序实质相同，可以确认该下位机驱动程序是对 OP 系列人机监控软件 V3.0 软件中下位机程序的复制。

关于被告人鞠某某的辩护人提出的本案非法经营额的认定应当扣除文本显示器自身成本的意见，因本案被侵权的计算机软件的载体就是文本显示器，三被告人正是通过在这一载体上复制享有著作权的计算机软件以牟取不当利益，故本案非法经营数额应为三被告人生产、销售的文本显示器的实际销售金额，对上述辩护意见法院不予采纳。

据此，一审法院依照 2011 年 4 月 30 日以前的《中华人民共和国刑法》第二百一十七条第（一）项、第二十五条第一款、第二十六条第一款、第四款、第二十七条、第五十二条、第五十三条、第六十四条、第七十二条、第七十三条第二款、第三款和《中华人民共和国刑法》第十二条第一款、第六十七条第三款以及最高人民法院、最高人民检察院《关于办理侵犯知识产权刑事案件具体应用法律若干问题的解释》第五条第二款、《关于办理侵犯知识产权刑事案件具体应用法律若干问题的解释（二）》第四条之规定，判决：

一、被告人鞠某某犯侵犯著作权罪，判处有期徒刑 3 年，并处罚金人民币 12 万元。

二、被告人徐某某犯侵犯著作权罪，判处有期徒刑 1 年 6 个月，并处罚金人民币 8 万元。

三、被告人华某犯侵犯著作权罪，判处有期徒刑 1 年 6 个月，缓刑 2 年，并处罚金人民币 5 万元。

四、被告人鞠某某、徐某某、华某的违法所得予以追缴没收；查获并扣押在案的侵权文本显示器成品、原材料以及电脑主机、笔记本电脑等与犯罪有关物品，予以没收。

鞠某某、徐某某不服一审判决，向江苏省无锡市中级人民法院提出上诉，鞠某某称一审认定鞠某某等人侵犯了科技电子公司的下位机程序著作权没有事实依据，鉴定书存在错误，本案非法经营数额中应当扣除 TD100 型文本显示器的销售额以及硬件成本，请求二审改判其无罪或发回原审法院重审。

二审法院确认了一审法院查明的事实。

二审法院认为：

关于上诉人提出的鉴定书存在错误的上诉理由，经查：根据鞠某某、华某所作的供述，其销售的文本显示器在出厂时没有上位机程序，仅有下位机程序。上位机程序一般由客户从网上下载，结合鉴定报告内容、文本显示器的功能特点以及上、下位程序的作用，可以认定作为检材提交鉴定的文本显示器无上位机程序，不存在鞠某某提出鉴定机构比对了上位机程序或是将下位机程序与上位机程序混合比对导致结论错误的情形，鉴定方法系通过鉴定机关将作为检材样材的两个目标程序分别反编译为汇编代码，提取其中以实现对机械设备进行监控信息处理功能的代码进行比较、分析，鉴定方法正确。综上，对于上诉人的上述上诉理由不予采纳。

关于上诉人提出的"本案非法经营数额中应当扣除文本显示器的销售额以及硬件成本"的上诉理由，经查：（1）最高人民法院、最高人民检察院《关于办理侵犯知识产权刑事案件具体应用法律若干问题的解释》第十二条明确了"非法经营数额"是指行为人在实施侵犯知识产权行为过程中，制造、储存、运输、销售侵权产品的价值。已销售的侵权产品的价值，按照实际销售的价格计算。（2）涉案文本显示器的价值主要在于实现其产品功能的软件程序，而非硬件部分，涉案软件著作权价值为其主要价值构成，以产品整体销售价格作为非法经营数额的认定依据，具有合理性。综上，对于上诉人的上述上诉理由不予采纳。

综上，原审判决认定上诉人鞠某某、徐某某、原审被告人华某犯侵犯著作权罪的事实清楚，证据确凿充分，适用法律正确，量刑适当，诉讼程序合法，应当予以维持。

【点评】

我国《刑法》第二百一十七条所规定的侵犯著作权罪给予了包括计算机软件在内的著作权以刑事保护，因该法条规定较为抽象，《关于审理非法出版物刑事案件具体应用法律若干问题的解释》第二条、第三条和第五条以及《关于办理侵犯知识产权刑事案件具体应用法律若干问题的解释》第五条、《关于办理侵犯知识产权刑事案件具体应用法律若干问题的解释（二）》第一条、第二条有针对性地对该法条的具体适用进行了详细的阐述。但是人民法院处理工业领域的侵犯计算机软件著作权犯罪时，依然会遇到两个问题的困扰：一是"复制"行为的认定；二是"非法经营数额"的认定。

工业领域的计算机软件侵权行为与一般的计算机软件侵权行为相比较，存在以下三个特点：（1）一般的计算机软件侵权，多见于侵权人直接将他人享有著作权的计算机软件全盘复制于特定载体（如光盘），侵权人直接对外销售侵权软件本身，侵权行为较明显，定性较方便。而工业领域的计算机软件侵权，侵权人多会将他人享有著作权的计算机软件与特定的硬件相结合，对外销售安装有侵权软件的硬件产品，侵权行为更隐秘，定性更困难。（2）一般的计算机软件侵权，侵权人不会对其所获软件进行修改，其手段通常为复制，而工业领域的计算机软件侵权，侵权人为确保软件更好地与硬件相兼容，或是为逃避侵权责任，多会对所获软件进行修改，使其实际所安装的软件与所复制软件在诸多方面存在不同，其手段通常为"修改—安装"。（3）一般的计算机软件侵权，侵权人获取他人享有著作权的计算机软件的途径多是网络下载，其与权利人可能并无实际接触，而工业领域计算机软件侵权，因权利人多会对其软件采取保密措施，故侵权人多会采取不正当手段获取软件，其多为权利人员工或合作者。所以在认定工业领域计算机软件侵权犯罪中，复制行为的认定以及非法经营数额的确定就显得尤为重要，本案即是这种情况。

（一）关于工业领域计算机软件犯罪的"复制"行为认定问题

上诉人提出两个抗辩主张：一种是主张其对他人计算机软件进行了修改，仅应承担民事侵权责任。对此合议庭认为《计算机软件保护条例》已有详细规定，该条例第八条第一款第（三）项的规定，只有计算机软件的著作权人才有权对软件行使修改权，该条例第二十四条更是明确复制或者部分复制著作权人软件可依法追究刑事责任。所以，即便被告人是通过特定技术手段从权利人产品中获得的计算机软件，其复制或部分复制的行为亦构成违法，情节严重的，便可以给予刑事制裁。

上诉人的另一个主张是其所使用软件系自行开发，与权利人软件不同并就鉴定提出抗辩，以期逃避法律制裁。对此，合议庭着重就以下两个方面对鉴定问题进行了回应：

1. 鉴定材料的确定：鉴定材料是从尚未实际投入生产使用的硬件中所提取的计算机软件，避免了因客户原因而使被控侵权软件目标程序发生改变的可能，确保了鉴定结论的准确性。

2. 鉴定方法的确定：工业领域计算机软件侵权犯罪中，由于软件多与特定硬件相结合，其具体程序可能会因硬件的不同以及被告人逃避制裁的目的而遭到修改，其软件容量、代码与涉案软件多会出现不同，所以本案鉴定方法应当是将被控计算机软件的目标程序或源程序与涉案软件的目标程序或源程序进行比对，重点是将目标程序中实现软件核心功能的代码进行比较、分析，而不是应用程序间的比对。

（二）关于工业领域计算机软件犯罪的"非法经营数额"认定问题

在侵犯著作权罪的认定上，非法经营数额的多少直接关系到被告人罪与非罪、罪轻与罪重的区别。本案上诉人就对其非法经营数额的计算提出了扣除硬件成本的主张。对此，合议庭认为，《关于办理侵犯知识产权刑事案件具体应用法律若干问题的解释》第十二条并未要求在计算违法所得时扣除被告人为实施侵权行为所支出的成本、费用，其上诉主张于法无据。同时，工业领域计算机软件的功能体现虽然必须依附于一定的硬件设备才能完成，但是软件本身功能的强大才是该硬件设备预订功能得以完美实现的基础以及获得市场认可的关键，产品整体价值来源于其软件部分，以产品整体销售价格作为非法经营数额的认定依据，具有合理性，否则不利于打击日益猖獗的工业领域计算机软件侵权犯罪。

综上所述，在审理工业领域计算机软件侵权案件的过程中，判定被控侵权软件是否构成对他人软件的复制时，鉴定所使用的鉴定材料只能是实现硬件主要功能的目标程序，应用程序不在比对之列；在计算非法经营数额时，应当将产品整体销售价格作为依据。

二 文学作品的作者享有哪些权利
——《孤胆英雄传》代售合同纠纷案

【案例导读】

著作权是指自然人、法人或者其他组织对文学艺术、科学作品依法享有的财产权利和精神权利的总称。狭义的著作权是作品的作者基于创作活动而依法享有的权利，它具有双重性，包括人身权利和财产权利两个内容。广义的著作权还包括基于传播活动而产生的著作邻接权，我国著作权法称之为"与著作权有关的权益"。著作权作为知识产权的一种，是一种民事权利。

著作权的保护对象是作品，我国《著作权法实施条例》第 2 条解释，"作品是指文学、艺术和科学领域之内具有独创性并能以某种有形形式复制的智力成果"。我国《著作权法》第三条规定了作品包括文字作品、口述作品等多个种类。文学作品是著作权领域最传统、最典型的作品，对文学作品享有的著作权受到我国法律的保护。

文学作品的作者对作品享有的权利是最原始也是最完整的权利。确定文学作品作者的关键在于相关主体是否进行了创作活动。如果仅仅提供了相关素材而没有进行创作活动，则素材提供者不是文学作品的作者。特别是对纪传体文学作品，提供素材的人往往是纪传体文学作品的主角或主角的近亲属，很多情节的原型就发生在他们身上。此时，谁是文学作品的真正作者常常引发争议。

【案情】

原告：陈某某，《孤胆英雄传》作者

被告：朱某某，《孤胆英雄传》作品人物

一审法院：江苏省无锡市崇安区人民法院

陈某某根据朱某某的事迹与经历，于 1998 年创作完成了《孤胆英雄传》一书。1999 年 4 月陈某某与北京伯乐文学研究所（以下简称文学研究所）签订了图书出版合同，合同约定由文学研究所为陈某某印刷 12000 册图书，由陈某某包销。合同签订后，陈某某收到朱某某交付的出版费人民币 30000 元，并出具收条一份，载明"今收到朱某某交来出版《孤胆英雄传》书款（汇去北京伯乐文学研究所）叁万元整（30000.00 元），以后结总账"。不久陈某某又将该款汇给了文学研究所。同年 12 月 12 日，文学研究所将应陈某某要求增印的 2000 册，加上此前已印刷的共 14000 册图书全部交给了朱某某，同时收到了朱某某交付的余款 31800 元，并向朱某某出具了收条，载明"今收到《孤胆英雄传》书款 61800 ［陆万壹仟捌佰元整］，全书款付清，［其中运输费贰仟捌佰元整］"。次年 3 月 21 日，陈某某收到朱某某人民币 3000 元，并出具收条一份，载明"今收到朱某某付稿酬贰仟元整，另加电脑打印费壹仟元整"。陈某某得知朱某某将全部图书出售并获利 15 万元后，要求分享利润，遭拒绝。陈某某遂将朱某某诉至法院。

原告诉称：（1）其根据朱某某的事迹写成了《孤胆英雄传》一书，并与出版商签订了出版合同，图书印成后，其将 14000 册图书全部委托朱某某销售；（2）朱某某按每册 15.5 元销售了全部图书，扣除成本及相关费用后共获利 15 万元，后朱某某仅支付给自己 2000 元；（3）考虑到与朱某某以往的关系，其仅向被告主张 70000 元销售所得的书款。

朱某某辩称：（1）《孤胆英雄传》一书写成后，其已向陈某某等支付了酬金；（2）自己支付了图书出版及印刷费，并收到了北京伯乐文学研究所交付的图书；（3）从未接受过原告方的任何委托，也未收到过原告方的图书，故要求驳回原告方的诉讼请求。

【审理及判决】

一审法院认为，陈某某虽与文学研究所签订了图书出版合同，但没有证据证明其与朱某某建立委托销售图书关系，亦未向朱某某交付图书，其要求朱某某交付部分销售所得之请求无事实和法律依据，故对陈某某诉求不予支持。

【点评】

从著作权法理论和诉讼实务的角度看，本案是一个各方都没有搞清楚的案件。厘清其中法律关系，对研究著作权的基本问题颇有裨益。

（一）陈某某是案涉文学作品的著作权人，其对著作权的行使不必依据合同债权

纪传体文学作品执笔人与作品故事主角的作者身份之争是著作权纠纷中的典型，关于末代皇帝爱新觉罗·溥仪的后半生的传记就曾引发过轰动全国著作权纠纷案。本案中，陈某某根据朱某某的事迹与经历，创作完成了《孤胆英雄传》一书。朱某某提供了素材，是故事的主角。陈某某是实际创作人，是文学作品的作者，在作品创作完成之时即对其享有著作权。

作为原告，陈某某应以著作权受侵犯而非委托销售合同的理由追讨售书款。知识产权是对世权、支配权，① 具有排他性。著作权正是这种典型的知识产权。它的义务主体是除权利人外的一切人，因此著作权也有一定的追及效力。在这一点上，著作权与物权类同，而与债权有别。作为案涉文学作品的著作权人，对作品享有无可争议的财产权。无论图书如何周转，都改变不了陈某某对案涉作品拥有著作权的事实。对出售自己作品而获得的利益，完全可以追讨。以违反委托合同为由起诉，从法律关系上是没有搞清楚自己与朱某某的关系，从实务操作上受制于没有委托合同存在的证据。对此，负责任的法院应当向陈某某进行法律释明，而非直接以没有证据证明委托关系为由判陈某某

---

① 张玉敏主编：《知识产权法学》，法律出版社 2013 年版，第 15 页。

败诉。即便陈某某无法证明曾经委托朱某某销售图书，在确认自己是著作权人的情况下，也可以基于著作权中的财产权要求朱某某返回售书款。

（二）陈某某可以通过请求文学研究所承担违约责任的方式挽回损失

作为作者的陈某某与文学研究所达成图书出版合同，前者负责包销和支付出版费，后者负责出版发行。该合同行为实际上是作品著作权人陈某某在行使自己的权利。根据合同，出版的图书是该作品的表现形式，文学研究所只是把陈某某的作品通过图书这一纸质媒介展现出来，其自身并未进行文学创作。文学研究所只有依约收取出版发行费用的权利，图书的所有权自始归陈某某所有。因此，文学研究所没有自行支配图书的权利，应当依据合同的约定将发行的图书交给陈某某。

在本案中，文学研究所违反合同约定将图书全部交给朱某某，应当承担违约责任，赔偿合同相对方陈某某的损失。陈某某的损失是可计算的，就是朱某某销售图书所获利润。当然，由于作品创作过程中朱某某通过提供素材等方式进行了很多帮助，陈某某也应向朱某某支付相应的报酬。

（三）从证据的角度看，庭审中出现的几张收据是确定著作权人的关键

在本案庭审中，有关键的收据有三张：（1）陈某某给朱某某出具的书款收据；（2）文学研究所给朱某某出具的书款收据；（3）陈某某给朱某某出具的稿酬、打印费收据。对这三份收据的定性将影响对谁是案涉作品著作权人的判断。

纵观整个案件，《孤胆英雄传》的作者署名是陈某某，朱某某在庭审中对此也没有提出异议，法院也认定是陈某某创作完成了该书。但是从理论分析的角度，我们还不能如此轻率地下结论。因为既然朱某某给了陈某某稿酬，并且给了文学研究所出版费用，那他在另一个庭审环境下也可能主张自己是该书的作者，甚至控告陈某某侵犯了其署名权。本案一审判决后，陈某某决定上诉。在二审程序中，朱某某可能提出一审中没有提出的观点，即该书的实际作者是自己。那样，二审法院就有必要对上述三份收据进行认真审查。

既然是陈某某与文学研究所签订图书出版合同，那么为什么由朱某某向文学研究所支付出版费用？难道合同的真正主体是朱某某？如果这

样，那该书的真正作者可能是朱某某，而陈某某只是根据朱某某的口述进行了文字性整理。毕竟创作性活动是很难直观展现的。另外，陈某某为什么向朱某某出具稿酬收据？难道他自己也认为只是替朱某某执笔？那2000元稿酬是执笔的劳动报酬？如果不能厘清这三份收据的性质，则陈某某主张自己的著作权就会有难度。

三　著作权保护的对象——作品

——机械设备公司诉黄页广告公司、形钢设备公司侵犯著作权纠纷案

【案例导读】

著作权是基于文学、艺术和科学领域的作品所依法享有的权利。作品是著作权法保护的对象，也是著作权法律关系产生的依据。没有作品，就没有著作权。我国《著作权法》第三条规定了作品的种类，《著作权法实施条例》第二条则明确规定，"作品是指文学、艺术和科学领域之内具有独创性并能以某种有形形式复制的智力成果"。最高人民法院《关于审理涉及计算机网络著作权纠纷案件适用法律若干问题的解释》第二条又将作品的数字化形式纳入了著作权法保护的范围。摄影作品是著作权法列举的作品，照片是其中的典型。

【案情】

原告：江苏无锡机械设备公司（以下称"机械设备公司"）

被告：江苏无锡某黄页广告公司（以下称"黄页广告公司"）、江苏无锡形钢设备公司（以下称"形钢设备公司"）

一审法院：江苏省无锡市中级人民法院

机械设备公司与黄页广告公司签订广告合同，机械设备公司委托黄页广告公司制作广告，并在《无锡黄页—工商指南》上发布，内容以机械设备公司经办人签字确认为准。合同签订后，机械设备公司按约支付了全部广告费用，提供了GY系列冷弯形钢成型机组的照片及经加工制作后的图片。

随后几日，黄页广告公司与形钢设备公司签订一份内容基本相同的广告合同。合同签订后，黄页广告公司向形钢设备公司提供了其制作的

广告清样，清样包含 GY 系列冷弯形钢成型机组的图片。

经上述两公司对清样进行确认，黄页广告公司按约将上述两被告的广告刊登在《无锡黄页—工商指南》的通用工程机械位置，两者广告均刊登在第 633 页，机械设备公司的广告在最上方，形钢设备公司的广告在中间靠右的位置，广告中均有 GY 系列冷弯形钢成型机组的图片。形钢设备公司广告图片在视觉上为反向之机械设备公司广告图片，在其他的图片细节上完全一致。

发现此事后，机械设备公司以侵犯其对照片享有的著作权为由将黄页广告公司、形钢设备公司诉至法院，要求二被告停止侵害、赔礼道歉，并赔偿损失 10 万元。

黄页广告公司辩称：（1）案涉广告图片是两公司分别提供并确认的，自己按约履行合同，已尽到了充分的注意义务。因广告内容而产生的纠纷，广告发布者不应承担责任。（2）黄页广告公司不同于一般媒体，《无锡黄页—工商指南》的发行不具有营利性。（3）赔偿 10 万元的诉求没有依据。

形钢设备公司辩称：案涉广告图片是由黄页公司加工制作的，自己没有侵权故意，广告内容是否侵权与自己无关，且本公司所用图片与原告图片不同。

【审理与判决】

一审法院经审理，作出如下判决：黄页广告公司、形钢设备公司立即停止侵权，并在《无锡日报》发布更正启事（内容须经法院核定），赔偿机械设备公司经济损失 2 万元。

【点评】

本案涉及摄影图片的侵权纠纷。一般情况下，摄影作品创作完成之时，著作权自动产生。摄影作品的著作权人对其作品享有复制、发行、展览等权利，非权利人擅自复制、发行将构成侵权。在司法实践中，往往是能够带来直接利益的摄影作品才会引发著作权纠纷的诉讼。生活中自拍产生的摄影作品一般不会引发著作权纠纷。

因侵犯著作权引发的纠纷可以分为侵犯人身权利（如署名权）纠纷

和侵犯财产权利（如复制、发行、展览等权利）纠纷。在司法实践中，著作权侵权纠纷很多是对人身权利和财产权利都有侵犯，只是在不同类型的案件中主要侵犯的权利有所不同。著作权保护的作品是具有独创性的智力成果，而每一件作品的独创性大小是各不相同的。一般而言，独创性强的作品（如专业艺术作品），创作者的人身权利在著作权中较为突出，被侵犯的可能性也更大。而本案涉及的广告照片，只是对工业设计产品的如实反映，创造性并不突出，对其署名权等人身权利一般不会产生侵权纠纷。通过复制、发行该照片实现某种利益是最可能的侵权方式。

（一）图片著作权归属的判定规则

本案属于著作权侵权纠纷案件，侵权成立的前提是权利的确实存在。没有权利的存在，也就不会有侵权的发生。机械设备公司为实现宣传目的而拍摄的 GY 系列冷弯形钢成型机组照片，经过加工处理后形成广告图片。在不考虑实际拍摄人（自然人）主张权利的情况下，机械设备公司应当是案涉照片的著作权人。在本案中，也没有出现实际拍摄人（自然人）主张权利的情况。其他民事主体使用该图片须经机械设备公司的许可。著作权人对由使用该图片产生的经济收益享有财产权利。

在庭审过程中，机械设备公司提供了 GY 系列冷弯形钢成型机组的照片及经加工制作后的图片，黄页广告公司、形钢设备公司未提出上述图片的著作权为其享有或为他人享有的主张，亦未就本案著作权主体问题提供相反证据。根据民事诉讼证据规则，一方举证证明法律事实，另一方没有证据或证据不足以反驳的，应认定该法律事实的存在。故一审法院应认定机械设备公司为上述作品的著作权人，依法享有法律规定的著作权的各项财产权利。

（二）著作权侵权的认定规则：接触 + 相似

形钢设备公司提出，自己公司所用的广告图片与机械设备公司所用的广告图片不同，不应认定自己公司使用了机械设备公司享有著作权的图片。如果该主张成立，则形钢设备公司使用的广告图片是另一张图片，存在另一个作品。那样，就不存在机械设备公司著作权被侵犯的事实。

案件事实反映，形钢设备公司广告与机械设备公司广告中的 GY 系列冷弯形钢成型机组在视觉上存在方向上的不同之处，形钢设备公司广告图片中的机组前部在图片的左部，机械设备公司广告图片中的机组前部在图片的右部。两者的机器零件设置方向完全相反，其他地方在细节上完全一致。可以认定形钢设备公司的广告图片是将机械设备公司的广告图片进行反向制作而形成的。

那么，这两张图片实质上是不是同一个作品呢？众所周知，作品是具有独创性的智力成果。判断是否存在另一个作品的关键是形钢设备公司所用的广告图片是否存在区别于原有图片的独创性。这种独创性是通过与原有图片对比可知的。如果没有区别于原图的独创性，则新图不构成另一个图片，作品侵权。在美国的司法实践中，确认作品是否侵权，普遍使用着一个"两步法"。即在有关事实的审理中，首先，必须确定被告是否复制了原告的作品；其次，这种复制是否已经达到了非法挪用的程度，即内部作品之间是否存在着表述的实质相似。[①] 就本案而言，形钢设备公司将机械设备公司的广告图片进行反向制作而形成的新图片显然复制了原图。那么，这种复制是否达到了非法挪用或实质性相似的地步呢？无论从整体还是从细节来看，两张图都是相似的，除了方向之外，其余都是一致的。也就是说，新图片没有独创性，它是经过全部的非法挪用而成，实质上就是原图。因此，本案不存在另一个作品，原图作者的著作权被侵犯了。

（三）黄页广告公司应当承担侵犯著作权的法律责任

黄页广告公司辩称案涉广告图片是两公司分别提供并确认的，自己按约履行合同，已尽到了充分的注意义务。因广告内容而产生的纠纷，其作为广告发布者不应承担责任。黄页广告公司没有证据证明形钢设备公司提供了广告图片，就算其所述为真，也无法逃避法律责任。作为广告发布者，应当对发布内容进行审查。在不确定广告图片著作权及其是否存在争议的条件下，在同一页面发布如此相似的两张图片，很难说尽到了充分的注意义务。这两种图片不需经过专业人士即可认定为实质相似，且机械设备公司先提供的图片。

就本案而言，在确定了机械设备公司的著作权之后，黄页广告公司的责任就更明显了。黄页广告公司利用案涉图片为机械设备公司发布广告是经著作权人许可的，是合法的；再利用该图片为另一公司做广告是

---

① 郑成思主编：《版权侵权认定》，法律出版社2001年版，第157页。

没有经过授权而擅自使用他人作品的行为，侵犯了机械设备公司的著作权。无论黄页广告公司是否赢利，都应对其侵权行为承担法律责任（承担停止侵害、消除影响、赔礼道歉等民事责任不以实际损害为要件）。况且，广告合同及收费行为已经表明了黄页广告公司发布广告是营利行为。

（四）形钢设备公司存在侵权故意

主观过错是侵权行为的重要构成要件。根据形钢设备公司的答辩逻辑，自己只是拿钱请黄页广告公司做广告，广告图片由黄页广告公司制作，自己没有使用他人图片的故意，对内容侵权与否不负法律责任。这里首先需要明确一个概念——故意。侵权法上的故意是指明知侵权结果的发生而希望或放任这种结果的发生。形钢设备公司与黄页广告公司的合同行为是主观意思非常清晰的行为，广告图片的使用是经过形钢设备公司确认的，明知自己对广告图片没有著作权而同意使用，显然存在侵权故意。并且这里是直接故意，即希望这种侵权结果的发生，并积极推动（支付广告费，并明确确认广告清样）。

（五）赔偿数额如何确定

财产权利是著作权的重要内容。机械设备公司使用其图片用于广告宣传，是行使著作权的行为，目的是让相关公众更全面和直观地了解其企业规模和生产能力，增强广告宣传效果，从而促进其产品销售，获取相应的利益。黄页广告公司、形钢设备公司的侵权行为会对机械设备公司的广告宣传带来不利的影响，最终影响其产品销售，给机械设备公司造成经济损失，应当予以赔偿。

根据我国《著作权法》第四十九条的规定，著作权侵权数额的确定应考虑以下几个因素：（1）权利人的实际损失；（2）侵权人的违法所得；（3）权利人为制止侵权行为所支付的合理开支。根据权利人的实际损失确定赔偿数额；实际损失难以计算的，可以按照侵权人的违法所得给予确定；权利人的实际损失或者侵权人的违法所得不能确定的，由人民法院根据侵权行为的情节，判决给予50万元以下的赔偿。

在本案中，鉴于机械设备公司难以证明其具体的经济损失额，黄页广告公司、形钢设备公司的获利额也难以确定，法院依法适用法定赔偿原则确定赔偿额，就本案具体情况，综合考虑了以下几个因素：（1）黄页广告公司、形钢设备公司的侵权过错程度；（2）《无锡黄页—工商指

南》上年度的发行量和发行范围；（3）适当考虑机械设备公司支付的广
告费用。

四　侵犯著作权罪的构成要件及认定标准
——谈某某侵犯他人著作权刑事诉讼案

【案例导读】

著作权是指作者或者其他著作权所有人对文学、艺术和科学作品依
法享有的权利，包括作者的身份权、署名权以及作品的发表权、修改权、
保护作品完整权等。侵犯著作权具有成本低、收益高的特点。侵犯他人
著作权的行为，不仅侵害了著作权人的合法权利，也破坏了国家著作权
的管理制度，具有极大的社会危害性，因此被纳入刑法调整的范围。

【案情】

公诉机关：江苏省宜兴市人民检察院

被告人：谈某某，女，个体经营户，因本案于 2012 年 8 月 17 日被取
保候审

一审法院：江苏省宜兴市人民法院

2009 年 5 月至 2012 年 8 月，被告人谈某某以营利为目的，明知未取
得著作权人许可，仍在宜兴市和桥镇其经营的音像店内向他人出租或零
售侵权盗版音像制品。2012 年 8 月 13 日，公安机关从被告人谈某某处扣
押到侵权盗版音像制品 2944 张。

案发后，上述侵权盗版音像制品均被公安机关扣押。

2012 年 8 月 13 日晚，被告人谈某某经公安机关电话传唤，主动至公
安机关投案，并如实供述了自己的犯罪事实。

【审理与判决】

2013 年 7 月 23 日，江苏省宜兴市人民法院判决如下：被告人谈某某
犯侵犯著作权罪，判处有期徒刑 1 年 6 个月，缓刑 1 年 9 个月，并处罚金
人民币 15000 元。

被告人谈某某在法定上诉期限内未上诉，公诉机关也没有抗诉。

【点评】

侵犯著作权罪，是指以营利为目的，违反著作权法规定，以擅自复制发行他人作品、出版他人享有专有出版权的图书、复制发行他人的音像制品，或者制作、出售假冒他人署名的美术作品的方式侵犯他人著作权或者著作权有关的权益，违法所得数额较大或者有其他严重情节的行为。其构成要件为：

1. 主体要件：自然人和单位。

2. 客体要件：复杂客体，包括我国的著作权管理制度和他人享有的著作权及其与著作权有关的其他权益，甚至还可能侵犯消费者的财产权（例如制作、出售假冒他人署名的美术作品，具有欺诈性，侵害了消费者的财产权）。

3. 主观要件：直接故意，即行为人对自己未经著作权人或者与著作权有关的其他权益人的许可，擅自复制发行、出版或制售其作品、图书或音像制品、美术作品，侵犯他人权利的事实认知是明知的，对侵犯著作权犯罪的结果也是希望发生的。并且行为人必须具有营利的目的，即侵犯他人著作权及相关的行为不是最终目的，其最终的目的是牟取非法利益，主观是不具有营利目的的，不构成侵犯著作权罪。

4. 客观方面：我国《刑法》第二百一十七条对此规定得比较明确，必须同时具备以下两个特点：（1）未经著作权人许可，复制发行其文字作品、音乐、电影、电视、录像作品、计算机软件及其他作品，或者出版他人享有专有出版权的图书，或者未经录音录像制作者许可，复制发行其制作的录音录像，或者制作、出售假冒他人署名的美术作品的。（2）违法所得数额较大或者有其他严重情节的。

在司法实践中，对侵犯著作权罪的认定要注意以下几点：

（一）"著作权人"的范围的确定

著作权有狭义和广义之分，狭义的著作权是指作者依法享有的权利，包括著作人身权和著作财产权；广义的著作权除了狭义的著作权之外，还包括著作邻接权，即录音录像制作者、出版者等作品传播者的权利。与之相对应，著作权人也有广义和狭义之分。刑法中的侵犯著作权罪所指的"著作权人"是指狭义的，不包括邻接权人。具体可以参照我国

《著作权法》《著作权法实施条例》的规定来确定。

（二）"未经许可"的认定

"未经著作权人许可"的认定，一般应当依据著作权人或者其授权的代理人、著作权集体管理组织、国家著作权行政管理部门指定的著作权认证机构出具的涉案作品版权认证文书，或者证明出版者、复制发行者伪造、涂改授权许可文件或者超出授权许可范围的证据，结合其他证据综合予以考虑。

在涉案作品种类众多且权利人分散的案件中，上述证据确实难以一一取得，但有证据证明涉案复制品系非法出版、复制发行的，且出版者、复制发行者不能提供获得著作权人许可的相关证明材料的，可以认定为"未经著作权人许可"。但是，有证据证明权利人放弃权利、涉案作品的著作权不受我国著作权法保护，或者著作权保护期限已经届满的除外。

（三）对"以营利为目的"的认定

除销售外，具有下列情形之一的，可以认定为"以营利为目的"：

1. 以在他人作品中刊登收费广告、捆绑第三方作品等方式直接或者间接收取费用的；

2. 通过信息网络传播他人作品，或者利用他人上传的侵权作品，在网站或者网页上提供刊登收费广告服务，直接或者间接收取费用的；

3. 以会员制方式通过信息网络传播他人作品，收取会员注册费或者其他费用的；

4. 其他利用他人作品牟利的情形。

（四）对通过信息网络侵犯著作权行为性质的认定

1. 对"私服"罪名的认定。所谓"私服"，是指以营利为目的，未经许可或授权，私自架设服务器，使用他人享有著作权的互联网游戏作品进行运营的行为。该行为同时符合刑法规定侵犯著作权罪其他构成要件的，一般认定为侵犯著作权罪。

明知是"私服"经营者，而为其提供互联网接入、服务器托管、网络存储空间、通信传输通道、代收费、费用结算、"私服"架设、广告发布等服务的，以侵犯著作权罪共犯论处。

具有下列情形之一的，应当认定行为人"明知"，但是有证据证明确实不知道的除外：（1）行政主管机关书面告知后仍然实施上述行为的；

（2）接到举报后仍然实施上述行为的；（3）为"私服"经营者提供互联网接入、服务器托管、网络存储空间、通信传输通道、代收费、费用结算、私服架设、广告发布等服务，收取服务费明显高于市场价格的；（4）以开办专门网站、建立网络群组、发帖等形式，在互联网上宣称为"私服"经营者提供互联网接入、服务器托管、网络存储空间、通信传输通道、代收费、费用结算、私服架设、广告发布等服务的；（5）其他能够认定行为人明知的情形。

2. "外挂"罪名的认定。所谓"外挂"，是指未经许可或授权，破坏互联网游戏作品的技术保护措施、修改作品数据进行挂接运营的行为。鉴于此种行为侵犯的是著作权人的作品修改权，一般不属于刑法所规定的侵犯著作权罪的调整范围，可以考虑是否构成非法经营罪等其他犯罪。

（五）通过信息网络传播他人作品行为的定罪处罚标准

以营利为目的，未经著作权人许可，通过信息网络向公众传播他人文字作品、音乐、电影、电视、美术、摄影、录像作品、录音录像制品、计算机软件及其他作品，具有下列情形之一的，属于我国《刑法》第二百一十七条规定的"其他严重情节"：（1）非法经营数额在5万元以上的；（2）传播他人作品的数量合计在500件（部）以上的；（3）传播他人作品的实际被点击数达到5万次以上的；（4）以会员制方式传播他人作品，注册会员达到1000人以上的；（5）数额或者数量虽未达到第（1）项至第（4）项规定标准，但分别达到其中两项以上标准一半以上的；（6）其他严重情节的情形。实施前款规定的行为，数额或者数量达到前款第（1）项至第（5）项规定标准五倍以上的，属于我国《刑法》第二百一十七条规定的"其他特别严重情节"。

（六）侵犯著作权罪的定罪、量刑标准

1. 定罪标准：（1）违法所得数额3万元以上的；（2）非法经营数额5万元以上的；（3）未经著作权人许可，复制品数量合计500张（份）以上的；（4）未经录音录像制作者许可，复制发行其制作的录音录像制品，复制品数量合计五百张（份）以上的；（5）其他情节严重的情形。

2. 复制品数量在2500张（份）以上的，属于我国《刑法》第二百一十七条规定的"有其他特别严重情节"。

五　认定著作权侵权行为的司法逻辑过程

——天语同声公司诉无锡某酒店管理公司侵犯音乐电视作品著作权纠纷案

【案例导读】

著作权是基于文学、艺术和科学领域的作品所依法享有的权利。作品是著作权法保护的对象，是著作权法律关系产生的依据。没有作品，就没有著作权。按照我国《著作权法实施条例》第二条的解释，"作品是指文学、艺术和科学领域之内具有独创性并能以某种有形形式复制的智力成果"。我国《著作权法》第三条规定了作品的种类，《最高人民法院关于审理涉及计算机网络著作权纠纷案件适用法律若干问题的解释》第 2 条又将这些作品的数字化形式纳入了著作权法保护的范围。

作品的类型很多，分类方法也很多。某一类作品可以以不同的形式归入不同的作品种类。例如，音乐、戏曲等艺术作品、电影作品和以类似摄制电影的方法创作的作品，在我国著作权法中是两类并列的作品。生活中，很多音乐、戏曲等艺术作品也可以摄制成电影作品和以类似摄制电影的方法创作的作品。本案中，KTV 娱乐消费的音乐电视作品即属"以类似摄制电影的方法创作的作品"。

【案情】

原告：天语同声公司

被告：江苏无锡某酒店管理公司

第三人：华研国际音乐股份有限公司（以下简称"华研公司"）

一审法院：江苏省无锡市中级人民法院

华研公司是《中国话》《白色恋歌》在内的 264 部音乐电视作品的著作权人。2009 年 8 月 31 日，天语同声公司经华研公司授权，取得了上述作品于大陆地区在卡拉 OK 经营行业的专有权利（包括但不限于有权授予第三方上述作品的放映权，以自己的名义对任何侵犯作品著作权的第三方提起诉讼的权利）。

某日，天语同声公司发现某酒店管理公司未经其许可，以营利为目的，擅自在其经营场所以卡拉 OK 方式向公众放映上述作品中的 28 部作品。于是，天语同声公司以著作权受到侵犯为由将酒店管理公司诉至法院，要求：立即停止侵权，并赔偿经济损失及其为制止侵权行为所支出的合理费用共计人民币 51390 元。

最后，双方在法院主持下达成共识，以调解结案。

【点评】

本案看似简单，如音乐作品形式较常见，每首歌的索赔价值不高，侵权行为的定性也相对容易，并且是以调解结案。但是，若从法理分析和实务操作的角度看，该案的处理需要解决以下问题。

（一）著作权主体的认定

著作权侵权诉讼，原告首先要证明的是其著作权主体身份。确定著作权的权利归属，是判定著作权侵权事实存在的逻辑前提。著作权主体即著作权人，是指依照著作权法对文学、文艺和科学作品享有著作权的人。一般情况下，作品的作者享有原始著作权。我国著作权法实行自动保护原则，作品一经创作完成，著作权即自动产生。作者享有的原始著作权是最完整的著作权，继受著作权人可能只享有部分著作权，并且一般不包含署名权。继受著作权人获得著作权（属于实体民事权利）的同时也获得了诉讼权利，以保障自己的权利。本案中的原告天语同声公司取得案涉作品在大陆地区在卡拉 OK 经营行业的专有权利，就包含了放映权及以自己的名义对任何侵犯作品著作权的第三方提起诉讼的权利。

有谚语曾言：法律不相信事实发生了什么，只相信证据能够证明什么。依照我国《著作权法》关于"如无相反证明，在作品上署名的视为作者"以及相关司法解释关于"当事人提起诉讼所提供涉及作品的底稿、原件、合法出版物、著作权登记证书、认证机构出具的证明以及取得权利的合同等，可以作为证据"的规定，著作权的归属依照以下规则予以判定：

1. 作品上署名的作者享有原始著作权，如无相反证据则享有完整的著作权。

2. 案涉作品的底稿、原件、合法出版物等也可以作为认定作者的依据。

3. 著作权登记证书、认证机构出具的证明、取得权利的合同等可以证明谁是权利人。

本案中，天语同声公司虽然不享有原始著作权，但是却提供了著作权登记证书、授权合同等权利证明，能够初步证明自己享有继受著作权；而对方不能提供相反证据反驳，也不能提供有效证据证明自己是合法授权的继受著作权人，因此，人民法院可以认定天语同声公司为权利人。

（二）权利内容与案由的确定

著作权主体可以分为署名权人、发行权人、放映权人等，这都是根据著作权主体享有的权利内容确定的。著作权是一个权利束，包含了很多种具体的权利。著作权的继受主体可能只享有在某一区域的放映权，却不享有署名权。著作权主体享有的权利内容是确定案由的重要依据，案由不清则案件很难审理清楚，甚至无法开庭审理。依照最高人民法院关于《民事案件案由规定》（2011 年），著作权权属、侵权案由达 28 个之多。音乐作品著作权侵权案件，需要明确侵犯了哪一项具体权利，权利人对曲的权利？还是词的权利？表演者权利？或是电视作品制作者的权利？是仅有播放权还是包含作品完整权？在诉讼实务中，当事人经常被法官这么问。从这个角度看，知识产权不仅产生于高难度的创作，对其救济也需要高难度的诉讼。

本案涉及的音乐作品是以类似电影摄制的方法创作的作品，被告侵犯的是权利人的播放权。以类似电影摄制的方法创作的作品是我国著作权法明文规定的作品类别，是著作权法保护的对象。我国《著作权法实施条例》第四条对电影作品和以类似摄制电影的方法创作的作品有解释，即摄制在一定介质上，由一系列有伴音或者无伴音的画面组成，并且借助适当装置放映或者以其他方式传播的作品。案涉音乐电视作品显然可以归入此类。天语同声公司经华研公司授权而享有播放权，被告也只是未经许可进行播放，没有修改作品或侵犯作者人身权利的情形发生。因此，只侵犯了播放权。

（三）侵权数量与赔偿数额的确定

财产权利是著作权的重要内容，权利人可以通过播放音乐作品取得财产性收益。案涉酒店管理公司播映 28 个音乐电视作品，应向权利人支付相关费用。且在经营场所播放，有助于提高其经营收入。侵犯财产权利的诉讼，赔偿经济损失是最重要的责任承担方式。

根据我国《著作权法》第四十九条的规定，著作权侵权数额的确定应考虑以下几个因素：一是权利人的实际损失；二是侵权人的违法所得；三是权利人为制止侵权行为所支付的合理开支。在司法实务中，首先要根据权利人的实际损失确定赔偿数额；实际损失难以计算的，可以按照侵权人的违法所得给予确定；权利人的实际损失或者侵权人的违法所得都不能确定的，由人民法院根据侵权行为的情节，判决给予50万元以下的赔偿。

一般情况下，侵权人的违法所得难以被权利人所掌握。权利人的实际损失对确定赔偿数额显得尤为重要。就音乐作品而言，获得一首歌的播放权所需支付的费用是比较容易证明的，权利人可以比照同行业中的同类作品确定自己的实际损失。但对于侵权人播放作品的数量及次数，由于音乐作品的播放是动态的，确定起来比较困难，往往需要公证机关进行公证。这也是"为制止侵权行为所支付的合理开支"。

本章涉及主要法条

《中华人民共和国刑法》（2011年修订）

第二百一十七条："以营利为目的，有下列侵犯著作权情形之一，违法所得数额较大或者有其他严重情节的，处三年以下有期徒刑或者拘役，并处或者单处罚金；违法所得数额巨大或者有其他特别严重情节的，处三年以上七年以下有期徒刑，并处罚金：（一）未经著作权人许可，复制发行其文字作品、音乐、电影、电视、录像作品、计算机软件及其他作品的……"

《中华人民共和国著作权法》（2010年修订）

第三条："本法所称的作品，包括以下列形式创作的文学、艺术和自然科学、社会科学、工程技术等作品：（一）文字作品；（二）口述作品；（三）音乐、戏剧、曲艺、舞蹈、杂技艺术作品；（四）美术、建筑作品；（五）摄影作品；（六）电影作品和以类似摄制电影的方法创作的作品；（七）工程设计图、产品设计图、地图、示意图等图形作品和模型作品；（八）计算机软件；（九）法律、行政法规规定的其他作品。"

《中华人民共和国著作权法实施条例》（2013 年修订）

第二条："著作权法所称作品，是指文学、艺术和科学领域内具有独创性并能以某种有形形式复制的智力成果。"

《最高人民法院、最高人民检察院关于办理侵犯知识产权刑事案件具体应用法律若干问题的解释》（2004 年）

第五条："以营利为目的，实施刑法第二百一十七条所列侵犯著作权行为之一，违法所得数额在三万元以上的，属于'违法所得数额较大'；具有下列情形之一的，属于'有其他严重情节'，应当以侵犯著作权罪判处三年以下有期徒刑或者拘役，并处或者单处罚金：……（二）未经著作权人许可，复制发行其文字作品、音乐、电影、电视、录像作品、计算机软件及其他作品，复制品数量合计在一千张（份）以上的……"

《最高人民法院、最高人民检察院关于办理侵犯知识产权刑事案件具体应用法律若干问题的解释（二)》（2007 年）

第四条："对于侵犯知识产权犯罪的，人民法院应当综合考虑犯罪的违法所得、非法经营数额、给权利人造成的损失、社会危害性等情节，依法判处罚金。罚金数额一般在违法所得的一倍以上五倍以下，或者按照非法经营数额的50%以上一倍以下确定。"

《最高人民法院关于审理非法出版物刑事案件具体应用法律若干问题的解释》（1998 年）

第三条："刑法第二百一十七条第（一）项中规定的'复制发行'是指行为人以营利为目的，未经著作权人许可而实施的复制、发行或者既复制又发行其文字作品、音乐、电影、电视、录像作品、计算机软件及其他作品的行为。"

第 九 章

专利法案例解析

一 专利侵权诉讼中现有技术（设计）抗辩
涉及使用公开的审查与认定

——上海某电子公司诉江苏无锡某电器仪表制造
公司专利侵权纠纷案

【案例导读】

专利法规定，被告可以在专利侵权诉讼中提出现有技术（设计）抗辩，抗辩成立的，即使被控侵权产品落入涉案专利权保护范围，亦不构成专利侵权，这同时意味着原告专利所要保护的技术或设计方案在专利申请日之前已经公开。审判实践中，现有技术（设计）抗辩成立的，往往是由于原告在专利申请日前通过使用公开的方式导致其专利所保护的技术或设计方案公开，被告一旦取得此类使用公开的有效证据，原告不仅会在专利侵权诉讼中败诉，而且可能会在专利复审程序中失去其专利权。

【案情】

原告：上海某电子有限公司

被告：江苏无锡某电器仪表制造有限公司

一审法院：江苏省无锡市中级人民法院

原告诉称：2014 年 2 月 7 日，原告向国家知识产权局申请了名为"助听器电池检测器"的外观设计专利，该专利于 2014 年 6 月 4 日获得授权，专利号 ZL201430025321.8，并至今有效。该外观设计产品用于检测助听器各种型号电池的电量，外形设计简洁、美观、布局合理。此后，原告发现被告未经许可，在网站上发布相关信息，公开制造、销售仿冒上述专利的侵权产品，原告对此进行了公证证据保全，证明被告有大量生产上述产品的事实。被告为生产经营目的大量制造、销售侵权产品，侵犯了原告涉案专利权，对原告的声誉也有较深的负面影响，应承担侵权责任。请求法院判令被告：（1）立即停止专利侵权行为，停止制造、销售侵犯涉案专利权的产品并销毁生产模具、库存产品；（2）赔偿原告经济损失 50 万元；（3）赔偿原告为制止侵权行为支付的合理开支 54700 元；（4）承担本案诉讼费用。

被告辩称：自己通过网络搜索发现有多个网站网页上有与其产品外观形状一致的产品，网页内容显示产品图片的生成时间在涉案专利申请日之前，上述网页经鉴定都是真实有效的，故被告实施的设计为现有设计，不构成专利侵权，无须承担任何法律责任。请求驳回原告的诉讼请求。

【审理与判决】

一审法院审理查明：

（一）涉案外观设计专利权权属方面的事实

2014 年 2 月 7 日，原告向国家知识产权局提出了一项名为"助听器电池检测器"的外观设计专利权申请，于 2014 年 6 月 4 日获得授权，专利号为 ZL201430025321.8。专利说明书中的图片显示，该产品为助听器电池检测器，设计要点在产品的整体形状，其形状呈葫芦状，上下两头较圆，下圆略大于上圆，中间两边呈内凹的弧线，产品上部为显示电量的液晶屏，下部为用来检测电量的电池放置孔，电池可通过侧面的抽屉式装置放入放置孔。该专利目前处于有效状态。

（二）原告诉称侵权行为方面的事实

2014 年 6 月 27 日，上海市东方公证处出具（2014）沪东证经字第 10218 号公证书。该公证书载明：2014 年 6 月 26 日上午，在公证人员的现场监督下，申请人（即本案原告）法定代表人卫某某在公证处通过该处电脑上网操作，进行了一系列的网页打开浏览过程，并对操作过程进行了截屏。上述截屏的网页内容显示，被告在阿里巴巴网站上宣传展示其助听器电池检测器产品。被告在诉讼中确认其通过阿里巴巴网站宣传展示被控侵权产品的事实，亦确认被控侵权产品落入涉案专利权保护范围。

原告为本案诉讼，支付了公证费 3000 元、翻译费 1700 元、律师费 50000 元。

（三）被告现有设计抗辩方面的事实

2014 年 9 月 25 日，上海上信计算机司法鉴定所经被告委托，针对指定的"非睿莫思"及"ebay"网站上三个网页做真实性鉴定的委托事项，出具了上信司鉴所〔2014〕计鉴字第 020 号司法鉴定意见书。该意见书载明：该所于 2014 年 9 月 19 日对上述三个网页进行原始信息记录，提取三份网页快照信息，进行对应域名解析 IP 地址，三个 IP 地址均真实有效。前两个网页均显示是"非睿莫思"代购网站的网页，网页中照片显示的产品均为助听器电池检测器，为 Amazon. com 网站所售，价格分别为 3.99 美元和 8.99 美元，上述商品信息均来自于 Amazon. com 网站，生成时间分别为 2014 年 1 月 22 日 22 点 52 分 03 秒、2014 年 1 月 31 日 18 点 3 分 24 秒。第三个网页显示是"ebay"网站的网页，网页中照片显示的亦为上述商品，价格为 6.25 英镑，显示的上次更新时间为 2014 年 1 月 20 日 23 点 56 分 03 秒。原告确认上述 IP 地址及上述时间点的真实性，对上述商品的设计与被控侵权产品的设计相同无异议，并明确上述网站中的商品为原告制造，在涉案专利申请日之前就已经销售给国外客户，由国外客户和上述电商进行联系，将产品图片提供给电商，原告的实际供货时间还早于上述网页显示的时间点。

庭审中，原告陈述，其在三四年前就委托被告委托代理人顾安美的配偶刘某某加工涉案专利产品，由其提供原材料并负担包括运输成本在内的费用，刘某某找人加工涉案专利产品；后来由于刘某某提出不做了，双方于 2013 年终止了合作关系，但原告在 2014 年春节发现刘某某通过被告在网上销售被控侵权产品，使其销售量下降了近 50%，因此，原告向国家知识产权局申请了涉案专利来维护自己的权利。

一审法院认为：

（一）专利法规定的现有设计，是指申请日以前在国内外为公众所知的设计

上述法律规定中的"为国内外公众所知"包括出版物公开、使用公开或者以其他方式的公开。产品的公开销售必然会使社会公众接触到产品，知悉产品的设计，从而使该设计成为公知设计，属于使用公开的一种情况。本案中，被告提供的司法鉴定意见书显示在"非睿莫思"等网站上登载有与被控侵权产品相同设计的产品图片，且产品图片的生成时间在涉案专利申请日之前，据此可以判断存在上述产品在涉案专利申请日之前就已公开销售这一事实的较大可能性，原告亦确认上述产品为其制造、销售，且销售时间还早于网页中显示的时间。虽然原告认为上述产品是销往境外，并未在我国境内销售，但根据上述法律规定，公开的范围并不局限于国内，而是全球性的，而且如果境外厂商将上述产品的照片上传至互联网，任何人都可以使用任何地点的计算机终端设备上网接触到该产品，国内公众亦可据此知悉该产品的设计。

（二）在专利侵权纠纷案件中，被控侵权人有证据证明其实施的技术或者设计属于现有技术或者现有设计的，不构成侵犯专利权

人民法院无权在民事诉讼中对原告专利权是否具有新颖性等涉及专利权有效性事项作出审查和评价，但可根据上述法律规定对被告实施的设计是否为现有设计作出审理和认定，也就是说，现有设计抗辩的审查针对的是被告实施的设计，而非涉案专利设计。因此，原告的上述观点并不成立。

据此，依照我国《专利法》第二十三条第四款、第六十二条，《中华人民共和国民事诉讼法》第一百四十二条之规定，一审法院于 2014 年 11 月 7 日判决驳回原告的诉讼请求。案件受理费 9347 元，由原告负担。

宣判后，双方当事人均未提起上诉，判决已发生法律效力。

【点评】

（一）现有技术抗辩可以排除被控技术（设计）构成专利侵权，但不涉及涉案专利本身的有效性审查

我国现行《专利法》第二十二条规定，授权专利权的发明和实用新型，应当具备新颖性、创造性和实用性，其中新颖性是指该发明或实用

新型不属于现有技术。现有技术是指申请日以前在国内外为公众所知的技术。第二十三条也规定，授权专利权的外观设计，应当不属于现有设计。现有设计是指申请日以前在国内外为公众所知的设计。同时，第六十二条规定，在专利侵权诉讼中，被控侵权人有证据证明其实施的技术或设计属于现有技术或现有设计的，不构成侵犯专利权。从上述法律规定可以看出，现有技术或设计不仅是专利授权时所需要审查的对象，而且是专利侵权诉讼中会涉及的审理内容，对于上述两种不同的程序而言，所涉技术或设计是否为现有技术或设计均是其中的关键问题，影响到申请人是否能够获得专利授权及专利权人提起的诉讼能否胜诉。同时需要指出的是，两个程序的着眼点有所不同，前者评判的是专利申请文件中申请人要求保护的技术或设计方案，后者评判的是被控技术或设计，而非涉案专利技术或设计。在涉及专利侵权的民事诉讼中，人民法院不能对专利权是否有效作出评价，即使涉案专利权的新颖性明显存在问题，被控侵权人亦不能请求人民法院在民事诉讼中撤销涉案专利权。因此，涉及现有技术或设计抗辩的审查，人民法院只针对被控技术或设计是否为现有技术或设计而展开，现有技术或设计抗辩成立的，人民法院也只能认定被控技术或设计为现有技术或设计，其不构成专利侵权，据此驳回原告的诉讼请求，而不能认定原告的涉案专利技术或设计为现有技术或设计。

（二）国内外没有公开发表过，但在国外已经公开使用或者销售的技术（设计）不具有专利权所要求的新颖性，属于现有技术（设计）的范畴

我国现行《专利法》于 2009 年 10 月 1 日起施行，与修改前的立法相比，上述第二十二条、第二十三条的规定明确了现有技术及设计的含义，并且拓宽了现有技术及设计的范围。修改前的立法对不同类型的现有技术及设计规定了不同的地域范围，其中以出版物方式公开的现有技术及设计的范围是全球性的，以使用或其他方式公开的现有技术及设计的范围仅限于国内。随着经济全球化趋势的日益明显及网络技术的快速发展，出版物公开与非出版物公开之间的界限已经越来越模糊，将非出版物公开的现有技术及设计限制在国内已逐渐变得没有实际意义，且缺乏可操作性。授予没有公开发表过，但在国外已经公开使用或者销售的

技术或设计专利权，显然不利于鼓励真正的发明创造及提高授权专利的质量和水平，甚至加剧这类抄袭国外技术、垄断国内市场的损害公共利益行为，妨碍公众自由利用已有技术的权利，迫使公众支付不合理的对价。同时，还不利于企业诚信意识的树立及企业之间的公平竞争。随着专利制度的国际协调，现在绝大多数国家的专利法对现有技术及设计的地域范围都没有加以区分，我国再坚持相对新颖性的标准已无必要，因此在专利法最近一次的修改时，在这个问题上取消了对现有技术及设计的地域性限制，采用了国际通行的绝对新颖性标准。

（三）企业在专利申请日之前自行将技术（设计）公开，会导致专利侵权诉讼的不利后果

专利侵权诉讼的审判实践中，被告方在诉讼中除了提出不侵权抗辩外，更多地会提出现有技术或设计抗辩，尤其是被控技术或设计在行业内已经是普遍使用的情况下更是如此。有些案件中，被告方干脆只字不提不侵权抗辩，确认其技术或设计与专利技术或设计相同，将应诉策略置于现有技术或设计抗辩方面。上述法条中的公开主要有三种公开方式，分别为出版物公开、使用公开、其他方式公开。其中，使用公开是指由于使用导致技术方案的公开，或者导致该技术方案处于公众中任何一个人都可以得知的状态，不仅包括制造、使用、销售或者进口，而且还包括通过模型演示使公众能够了解其技术内容的情况。审判实践中，一些作为原告的专利权人，往往会自觉或不自觉地在专利申请日前公开销售其研发的产品，作为同业竞争者的被告则相应地会将答辩及取证方向集中于这一方面，这就使判决现有技术或设计抗辩成立的案件层出不穷。究其原因，主要在于以下两点：（1）专利权人的权利保护意识存在误区，认为只要技术或设计是其研发，无论是否公开或何时公开，都应当归其所有，没有考虑到一旦在专利申请日前公开，该研发技术或设计就会变成自由公知技术或设计，公众可自由免费使用。（2）一些专利权人急于占领市场，在专利申请日前就将相应产品投入市场宣传和营销，尤其涉及经营电动车、玩具、运动器材、铝合金型材等外观设计产品的企业更是如此。如在一起电动车外观设计专利权纠纷案中，由于电动车外观设计的市场寿命相对较短，原告在研发涉案外观设计产品后，在专利申请日前就将该产品的照片登载在公开发行的行业杂志上做广告，以此来促

进该产品的市场营销，被告作为同业竞争企业，很容易地获得了行业杂志中的照片，提出现有设计抗辩，原告最终被迫撤诉了事。

（四）现有技术抗辩的举证责任

被告作为现有技术或设计抗辩的提出方，负有相应的举证责任。被告提交的证据需要证明以下两个事实：（1）被控技术或设计与现有技术或设计为同一技术；（2）现有技术或设计在专利申请日前已经公开。上述事实缺一不可，如不能证明其中任一事实，现有技术或设计抗辩就不成立。就本案而言，被告提出现有设计抗辩，并将其取得的互联网电商产品网页作为证据，用于证明被控设计为现有设计。上述网页显示的产品设计与涉案专利设计完全相同，双方对此均予以认可。由于被告通过相应鉴定机构验证了上述网页客观存在，并无篡改，从而固定了网页中产品图片的上传时间，而这些产品图片的上传时间均在原告涉案专利申请日之前，由此可以证明图片中的产品在专利申请日之前已经公开在互联网上销售，其产品设计处于任何一个上网者都可以得知的状态。作为专利权人的原告，显然不熟悉专利法上述条文的真正含义，其不仅承认上述网页中产品图片的上传时间早于专利申请日，而且还确认其早在专利申请日前就将产品销售至国外，甚至还陈述是在发现被告生产了被控侵权产品，抢占其市场份额后，才申请了外观设计专利权用于维权的事实，这些不利于己的主张及陈述不啻于认可了被告的现有设计抗辩，法院作出的裁判则只能是依照上述法律规定，认定被控设计为现有设计，不侵犯涉案专利权，驳回原告诉讼请求的这个唯一结果了。同时，被告完全可以凭借上述证据及原告的当庭陈述，向国家知识产权局专利复审委员会提出宣告涉案专利无效的申请，最终使涉案专利权面临被宣告无效的局面。

二　专利侵权诉讼中的先用权抗辩

——浙江宁波某工艺品公司诉江苏无锡
某日用工艺品厂专利侵权案

【案例导读】

专利权是法律赋予公民、法人或者其他组织对其获得的专利发明创造在一定期限内依法享有的专有权利。其他人未经专利权人的许可、未付费用不得随意侵犯专利权人的权利。但为了保护公知技术和在专利权人获得专利前已经使用专利相同技术的人的利益，法律也规定了专利侵权的公知技术抗辩与先使用抗辩制度。被控侵权人运用的是现有公知技术，或者其在专利申请日前已经制造相同产品、使用相同方法或者已经做好制造、使用的必要准备，并且仅在原有范围内继续制造、使用的，即不视为侵犯专利权。另外，如果专利权人的专利符合专利无效的宣告条件的，被控侵权人也可以向专利复审委员会提出专利权无效宣告请求，一旦该项专利权被宣告无效，那么就不构成侵权。

【案情】

原告：浙江宁波某工艺品有限公司

被告：江苏无锡某日用工艺品厂

一审法院：江苏省无锡市中级人民法院

2006 年 6 月 26 日下午，原告代理人在无锡市八佰伴商场五楼床品柜台购买了被告生产的"尚竹席"并于当日到无锡市公证处进行公证。当天下午，无锡八佰伴对此席全部撤柜。原告认为被告生产销售的"尚竹席"侵犯了原告 2004 年 7 月 21 日国家知识产权局予以公告授权的专利——"一种可折叠绣花竹席"。该专利产品具有三个主要技术特征：一是可折叠，即复合；二是四周包边，两角或四角缝制有三角形的块状包边；三是绣花，在席的两边角上有绣花。被告所生产销售的产品与原告的专利的三个主要技术特征完全一样。随后，原告于 2008 年 6 月 30 日将被告诉至法院，要求被告立即停止侵权，并赔偿原告方经济损失 35 万元。

诉讼过程中，原告出具了专利证书，2008 年与长沙某实业有限公司签定的专利许可合同，许可合同载明的专利使用费是 30 万元。

被告辩称：其早在 1999 年就开始主要生产可折叠的绣花蔺草席，并在无锡八佰伴等商场销售。其产品的主要技术特征也是三个，即一是可折叠，即复合；二是四周包边，两角或四角缝制有三角形的块状包边；三是绣花。2006 年 4 月，又抱着尝试一下的心理，把这三个技术特征用在了竹席生产上，即把自己原有的技术特征运用于一种新的材质，生产和销售了部分尚竹席。被告认为，原告所称的"一种可折叠绣花竹席"的三个主要技术特征是"自由已知的技术"。从 20 世纪 90 年代末起，为了使产品便于携带、收藏，很多厂家就生产了可折叠凉席；包边技术更是席条成品必须具备的特征，就像做衣服要装拉链和纽扣一样，否则就不成成品；绣花是为了美观的需要。被告还列举了无锡地区一些比较有代表性的经销商的观点，并提供了一本 1997 年在日本公开出版的名为《池彦》的杂志，其中就有介绍折叠、包边的竹席的图片。因此，被告请求法院驳回原告的诉讼请求。

【审理与判决】

一审法院查明，浙江宁波某工艺品有限公司于 2003 年 7 月 17 日向国家知识产权局提出"一种可折叠绣花竹席"的专利申请，2004 年 7 月 21 日国家知识产权局予以公告授予专利。其主要的技术特征有三个：一是可折叠，即复合；二是四周包边，两角或四角缝制有三角形的块状包边；三是绣花。在席的两边角上绣花。"一种可折叠绣花竹席"的专利权是受法律保护的。此项专利最显著的特征是可折叠、包边、绣花，且用在竹席的材料上。在公告期间，没有任何人对此专利提出异议。到审理本案为止，也没有任何人对本专利向国家知识产权局提出过专利无效的申请。因此，应依法保护专利权人的合法权利。

首先，被告怀疑原告与长沙某实业有限公司所签订专利许可合同的真实性缺乏法律依据。一项专利许可合同使用费的高低，外人是难以评价的，只要是双方真实的意思表示，即具有一定的参考价值。

其次，被告提出的在先使用问题，但在证据提供方面不够充分。可折叠的绣花蔺草席，其产品介绍上没有写明时间，只有图案，销售的发票上只有产品名称，不能说明该产品的技术特征。而且即使其生产可折叠的绣花蔺草席的时间在申请专利之前，但材质是草席，不是竹席。

再次，被告提出公知技术抗辩的证据也不足。经销商的一些说法只有笔录，没有当庭出庭作证，更没有这一行业的权威技术人员的一些证明。提供的一本 1997 年在日本公开出版的《池彦》杂志，其介绍的席产品图只包含了折叠、包边，但没有绣花。

最后，双方在法院的主持下，达成了调解协议，被告赔偿原告损失 6

万元人民币。

【点评】

本案是一起专利权侵权纠纷案。从本案的诉讼过程我们得到以下启示。

（一）被告针对原告的侵权诉讼请求，提出了诸多抗辩事由，并多方收集证据积极应诉

1. 先用权抗辩的运用。

我国《专利法》第六十九条第（二）项规定，在专利申请日前已经制造相同产品、使用相同方法或者已经做好制造、使用的必要准备，并且仅在原有范围内继续制造、使用的，不视为侵权专利权。这是先用权抗辩的法律依据。从本质上来说，先用权只是用来对抗专利权的抗辩权，不能主张他人实施了相同的发明创造行为侵犯了其先用权，也不能主张随后授予专利权的行为妨碍了其先用权。因为先用权制度的初衷仅仅是为先用权人提供一种防御性权利，而非赋予其就所实施的发明创造享有某种独立的权利，那样的话，也不符合专利法制度设计的基本理念——"以公开换保护"。在实践中，先用权抗辩的行使应当满足以下要件：（1）先用权人所实施的发明创造必须有正当来源。先用人独立研发，或通过合法途径获得均属于正当来源；但以非法途径从专利权人或任何第三方处获得技术或设计而在先付诸实施，并主张在先权抗辩的，人民法院不予支持。（2）先用人对发明创造的实施行为应发生在专利申请日之前。（3）先用人制造的产品、使用的方法与专利产品或方法相同或等同。（4）先用人已经制造相同产品或者已经做好制造的必要准备。（5）先用权人在专利申请日之后的使用行为只能局限在原有范围之内。本案中，一审法院就是以被告在先实施的技术与原告的专利技术不完全相同，以及被告无法证明其实施技术的时间早于原告专利申请日为由，驳回了被告的先使用抗辩。

2. 公知技术抗辩的运用。

我国《专利法》第六十二条规定，在专利侵权纠纷中，被控侵权人有证据证明其实施的技术或者设计属于现有技术或者现有设计的，不构成侵犯专利权。这是公知技术抗辩的法律依据。在实际运用时应注意，

这里的"属于"既包括"相同"，也包括"相似"。本案中，被告提供的1997 年日本公开出版的杂志这一证据不能证明现有公知技术与其实施的技术"相同"，也不能排除其实施的技术与原告的专利技术"相同"，其公知技术抗辩自然不能得到法院的支持。

（二）专利诉讼注重的是证据，企业在日常经营管理过程中注意及时搜集保留证据是致胜的关键

本案中的专利技术并不复杂，从常理推断，也不能排除该专利技术在专利申请日之前已经为同行业的经营者所实施的可能性。但是，原告及时申请了专利，并获得合法授权，在法定期限内，也没有任何人对此提出异议。因此，原告很容易就能举证证明自己作为专利权人的身份，从而在诉讼中处于有利地位。相应地，被告无论是提出先用权抗辩，还是提出公知技术抗辩，在举证责任上相对处于被动地位。加之很多企业在日常管理中并不注重相关证据的保管和收集，在被迫应诉时再去搜集证据就很困难，其结果自然是承担不利后果。另外，如果被告掌握充分的证据，还可以就涉案专利向专利复审委提出专利无效请求，当然这还是需要有确凿充分的证据。

三　专利侵权纠纷中的诉讼应对策略的运用
—— 江苏常州新区某电子公司与中国电子系统工程某建设公司
发明专利侵权行政调处及专利无效宣告案

【案例导读】

我国专利法规定，授予专利权的发明和实用新型，应当具有新颖性、创造性和实用性。在具体专利授权、专利侵权诉讼以及专利无效宣告程序中，对新颖性、创造性的认定，都涉及专利技术与现有技术的比对，如何有效处理往往需要专业的专利代理机构的积极介入。

【案情】

（一）专利侵权行政调处程序

请求人：江苏常州新区某电子有限公司（简称"B 公司"）

被请求人：中国电子系统工程某建设有限公司（简称"A 公司"）

调处部门：江苏省知识产权局

（二）专利无效口审程序

请求人：A 公司

专利权人：B 公司

涉案专利号：ZL200910033117.9（名称为"用于建筑屏蔽的波形板"）

权利人（B 公司）于 2009 年 6 月 12 日申请了名称为"用于建筑屏蔽的波形板"的发明专利（以下简称"本专利"），授权公告日为 2010 年 7 月 7 日，专利号为 ZL200910033117.9，该专利公告授权的权利要求如下：

1. 一种用于建筑屏蔽的波形板，其特征是：包括相互屏蔽连接的波形模板，所述波形模板之间通过压接结构或卡接结构连接，且相邻波形模板之间电气连接。

2. 根据权利要求 1 所述的用于建筑屏蔽的波形板，其特征是：波形模板的连接处下方设有与相邻两块波形模板相接触的角型支撑连接，相邻两块波形模板的连接处上方设有压接片，压接片与角型支撑连接通过螺钉连接。

3. 根据权利要求 1 所述的用于建筑屏蔽的波形板，其特征是：所述波形模板与压接片之间设有条形的屏蔽衬垫。

4. 根据权利要求 1 所述的用于建筑屏蔽的波形板，其特征是：所述波形模板的一端设有卡接结构，另一端设有卡接槽，波形模板依次相连接，每块波形模板的卡接结构置于与之相邻的另一块波形模板的卡接槽内。

5. 根据权利要求 4 所述的用于建筑屏蔽的波形板，其特征是：所述卡接结构和卡接槽采用电阻焊点焊电气连接。

6. 根据权利要求 4 所述的用于建筑屏蔽的波形板，其特征是：所述卡接结构和卡接槽之间设有屏蔽衬垫。

7. 根据权利要求 1、2 或 4 所述的用于建筑屏蔽的波形板，其特征是：所述波形模板或角型支撑连接与建筑物的檩条通过螺钉或焊接连接，形成五个面屏蔽体，与地面屏蔽层屏蔽连接，形成了六面体屏蔽的"法拉第笼"，构成了建筑屏蔽。

8. 根据权利要求 1、2 或 4 所述的用于建筑屏蔽的波形板，其特征是：所述波形模板为镀铝锌板、镀锌板、涂复板或铝板。

9. 根据权利要求 1、2 或 4 所述的用于建筑屏蔽的波形板，其特征是：所述波形模板为带有吸音孔的波形板或不带吸音孔的波形板。

2012 年 5 月 3 日 B 公司向江苏省知识产权局举报：A 公司在山东某电工电气有限公司施工现场，以及在中电装备某高压开关有限公司项目中均使用的电磁屏蔽工程技术侵犯其上述专利权，要求 B 公司停止侵权、赔偿其人民币 100 万元。

A 公司接到答辩通知书后，经咨询专业律师，在确认其使用的电磁屏蔽工程技术的确落入 B 公司上述专利的权利保护范围后，决定通过专利无效程序来应对，并积极准备，收集证据材料。

A 公司首先向江苏省知识产权局提交了答辩书和中止审理请求书。主要答辩内容如下：

（一）请求人的请求事项和事实不符

请求人的第一条举报内容涉及山东某电工电气有限公司场内施工的情况，该工程和答辩人无关。其第二条举报内容涉及中电装备某高压开关有限公司项目，答辩人未使用请求人的专利技术。

（二）请求人的专利权及其侵权请求不明确

对于请求人提供的材料，在其请求书中提到的发明创造名称为"用于建筑屏蔽的波形板及其连接结构"，而其提供的专利证书上的发明名称为"用于建筑屏蔽的波形板"，两者名称不一致，且请求人未作出说明。另外，请求人提供的专利证书的权利要求共有 9 条，也未明确以哪一条来主张其权利，因为每一条权利要求的技术特征及保护范围是不相同的，答辩人认为其侵权请求不明确

（三）答辩人目前所使用的波形板屏蔽技术是现有技术，且跟请求人的专利技术不一致

答辩人是国内从事电子工程系统领域（包括电磁屏蔽技术领域）建设工程的大型国有企业，目前所使用的波形板屏蔽技术在请求人的专利申请日前已经存在，属于现有技术，且跟请求人的专利技术不一致，具体在这一行业中的书籍、图纸、行业标准、以往施工等都会有反映。

请求人的专利权技术其实也是本行业的现有技术。

请求人要保护的所谓的专利技术在其申请日前已经存在的，属于本行业的现有技术。如其权利要求 1 提到的"其特征是包括相互屏蔽连接的波形板，所述波形板之间通过压接结构或卡接结构连接，且相邻波形板之间电气连接"，在其申请日前，各种形状的波形板早已存在（见《国家建筑标准设计图集 08J925－3》第 117 页，序号 17 的图，该项根据北方空间钢结构有限公司提供的技术资料编制）；同时，连接方式用压接或卡接也都是行内一贯使用的技术，至于电气连接，完全是屏蔽的国标要求（见 2002 年版的《电磁屏蔽室工程施工及验收规范》第 6.2.2 条提到的"在屏蔽模块板相互连接处应安装导电衬垫"），缺乏创造性。

请求人的行为完全是恶意诬陷的不正当竞争行为。

在请求人递交专利侵权行政调处申请后，立即在有答辩人参加的招投标工程中四处撒播所谓的答辩人"侵权"消息，给答辩人正常的经营活动造成了重大的负面影响，明显具有不正当竞争的商业目的。答辩人将保留通过法律途径来维护自己合法权益的权利。

与此同时，请求人（A 公司）根据我国《专利法》第四十五条及其实施细则第六十五条的规定提出无效宣告请求，认为本专利的权利要求 1—9 不具备我国《专利法》第二十二条第三款规定的创造性，于 2012 年 6 月 4 日向专利局复审委提起上述专利无效宣告请求，并提供了如下证据：

1. JP 特开 2003－97013A 日本专利说明书及中文译文，其申请日为 2001 年 9 月 15 日，公开日为 2003 年 4 月 3 日；（对比文件 1 或 D1）

2. CN2169539Y 中国专利说明书，其申请日为 1993 年 5 月 20 日，公开日为 1994 年 6 月 22 日；（对比文件 2 或 D2）

3. JP 平 1－214658A 日本专利说明书及中文译文，其申请日为 1988 年 2 月 23 日，公开日为 1989 年 8 月 29 日；（对比文件 3 或 D3）

4. CN1115092C 中国专利说明书，其申请日为 1997 年 2 月 28 日，公开日为 1999 年 1 月 27 日；（对比文件 4 或 D4）

5. CN1148656 A 中国专利说明书，其申请日为 1996 年 7 月 1 日，公开日为 1997 年 4 月 30 日；（对比文件 5 或 D5）

6.《压型钢板、夹芯板屋面及墙体建筑构造（三）》图集，其公开出版日为 2008 年 10 月；（对比文件 6 或 D6）

7.《电磁屏蔽室工程施工及验收规范》（SJ31470－2002），公开发布日为 2002 年 3 月 11 日；（对比文件 7 或 D7）

8.《电磁屏蔽室安装工程预算定额》，其公开出版日为 2008 年 3 月。（对比文件 8 或 D8）

上述第 1—8 份对比文件的公开日均早于本专利的申请日（即 2009 年 6 月 12 日），故构成本专利的现有技术，可以用于评价本专利的新颖性和创造性。

并且请求人在无效宣告请求书中结合上述八份对比文件进行了详细的技术比对。

2012 年 8 月 1 日，江苏省知识产权局作出了苏知（2012）纠字 7 号中止处理通知书。在江苏省知识产权局的调解下，B 公司撤销了对 A 公司的行政调处，A 公司也撤销对 B 公司的专利无效程序。

【点评】

1. 在专利侵权纠纷中，现有技术抗辩是常用的应对手段

我国《专利法》第二十二条规定："授予专利权的发明和实用新型，应当具备新颖性、创造性和实用性。""新颖性，是指该发明或者实用新型不属于现有技术；也没有任何单位或者个人就同样的发明或者实用新型在申请日以前向国务院专利行政部门提出过申请，并记载在申请日以后公布的专利申请文件或者公告的专利文件中。""创造性，是指与现有技术相比，该发明具有突出的实质性特点和显著的进步，该实用新型具有实质性特点和进步。""本法所称现有技术，是指申请日以前在国内外为公众所知的技术。"

依照上述法律规定，在评价专利是否具有新颖性、创造性时，都需要确认该"专利技术"对应的"现有技术"的标准；这在专利无效程序中经常涉及，比如本案在应对权利人提起的专利侵权行政调处程序中，被请求人通过检索、收集现有技术来否定专利的新颖性、创造性，进而通过无效专利的方式来应对请求人。

所谓现有技术，其时间节点是专利申请日（有优先权的，指优先权日）之前；范围是国内外，也就是世界范围；程度是为公众所知的技术，这就包含了通过公开出版物、公开使用等各种方式为不特定的人群所知

的所有技术。

另外，在专利侵权抗辩中，也会应用到现有技术的概念。我国《专利法》第六十二条规定："在专利侵权纠纷中，被控侵权人有证据证明其实施的技术或者设计属于现有技术或者现有设计的，不构成侵犯专利权。"《最高人民法院关于审理侵犯专利权纠纷案件应用法律若干问题的解释》第十四条规定："被诉落入专利权保护范围的全部技术特征，与一项现有技术方案中的相应技术特征相同或者无实质性差异的，人民法院应当认定被诉侵权人实施的技术属于《专利法》第六十二条规定的现有技术。"

因此，在专利侵权抗辩中，除了通过专利无效来应对外，被控侵权人直接引用"现有技术"抗辩也能达到不侵权抗辩的目的。

2. 本案对于企业平时在专利的申请与保护中的法律启示

首先，通常来说，发明专利由于经过实质审查，权利的稳定性高，所以一旦生产的产品落入其权利要求保护的范围，就很难处理。但也并未绝对，当企业遭遇他人提起专利侵权诉讼，特别是发明专利时，单纯和权利人妥协也并非上策，而是要找专利代理机构进行全面的技术比对，找到适当的应对方法。

其次，评价专利新颖性、创造性的现有技术不限于国内，在专利申请日之前，国内外已经存在的专利技术、非专利技术、文献资料、实物等都可以作为比对的证据。本案中 A 公司找到了 2 篇日本专利文献、3 篇中国专利文献、1 本行业图集、1 个行业国家标准、1 个行业规范，可谓证据来源多样，为专利无效程序的启动提供了充分的证据支撑。

四　现有设计抗辩的运用规则

——江苏无锡某工业设计公司诉江苏无锡某塑料制品

公司摩托车后泥板专利侵权案

【案例导读】

现有设计抗辩属于司法程序，不同于专利行政管理部门对专利申请的确权审查以及对专利无效请求的行政审查。后者只涉及一项专利申请（或已授权的涉案专利）与现有设计的比对，看两者是否构成相同或近似。而前者则往往涉及涉案专利、被控侵权专利与现有设计三者的比对，判断现有设计是否成立的步骤也更加复杂。

【案情】

原告：江苏无锡某工业设计有限公司

被告：江苏无锡某塑料制品有限公司

一审法院：江苏省无锡市中级人民法院

二审法院：江苏省高级人民法院

原告诉称：2010 年 11 月 8 日，其申请了"摩托车后泥板（地平线）"的外观设计专利，并于 2011 年 6 月 8 日获得授权，专利号为"ZL201030600074.1"。被告未经许可公开生产、销售摩托车尾罩，该产品与原告专利产品在外观形状上完全一致（见下图），且同为摩托车用产品，使消费者极易误认为是原告公司的专利产品，该产品已落入涉案专利保护范围，侵犯了原告的合法权益。为保全证明以上事实的证据，2012 年 7 月 2 日，原告申请由江苏省无锡市梁溪公证处（以下简称梁溪公证处）2 名公证员监督购买人姚某某，在位于江苏省无锡市东亭友谊路的被告公司内以单价人民币 640 元一套的价格购买了"金影"摩托车套件五套，并取得了编号为"0174659"的收据一张。

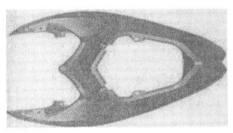
涉案专利设计主视图

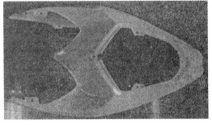
被控侵权专利设计主视图

基于以上事实，原告于 2012 年 7 月 26 日向无锡市中级人民法院起诉被告侵害其外观设计专利权，请求法院判令被告：

1. 立即停止生产、销售侵权产品，销毁成品、半成品以及配套生产模具，并在全国性媒体公开赔礼道歉。

2. 赔偿本公司经济损失 20 万元以及因调查、制止侵权行为所支付的公证费 400 元，律师费 8100 元，购买侵权产品费 640 元，查档费 92 元，共计 209232 元，并承担起诉之日起至判决给付之日止逾期付款利息。

3. 承担本案诉讼费、保全费。

被告辩称：

1. 其生产的被控侵权产品设计与涉案专利设计不同。

2. 在涉案专利申请之前，已开始被控侵权产品的模具设计、制造等工作，其享有先用权。

3. 即便被控侵权产品落入涉案专利保护范围，该产品是按照现有设计进行生产，不构成侵权。

基于以上事由，被告请求驳回原告的诉讼请求。

【审理与判决】

一审法院查明，原告于 2011 年 6 月 8 日获得国家知识产权局"摩托车后泥板（地平线）"的外观设计专利授权，专利号为"ZL201030600074.1"。专利说明书简要说明记载：（1）产品名称：摩托车后泥板（地平线）。（2）产品用途：用于摩托车上挡泥使用的配件。（3）产品的形状为设计要点。（4）产品的主视图最能表明设计要点。（5）本外观设计产品的仰视图与俯视图对称，故省略仰视图。

一审法院认为，双方的争议焦点为：第一，被控侵权产品是否落入涉案专利权保护范围？第二，涉案专利是否属于公知技术？第三，被告是否有先用权？

（一）关于被控侵权产品是否落入涉案专利权保护范围

原告提供了专利视图及公证人员购买的实物产品及图案，认为被告的产品与原告的专利保护范围一致。被告认为自己的产品与原告的专利不完全相同。

根据《最高人民法院关于审理侵犯专利权纠纷案件应用法律若干问题的解释》（以下称《专利权解释》）第十一条规定，人民法院认定外观是否相同或者近似时，应当根据授权外观设计、被诉侵权设计的设计特征，以外观设计的整体视觉效果进行综合判断。通过对被控侵权产品的设计与涉案专利的设计进行整体观察、隔离对比可以发现：被控侵权产品与涉案专利主视图均显示后泥板为前宽后窄的菱形，两侧有棱角延伸，中部类似盾牌形状的六边形，后泥板下部棱角短、尖且向内凹，其左右视图看整体类似飞翔的老鹰。被控侵权产品的孔位与涉案专利的设计虽存在不同，但属于细微差别，且正常使用过程中孔位位置不会被直接观察到。据此，一审法院认定，被控侵权产品落入涉案专利权保护范围。

（二）涉案专利是否构成公知技术

被告提交了《2009 年世界摩托车年鉴》中的"NINJA ZX－10R"摩托车的图片，用于证明被控侵权产品的设计为现有设计。

根据《专利权解释》第十四条第二款规定，被诉侵权设计与一个现有设计相同或者无实质性差异的，人民法院应当认定被诉侵权人实施的设计属于我国《专利法》第六十二条规定的现有设计。《2009 年世界摩托车年鉴》中的"NINJA ZX－10R"摩托车的图片中所能观察到的后泥板部位仅仅是其安装使用后的侧面局部图以及安装坐垫后的效果图，无法与被控侵权产品进行整体观察、比较，更无法就此作出"NINJA ZX－10R"摩托车图片中的后泥板与被控侵权设计相同或无实质性差异的结论。据此，一审法院认定现有技术的抗辩不成立。

（三）被告是否有先用权

被告提供了 2009 年 6 月 30 日至 2010 年 11 月 30 日向叶某某支付了模具费的发票，证明在原告申请专利前，被告就已经研发了模具，但并未记载所涉模具的具体产品型号。

一审法院认为，被告提交的模具费凭证仅能证明其在 2009 年 6 月 30 日至 2010 年 11 月 30 日向叶某某支付了模具费，但该凭证并未记载所涉模具的具体产品型号，不能直接证明所涉模具费就是为本案被控侵权产品所支出。因此，被告所提供的证据不足以证明其在涉案专利申请日前已经做好制造被控侵权产品的必要准备。

综上，一审法院于 2013 年 1 月 7 日作出如下判决：第一，被告立即停止制造、销售侵害"摩托车后泥板（地平线）"（专利号为"ZL201030600074.1"）的产品；第二，被告自本判决生效后十日内赔偿原告经济损失 70000 元；第三，被告自本判决生效后十日内赔偿原告为制止侵权支出的合理费用 9232 元；第四，驳回原告其他诉讼请求。

一审判决后，原被告双方均不服，向江苏省高级人民法院提起上诉。江苏高院于 2013 年 8 月 7 日作出判决，判令驳回上诉，维持原判。

【点评】

本案是一起外观设计专利权的侵权纠纷案，诉辩双方争议的焦点问题是一般专利纠纷中通常都会涉及的问题，即被控侵权产品是否落入涉案专利保护范围？涉案专利技术是否是现有公知技术？被控侵权的技术是否有先用权？本案提供给我们进一步思考的问题有：

（一）现有设计抗辩的比对方法问题

我国《专利法》第二十三条第二款规定："授予专利权的外观设计与现有设计或者现有设计特征的组合相比，应当具有明显区别。"这是现有设计抗辩的法律依据。但是，现有设计在司法实务中如何具体应用，需要我们进一步明确。

司法实务中，现有设计抗辩往往涉及涉案专利、被控侵权专利与现有设计三者的比对，判断现有设计是否成立的步骤也更加复杂。其具体认定的规则为：（1）如果被控侵权产品的设计与现有设计"相同"，则现有设计抗辩成立。（2）如果被控侵权产品的设计与现有设计"相似"，而与涉案专利技术"相同"，则应当认定被控侵权产品的设计来源于涉案专利，现有技术抗辩不成立。（3）如果被控侵权产品的设计与现有设计以及涉案专利三者均构成"相似"，则情况较为复杂。此时，应当首先比对涉案专利与现有设计，并找出两者之间的区别点（创新点），如果被控侵权产品利用了这一区别点（创新点），则应当认定现有设计抗辩不成立。

本案中，被告向法院提供了《2009年世界摩托车年鉴》中的"NINJA ZX－10R"摩托车的图片，以此证明其产品的设计属于现有设计。但经法院审查，《2009年世界摩托车年鉴》中的"NINJA ZX－10R"摩托车的图片无法与被控侵权产品进行整体观察、比较，更无法就此作出"NINJA ZX－10R"摩托车图片中的后泥板与被控侵权设计相同或无实质性差异的结论，因此无法按照上述规则（1）认定现有设计抗辩成立。而原告提供的证据（见上图）则恰好能证明其产品的设计与涉案专利相同，可以按照上述规则（2）认定现有设计抗辩不成立。

（二）在专利维权诉讼中，专利权人应当通过规范有效的方法搜集证据

在本案中，原告运用了专利法的相关规定及民事诉讼法规定的相关证

据规则，拿出国家知识产权局授予的专利号为"ZL201030600074.1的摩托车后泥板（地平线）"的外观设计专利，同时，采取了公证取证的办法，公司工作人员到被告公司内以单价人民币640元一套的价格购买了"金影"套件五套，并取得了编号为"0174659"的收据一张。随后，使用数码相机对上述商品门头进行拍摄，拍摄照片一张。购买行为结束后，在公证人员的监督下，对所购"金影"套件中的两套进行拍照，拍摄照片22张，并由公证人员对上述两套"金影"套装分别进行了封装，再对封存好的"金影"套装进行拍照，拍摄照片一张。被封存的"金影"套装及取得的票据由原告公司保管，被封装的另有一套"金影"套件被封存于公证处。在完成上述必要证据的收集工作后，原告再将被告诉至法院。

五　专利侵权诉讼及专利无效判定中的"全面覆盖原则"与"等同原则"

——栢某某、安徽省某医疗用品公司专利无效行政诉讼案

【案例导读】

我国《专利法司法解释》（现为法释（2015）4号）第十七条明确规定：《专利法》第五十九条第一款所称的"发明或者实用新型专利权的保护范围以其权利要求的内容为准，说明书及附图可以用于解释权利要求的内容"，是指专利权的保护范围应当以权利要求记载的全部技术特征所确定的范围为准，也包括与该技术特征相等同的特征所确定的范围。

上述规定也就是通常所说的"全面覆盖"原则，如果有一个技术特征不相同或者权利要求多了一个技术特征，都会造成不侵权的后果。

另外，我国《专利法》第四十五条规定：自国务院专利行政部门公告授予专利权之日起，任何单位或者个人认为该专利权的授予不符合本法有关规定的，可以请求专利复审委员会宣告该专利权无效。

【案情】

（一）专利无效口审程序

请求人：江苏无锡某医疗器械有限公司（简称"A公司"）

专利权人：栢某某、安徽省某医疗用品有限公司（简称"B公司"）

专利号：ZL200690000098. X（名称为"一次性使用的自毁式微量输入注射器"）

（二）专利无效行政诉讼一审程序

原告：栢某某、B公司

被告：国家知识产权局专利复审委员会（以下简称"专利局复审委"）

第三人：A公司

（三）专利无效行政诉讼二审程序

上诉人：栢某某、B公司

被上诉人：专利局复审委

第三人：A公司

（四）第二次专利无效口审程序

请求人：A公司

专利权人：栢某某、B公司

专利号：ZL200690000098. X（名称为"一次性使用的自毁式微量输入注射器"）

（五）案件背景

2010年初，生产医用一次性注射器的A公司发现B公司正在模仿其"一次性使用自毁式注射器"（ZL200520103771. X）的专利产品，便委托某专利代理机构调查取证。代理律师经过比对A公司专利权利要求的技术特征和B公司所生产产品的技术特征，发现尽管表面上完全一样，但是，在注射器针头部位，A公司撰写的专利独立权利要求中，多写了一个非必要技术特征，对于专利保护而言，纯属"画蛇添足"，导致无法利用手中的"专利"来维权。

经过进一步调查，发现B公司有一个实用新型专利与A公司的专利很接近，而且对方还通过PCT申请同时在多个国家申请了专利保护，构成了B公司产品的一个"核心"专利。同时，由于此类产品通常都是通过政府卫生部门招投标的形式来采购的，专利的有无也直接影响到投标的成败。因此，A公司于2010年6月向专利局复审委递交了对方那个"核心"专利的无效请求，后来经过口审开庭，专利局复审委于2011年4月宣告对方专利无效，导致B公司当年5月在国外一次双方参加的几千万美元的招投标项目中，失去了竞争力。

（六）案情介绍

权利人（B 公司）于 2006 年 11 月 13 日申请了名称为"一次性使用的自毁式微量输入注射器"的实用新型专利（为 PCT 专利），授权公告日为 2009 年 9 月 9 日，专利号为 ZL200690000098.X，该专利公告授权的权利要求如下：

1. 一种一次性使用的自毁式微量输入注射器，包括芯杆、外套、簧片、活塞、针管和护套，针管与外套前端胶黏为一体，芯杆置于外套中，芯杆上套装有一簧片，簧片含有内卡、外卡，其特征在于：芯杆的截面为圆形，芯杆的前端设有自毁凸台，活塞卡装于芯杆的自毁凸台前端，芯杆上的上被卡结构和下被卡结构均为与芯杆同轴心的由前向后依次垛叠的圆锥台阶，簧片的外卡外张卡在外套内壁上，内卡内倾卡在芯杆的对应的被卡结构的圆锥台阶的锥底，上、下被卡结构之间有一无圆锥台阶且表面光滑的区域。

2. 根据权利要求 1 所述的一次性使用的自毁式微量输入注射器，其特征在于：在无圆锥台阶且表面光滑的区域与下被卡结构交会处有一条色彩鲜明的指示线。

3. 根据权利要求 1 所述的一次性使用的自毁式微量输入注射器，其特征在于：簧片套装在与上被卡结构交会处的无圆锥台阶且表面光滑区域的芯杆上，簧片的内卡、外卡设在上被卡结构一端。

4. 根据权利要求 1 所述的一次性使用的自毁式微量输入注射器，其特征在于：活塞为橡胶活塞，橡胶活塞上至少设有两个外凸的弹性密封圈。

5. 根据权利要求 1 所述的一次性使用的自毁式微量输入注射器，其特征在于：外套内壁喷有与活塞润滑的硅化液。

请求人（A 公司）我国根据《专利法》第四十五条和《专利法实施细则》第六十五条的规定提出无效宣告请求，认为 B 公司上述专利（以下简称"本专利"）的权利要求 1 不具备专利法第 22 条第 2 款规定的新颖性，权利要求 1—5 不具备专利法第 22 条第 3 款规定的创造性，于 2010 年 6 月 18 日向专利局复审委提起专利无效宣告请求，并提供了如下证据：

1. CN2873231Y 中国专利说明书，其申请日为 2005 年 8 月 16 日，公开日为 2007 年 2 月 28 日；（对比文件 1）

2. CN100484585C 中国专利说明书，其申请日为 2005 年 4 月 5 日，公开日为 2006 年 10 月 18 日；（对比文件 2）

3. CN2787236Y 中国专利说明书，其申请日为 2005 年 3 月 17 日，公开日为 2006 年 6 月 14 日；（对比文件 3）

4. CN2185605Y 中国专利说明书，其申请日为 1994 年 4 月 8 日，公开日为 1994 年 12 月 21 日。（对比文件 4）

上述第一份对比文件的申请日早于本专利的申请日，公开日晚于本专利的申请日，故构成本专利的抵触申请，可以用于评价本专利的新颖性；第二、三、四份对比文件的公开日均早于本专利的申请日，故构成本专利的现有技术，可以用于评价本专利的新颖性和创造性。

同时，请求人在无效宣告请求书中结合上述四份对比文件进行了详细的技术比对。专利局复审委受理后，于 2010 年 12 月 8 日进行了口审，于 2011 年 4 月 8 日作出了无效宣告请求审查决定，宣告该专利权全部无效。其决定理由为：权利要求 1—5 不具备专利法规定的创造性。并且在决定要点中提道："如果一项权利要求保护的技术方案与一项现有技术相比，存在一些区别技术特征，但这些区别技术特征或者被另一份现有技术文件所公开，或者属于本领域的公知常识，则该权利所要求保护的技术方案不具备创造性。"

B 公司在收到上述决定书后，于 2011 年 7 月 1 日向北京一中院提起了行政诉讼，北京一中院于 2011 年 10 月 26 日开庭审理了该案。

B 公司诉称：其专利的权利要求 1—5 具备创造性，专利局复审委在引用对比文件 2 评价权利要求 1 认定"限回台阶 5 相当于本专利权利要求 1 中的上被卡结构，……虽然附件 2 的限回台阶只有一个单独的台阶，而权利要求 1 中的上被卡结构是依次堆叠的多个圆锥台阶，但是在能实现芯杆反复运动的结构中，簧片或止回件只能位于多个垛叠台阶的最后一个之下，……"这一认定是完全错误的，要求撤销专利局复审委的决定，并详细阐述了其理由。

专利局复审委及 A 公司认为口审决定证据充分、适用法律正确，并详细阐述了理由。

经过开庭审理，北京一中院于 2011 年 12 月判决维持专利局复审委的无效决定。B 公司后又上诉到北京市高级人民法院，经过开庭审理，北京高院于 2013 年 12 月作出终审判决：撤销北京一中院一审判决，撤销国家专利局复审委的审查决定，要求国家专利局复审委重新作出审查决定。2015 年 6 月，国家专利局复审委重新作出审查决定，还是宣告涉案专利专利权全部无效。

【点评】

（一）在判断产品是否侵犯专利权时，要准确运用"全面覆盖原则"

我国《专利法》第五十九条规定：

"发明或者实用新型专利权的保护范围以其权利要求的内容为准，说明书及附图可以用于解释权利要求的内容"。

"外观设计专利权的保护范围以表示在图片或者照片中的该产品的外观设计为准，简要说明可以用于解释图片或者照片所表示的该产品的外观设计。"

上述规定表明，在发明或者实用新型专利权侵权中，在判断是否侵权时，需要将侵权产品的技术特征与专利权权利要求的内容进行比对。但是，具体如何比对，还需要结合相关司法解释。

《最高人民法院关于修改〈最高人民法院关于审理专利纠纷案件适用法律问题的若干规定〉的决定》（第二次修正）第十七条第一款规定：

"专利法第五十九条第一款所称的'发明或者实用新型专利权的保护范围以其权利要求的内容为准，说明书及附图可以用于解释权利要求的内容'，是指专利权的保护范围应当以权利要求记载的全部技术特征所确定的范围为准，也包括与该技术特征相等同的特征所确定的范围。"

上述规定就是判定专利侵权的"全面覆盖原则"，也就是说，专利权的保护范围应当以权利要求记载的全部技术特征所确定的范围为准，如果涉嫌侵权的产品与专利权权利要求的全部技术特征比对，有的技术特征有不同且不等同，或者技术特征少于专利权权利要求记载的技术特征，就达不到技术特征的"全面覆盖"，其结果就是不侵权。

在本案中，A 公司专利权权利要求的技术特征和 B 公司生产的产品的技术特征比较，尽管表面上完全一样，但是，对于注射器针头部位，A

公司自己写的专利的独立权利要求里，多写了一个非必要技术特征，也就是 B 公司的涉嫌侵权的产品里较之专利权利要求少了一个技术特征，这样就达不到"全面覆盖"的侵权判定要求，导致 A 公司无法利用手中的"专利"来维权。

（二）在专利侵权诉讼以及专利无效宣告判定中，需要正确运用技术特征等效替换原则（或叫等同原则）

《最高人民法院关于修改〈最高人民法院关于审理专利纠纷案件适用法律问题的若干规定〉的决定》（第二次修正）第十七条第二款规定：

"等同特征，是指与所记载的技术特征以基本相同的手段，实现基本相同的功能，达到基本相同的效果，并且本领域普通技术人员在被诉侵权行为发生时无需经过创造性劳动就能够联想到的特征。"

《最高人民法院关于审理侵犯专利权纠纷案件应用法律若干问题的解释》第七条规定：

"人民法院判定被诉侵权技术方案是否落入专利权的保护范围，应当审查权利人主张的权利要求所记载的全部技术特征。"

"被诉侵权技术方案包含与权利要求记载的全部技术特征相同或者等同的技术特征的，人民法院应当认定其落入专利权的保护范围；被诉侵权技术方案的技术特征与权利要求记载的全部技术特征相比，缺少权利要求记载的一个以上的技术特征，或者有一个以上技术特征不相同也不等同的，人民法院应当认定其没有落入专利权的保护范围。"

其实在司法实践中，在对涉嫌侵权产品和维权专利的比对中，或者在专利无效程序中将本专利技术特征与对比文件的技术特征比对中，通常情况下都不会完全一样，而是部分技术特征有所区别，这时候就涉及这些有所区别的技术特征是否是等同特征的理解问题了，也就是是否存在等效替换情况。

结合到本案，在无效程序中，也用到了"等效替换"原则。

（三）企业在专利申请与专利维权活动中，要注意借助专利代理机构的专业服务

首先，一个好的专利申请离不开专利代理机构的专业服务。本案 A 公司研发了具有较好市场前景的创新产品，但是由于没有在第一时间得到相关的专业服务，专利申请书没有写好（通常是专利的权利要求的技

术特征没写好），导致好产品被人模仿了，却手握专利证书无法维权的窘境。严酷的现实警示我们，企业科技创新和专利申请不能没有专业的法律服务。

其次，在专利维权过程中，专业的法律服务能够帮助企业制定合理的诉讼策略。本案中，由于 A 公司自身专利申请的权利要求书存在缺陷，实际上在专利侵权诉讼中并无胜算，但是，专业律师经过调查分析，向 A 公司提出了新的专利维权策略：向国家知识产权局专利复审委员会提出专利无效申请来"攻击"对方的"核心"专利，从而从另一个角度以弥补自身专利权利要求书存在的缺陷，维护自身在市场竞争中的地位。对于专利无效程序，通常是在权利人提起专利侵权之诉时，侵权人基于应诉而采取的一种被动应对措施，但由于专利法规定"任何单位或者个人认为该专利权的授予不符合本法有关规定的，可以请求专利复审委员会宣告该专利权无效"，所以有时候在竞争对手之间，也可以主动运用专利无效程序以达到维护自身权益的效果。

六　当原被告双方拥有内容基本相同的专利时，被告能否使用"自有技术抗辩"予以应对

——贾某某诉无锡吴桥某建筑机械公司发明专利侵权系列案

【案例导读】

我国《专利法》第十一条明确规定：发明和实用新型专利权被授予后，除本法另有规定的以外，任何单位或者个人未经专利权人许可，都不得实施其专利，即不得为生产经营目的制造、使用、许诺销售、销售、进口其专利产品，或者使用其专利方法以及使用、许诺销售、销售、进口依照该专利方法直接获得的产品。

同时，根据专利法规定的先申请原则，只要原告先于被告提出专利申请，则应当依据原告的专利权保护范围，审查被告制造的产品主要技术特征是否完全覆盖原告的专利保护范围。（结合到本案，由于原告 A 公司的专利申请在先，且已授权，所以法院在审查时只需将 B 公司生产的产品与 A 公司的专利进行技术比对，而无须考虑 B 公司自己的专利。）

【案情】

（一）专利侵权民事诉讼一审程序

原告：贾某某

被告：江苏无锡吴桥某建筑机械有限公司（以下简称"A公司"）

一审法院：河北省石家庄市中级人民法院

（二）专利无效口审程序

、　请求人：贾某某

专利权人：崔某某（系 A 公司实际经营人）

涉案专利号：ZL201020527066.3（名称为"高速自动压浆台车"）

（三）专利侵权民事诉讼二审程序

上诉人：A公司

被上诉人：贾某某

二审法院：河北省高级人民法院

（四）专利侵权民事诉讼再审程序

申请人：A公司

被申请人：贾某某

再审法院：最高人民法院

原告诉称：其于 2008 年 7 月 8 日申请了名称为"高速搅拌压浆台车"的发明专利，公开日是 2009 年 1 月 28 日，授权公告日为 2010 年 3 月 24 日，专利号为 ZL200810022678.4，该专利公告授权的权利要求 1 的内容如下（权利要求 2—7 的内容此处省略）：

1. 高速搅拌压浆台车，其特征在于包括车架，该车架由车板和车板两侧的车轮组成，车板上有螺旋输送机构、高速搅拌机构、压浆泵和控制器，其中，高速搅拌机构处于车板一头上，其由高速搅拌筒、支柱和高速搅拌电机组成，所述压浆泵入口通过管道与高速搅拌筒连通，所述支柱有三根，三根支柱的下端固定在车板上，它们的上端均通过称重传感器与高速搅拌筒的筒底相连，高速搅拌电机处于高速搅拌筒之下，其输出轴朝上并穿入高速搅拌筒内且其端部有叶片，螺旋输送机构借助支架呈倾斜状固定在车板上，其出料口一端高于进料口一端且与高速搅拌筒的进料口连通，进料口上有送料斗，螺旋输送机构、高速搅拌电机、称重传感器和压浆泵均通过导线与控制器相连。

2009 年 9 月，原告发现位于河北的 A 公司也在生产、销售原告的专利产品。由于遇上这几年国家大力发展高铁，所以这款产品在业界市场非常好，为维护自己的合法权利，贾某某于 2011 年初向石家庄中院起诉 A 公司专利侵权，在起诉前贾某某在中铁某局下属的制梁场对 A 公司制造的设备进行了公证证据保全。

被告辩称：原告所生产的该设备是利用自己的专利技术进行制造生产的，因而不属于专利侵权。同时，A 公司提交了两份该款设备的实用新型专利证书，专利内容和贾某某申请的专利基本相同，其中一份申请日是 2008 年 8 月 3 日，授权日为 2009 年 11 月 18 日；另一份申请日是 2010 年 9 月 9 日，授权日为 2011 年 5 月 18 日；两份专利内容一样，只是前一份专利由于没有按照规定缴纳年费而终止，A 公司采取补救措施又重新申请了第二份专利。

针对 A 公司的上述自有专利技术抗辩，贾某某提出：由于 A 公司专利的申请日晚于贾某某，因此其抗辩理由不成立。与此同时，贾某某还启动了对 A 公司专利的无效口审程序，专利局复审委于 2012 年 5 月 7 日作出无效宣告决定，宣告其专利权全部无效。

而 A 公司则提出了在先使用抗辩、现有技术抗辩及专利无效抗辩等。

【审理与判决】

一审法院查明，A 公司于 2008 年 8 月 3 日申请了名称为"高速自动压浆台车"的实用新型专利，授权公告日为 2009 年 11 月 18 日，专利号为 ZL200820075877.7，该专利公告授权的权利要求 1 的内容如下：

1. 一种高速自动压浆台车，其包括车轮、车架、支腿、高速搅拌桶，其特征在于：在车架上固定有若干根环绕高速搅拌桶的角架，在高速搅拌桶上固定有若干个与角架对应的传感器支座，传感器支座与角架之间触联有称重传感器；在高速搅拌桶侧下方设有固定于车架上的低速搅拌桶；在高速搅拌桶外装设有若干个输送机，输送机上装有电机和料箱；在高速搅拌桶下方还设有水箱，水箱通过水泵和水管连通高速搅拌桶；称重传感器外接微电脑控制柜，微电脑控制柜连接电机和水泵。

2. 根据权利要求 1 所述的一种高速自动压浆台车，其特征在于：称重传感器固定在角架上。

后该专利因未及时缴纳年费而终止。A 公司于 2010 年 9 月 9 日重新向国家专利局提出专利申请，专利名称为"高速自动压浆台车"的实用新型专利，内容和之前的完全一样，授权公告日为 2011 年 5 月 18 日，专利号为 ZL201020527066.3。

石家庄市中级人民法院一审三次庭审，于 2012 年 2 月 22 日作出 A 公司侵权成立的民事判决；后 A 公司又先后向河北省高级人民法院提起上诉，向最高人民法院申请再审，最后，最高人民法院于 2012 年 12 月 18 日作出驳回 A 公司再审申请，作出确认其专利侵权成立的民事裁定。

【点评】

（一）当原被告双方拥有内容基本相同的专利时的处理方式

首先，就内容基本相同的技术（设计）授予两件以上的专利违反了专利授权的"同一性原则"，也即"禁止重复授权原则"。

我国《专利法》第九条规定："同样的发明创造只能授予一项专利权。两个以上的申请人分别就同样的发明创造申请专利的，专利权授予最先申请的人。"这就表明，理论上不应该存在两份内容相同的发明创造。但是，由于我国只对发明专利采用实质审查，而对实用新型采取的是形式审查，所以在现实中就有了同样的发明创造存在两个以上专利的可能性；况且即便是发明专利，审查员的实质审查程序也不能保证百分百检索到位，也可能因检索遗漏而导致同样的发明创造进行重复授权的可能性。在这种情况下，任何人都可以依据我国《专利法》第九条"同样的发明创造只能授予一项专利权"的规定向专利复审委提出在后申请并被授权的专利无效之请求。

其次，在专利侵权诉讼中，当原被告双方就涉案侵权产品均拥有专利时，人民法院将依据"先申请原则"确定应当保护的对象，但并不否定任何一方专利的有效性。

从实际情况看，对于相同或者类似产品，不同的发明人拥有专利权的情形有以下三种：一是不同的发明人对该产品所做出的发明创造的发明点不同，他们的技术方案之间有本质区别；二是在后的专利技术是对在先的专利技术的改进或改良，它比在先的专利技术更先进，但实施该技术，有赖于实施前一项专利技术，因而它属于从属专利；三是因实用新型专利未经实质审查，前后两项实用新型专利的技术方案相同或者等同，后一项实用新型专利属于重复授权。对此，1993年《最高人民法院关于在专利侵权诉讼中原被告双方均拥有实用新型专利权应如何处理的批复》规定："在专利侵权诉讼中，人民法院应当依据中国专利局授予的有效专利权作为法律保护的客体，审查其是否受到侵害。至于原告的专利权或者原、被告双方各自拥有的专利权是否真正符合专利性条件，应当由诉讼当事人通过撤销程序或者无效程序解决；诉讼当事人不向专利复审委员会请求撤销或宣告对方专利权无效的，人民法院应当认定诉讼当事人拥有的专利权有效。"

然而，人民法院在审理专利侵权纠纷案件时，依然会根据专利法规定的先申请原则，确定应当保护的对象。只要原告先于被告提出专利申请，就应当依据原告的专利权保护范围，审查被告制造的产品的主要技术特征是否完全覆盖原告的专利保护范围。在一般情况下，前述第一种情形由于被告发明的技术方案同原告发明的技术方案有本质的区别，故被告不构成侵权，后两种情形或者被告为了实施其从属专利而未经在先专利权人的许可，实施了在先的专利技术；或者由于前后两项实用新型专利的技术方案相同或者等同，被告对后一项重复授权专利技术的实施，均构成对原告专利权的侵犯。因此，人民法院不应当仅以被告拥有专利权为由，不进行是否构成专利侵权的分析判断即驳回原告的诉讼请求，而应当分析被告拥有专利权的具体情况以及与原告专利权的关系，从而判定是否构成侵权。

简言之，当原被告双方就涉案侵权产品均拥有专利时，只要原告专利的申请日早于被告专利申请日，在通常情况下，被告以使用自有专利技术生产的抗辩是得不到法院支持的，这也是由专利法的"以公开换保护"原则所决定的。

（二）企业在激烈的市场竞争中要学会运用有效专利巩固自身的市场地位

第一，在企业研发出新的产品时，首先要想到进行专利申请保护，并注意做好在专利申请前技术的保密工作，其次才是生产、销售、宣传等。其实，本案中A公司的第一份专利申请时间之所以仅仅晚于贾某某不到一个月，且内容基本相同，直接原因还是在于贾某某没有做好技术保密工作，其研发的新产品在申请专利之前即通过贾某某的客户泄露给了 A 公司，好在贾某某随后及时申请了专利，才免于被 A 公司获得技术信息而抢先申请，从而造成贾某某限于被动。

第二，由于我国对实用新型专利的审查是形式审查，授权相对比较容易，就会造成本案中 A 公司能够先后申请两份内容相同的专利并获得授权。当然，由于这样的专利不具备新颖性，其实是没有保护价值的，任何人均可通过专利无效程序无效掉该专利。因此，企业切不可认为自己手中持有专利即可高枕无忧，还须分析自己手中的专利是否申请在先？是否具有稳定性？是否会侵犯他人在先的专利权？

第三，本案当事人通过本次诉讼，包括后续向各使用单位发律师函（由于使用单位比较特殊，都是中铁系统内的单位，所以发函基本覆盖了主要用户群体），使权利人拥有了这一专利产品的巨大垄断市场，体现了专利法"以公开换保护"这一法律理念的经济社会意义。

七　在专利侵权诉讼中对当事人举证责任的合理分配

—— 鼎海精机无锡有限公司诉阳政精机（无锡）有限公司
实用新型专利侵权系列案

【案例导读】

本案中，除了侵权比对、赔偿数额确认等外，亮点就在于法院进行证据保全过程中当事人不配合的情况下的处理决定，具体而言，人民法院进行证据保全过程中证据持有人持有证据无正当理由拒不提供，如果对方当事人主张该证据的内容不利于证据持有人，可以推定该主张成立。也因此，本案入选 2013 年度无锡法院知识产权司法保护十大典型案例。

【案情】

（一）专利侵权民事诉讼一审程序

原告：鼎海精机无锡有限公司（简称"A 公司"）

被告：阳政精机（无锡）有限公司（简称"B 公司"）

一审法院：江苏省无锡市中级人民法院

（二）专利无效口审程序（两次）

请求人：B 公司

专利权人：A 公司

涉案专利号：ZL201120176591.X（名称为"模型烧加工设备的注浆注馅装置"）

（三）专利无效行政诉讼程序

原告：B 公司

被告：国家知识产权局专利复审委员会（简称"专利局复审委"）

第三人：A 公司

一审法院：北京市第一中级人民法院

（四）专利侵权民事诉讼二审程序

上诉人：B 公司

被上诉人：A 公司

二审法院：江苏省高级人民法院

A 公司和 B 公司都是无锡市以生产食品加工设备为主营业务的企业。

A 公司拥有一份"模型烧加工设备的注浆注馅装置"实用新型专利（以下简称"本专利"），申请日是 2011 年 5 月 30 日，授权日是 2012 年 1 月 8 日。

权利人（B 公司）于 2011 年 5 月 30 日申请了名称为"模型烧加工设备的注浆注馅装置"的实用新型专利，优先权日为 2010 年 11 月 16 日，授权公告日为 2012 年 1 月 18 日，专利号为 ZL201120176591.X，该专利公告授权的权利要求如下（权利要求 2—7 的内容此处省略）：

模型烧加工设备的注浆注馅装置，有盛料桶，其特征是：盛料桶底部是底板，底板中开有通孔，通孔中设有可转动的转动轴，转动轴的外圆面和底板通孔是密切配合，底板上有注馅管，注馅管内设有活塞，管内底板上开有压入孔，管外底板上还开有吸入孔，底板下面上开有注馅孔，转动轴上开有连通孔，所述压入孔、连通孔和注馅孔位于同一垂直线，同时，转动轴上，在未开孔的圆周面上，还开有一条长形槽，长形槽的长度是足够沟通底板上的吸入孔和压入孔。

2012 年初，A 公司发现本地的 B 公司也在生产、销售、许诺销售其专利产品。通过初步证据收集，起诉至无锡市中级人民法院。

由于侵权产品属于大型食品加工设备，位于 B 公司厂区内，因此 A 公司在起诉的同时向法院申请了证据保全。法院第一次去进行证据保全时，B 公司无正当理由拒绝法院进入；法院第二次前往时，B 公司无正当理由再次拒绝。

【审理及判决】

一审法院经审理查明，A 公司拥有涉案专利并持续有效。鉴于一审法院对 B 公司进行两次证据保全时，B 公司均无正当理由拒绝配合。因此，一审法院责成 B 公司实际负责人提交了书面的悔过书为证，被告承认共生产 A 公司专利产品两台，其中一台已经销售，另一台还在其公司内。

法院认为，因 B 公司阻挠法院证据保全，因此无法对被控侵权产品与涉案专利技术进行完整的技术比对，由此造成的后果应当由 B 公司承担。

综上，一审法院判决：B 公司侵权的行为侵犯了 A 公司的专利权。

B 公司不服，上诉至江苏省高级人民法院。经审理，二审法院判决驳回上诉、维持原判。

诉讼期间，B 公司还向国家知识产权局专利复审委员会先后提起两次专利无效请求，专利复审委先后两次均作出维持涉案专利有效的决定；后 B 公司又向北京第一中级人民法院提起行政诉讼程序，法院判决维持了专利复审委的决定。

【点评】

（一）在专利侵权中，举证责任分配的理解

我国《专利法》第六十一条规定：专利侵权纠纷涉及新产品制造方法的发明专利的，制造同样产品的单位或者个人应当提供其产品制造方法不同于专利方法的证明。

另外，我国《最高人民法院关于民事诉讼证据的若干规定》有如下规定：

第二条规定：当事人对自己提出的诉讼请求所依据的事实或者反驳对方诉讼请求所依据的事实有责任提供证据加以证明。没有证据或者证据不足以证明当事人的事实主张的，由负有举证责任的当事人承担不利后果。

第三条第二款规定：当事人因客观原因不能自行收集的证据，可申请人民法院调查收集。

第七十五条规定：有证据证明一方当事人持有证据无正当理由拒不提供，如果对方当事人主张该证据的内容不利于证据持有人，可以推定该主张成立。

从以上法律规定可知，除了新产品制造方法的发明专利外，通常还是贯彻民事诉讼法的基本法律精神，就是谁主张谁举证。但是，在专利侵权中，侵权产品往往在被告的控制下，属于"当事人因客观原因不能自行收集的证据"，这时原告就可申请人民法院调查收集。

但是，有一种比较极端的情况，就是当人民法院去被告处进行证据保全时，被告以各种理由拒绝，该保全的证据无法保全到，这时如何处理的问题。其实，从上面可知，"有证据证明一方当事人持有证据无正当理由拒不提供，如果对方当事人主张该证据的内容不利于证据持有人，可以推定该主张成立"，也就是说，如果被告无正当理由拒不提供的，法院可以推定其持有该侵权产品。本案中就出现了被告两次拒绝法院证据保全的行为，后来法院也是依据该司法解释进行判决被告承担侵权责任的。

（二）本案对于企业平时在专利的申请与保护中的法律启示

首先，企业要尊重专利等知识产权，在进行新产品的研发前，先要检索、评价他人的专利情况，看看是否会涉嫌侵权。

其次，在遇到法院来进行证据保全时，消极的阻挠、不配合是不理智的。

本章涉及的主要法律条文

《中华人民共和国专利法》（2008 年修订）

第二条："本法所称的发明创造是指发明、实用新型和外观设计。""发明，是指对产品、方法或者其改进所提出的新的技术方案。""实用新型,是指对产品的形状、构造或者其结合所提出的适于实用的新的技术方案。""外观设计,是指对产品的形状、图案或者其结合以及色彩与形状、图案的结合所作出的富有美感并适于工业应用的新设计。"

第九条:"同样的发明创造只能授予一项专利权。但是,同一申请人同日对同样的发明创造既申请实用新型专利又申请发明专利,先获得的实用新型专利权尚未终止,且申请人声明放弃该实用新型专利权的,可以授予发明专利权。""两个以上的申请人分别就同样的发明创造申请专利的,专利权授予最先申请的人。"

第十一条:"发明和实用新型专利权被授予后,除本法另有规定的以外,任何单位或者个人未经专利权人许可,都不得实施其专利,即不得为生产经营目的制造、使用、许诺销售、销售、进口其专利产品,或者使用其专利方法以及使用、许诺销售、销售、进口依照该专利方法直接获得的产品。""外观设计专利权被授予后,任何单位或者个人未经专利权人许可,都不得实施其专利,即不得为生产经营目的制造、许诺销售、销售、进口其外观设计专利产品。"

第二十二条:"授予专利权的发明和实用新型,应当具备新颖性、创造性和实用性。"

第二十三条第二款:"授予专利权的外观设计与现有设计或者现有设计特征的组合相比,应当具有明显区别。"

第五十九条:"发明或者实用新型专利权的保护范围以其权利要求的内容为准,说明书及附图可以用于解释权利要求的内容。"

第六十条:"未经专利权人许可,实施其专利,即侵犯其专利权,引起纠纷的,由当事人协商解决;不愿协商或者协商不成的,专利权人或者利害关系人可以向人民法院起诉,也可以请求管理专利工作的部门处理。管理专利工作的部门处理时,认定侵权行为成立的,可以责令侵权人立即停止侵权行为,当事人不服的,可以自收到处理通知之日起十五日内依照《中华

人民共和国行政诉讼法》向人民法院起诉；侵权人期满不起诉
又不停止侵权行为的，管理专利工作的部门可以申请人民法院
强制执行。进行处理的管理专利工作的部门应当事人的请求，
可以就侵犯专利权的赔偿数额进行调解；调解不成的，当事人
可以依照《中华人民共和国民事诉讼法》向人民法院起诉。"

第六十二条："在专利侵权纠纷中，被控侵权人有证据证明
其实施的技术或者设计属于现有技术或者现有设计的，不构成
侵犯专利权。"

第六十五条："侵犯专利权的赔偿数额按照权利人因被侵权
所受到的实际损失确定；实际损失难以确定的，可以按照侵权
人因侵权所获得的利益确定。权利人的损失或者侵权人获得的
利益难以确定的，参照该专利许可使用费的倍数合理确定。赔
偿数额还应当包括权利人为制止侵权行为所支付的合理开支。"
"权利人的损失、侵权人获得的利益和专利许可使用费均难以确
定的，人民法院可以根据专利权的类型、侵权行为的性质和情
节等因素，确定给予一万元以上一百万元以下的赔偿。"

第六十九条："有下列情形之一的，不视为侵犯专利
权：……（二）在专利申请日前已经制造相同产品、使用相同
方法或者已经作好制造、使用的必要准备，并且仅在原有范围
内继续制造、使用的……"

《最高人民法院关于民事诉讼证据的若干规定》（2002 年）

第七十五条："有证据证明一方当事人持有证据无正当理由
拒不提供，如果对方当事人主张该证据的内容不利于证据持有
人，可以推定该主张成立。"

**《最高人民法院关于修改〈最高人民法院关于审理专利纠纷
案件适用法律问题的若干规定〉的决定》（2015 年第二次修正）**

第十七条第二款："等同特征，是指与所记载的技术特征以
基本相同的手段，实现基本相同的功能，达到基本相同的效果，
并且本领域普通技术人员在被诉侵权行为发生时无需经过创造
性劳动就能够联想到的特征。"

《最高人民法院关于审理侵犯专利权纠纷案件应用法律若

干问题的解释》（2009 年）

第七条："人民法院判定被诉侵权技术方案是否落入专利权的保护范围，应当审查权利人主张的权利要求所记载的全部技术特征。"

"被诉侵权技术方案包含与权利要求记载的全部技术特征相同或者等同的技术特征的，人民法院应当认定其落入专利权的保护范围；被诉侵权技术方案的技术特征与权利要求记载的全部技术特征相比，缺少权利要求记载的一个以上的技术特征，或者有一个以上技术特征不相同也不等同的，人民法院应当认定其没有落入专利权的保护范围。"

第 十 章

商标法案例解析

一 假冒注册商标罪的构成要件及其认定

——李某某假冒他人注册商标刑事诉讼案

【案例导读】

商标是用以区别不同企业所提供的商品或者服务的标记。由于商标注册制度的出现，将商标分为注册商标和非注册商标两种。注册商标是指经过商标主管机关核准注册的商标，非注册商标又称为未注册商标，是指没有根据商标法所规定的商标注册制度进行注册的商标。根据我国《商标法》的规定，凡能够将自然人、法人或者其他组织的商品与他人的商品区别开的可视性标志，包括文字、图形、字母、数字、三维标志和颜色组合，以及上述要素的组合，均可以作为商标申请注册。我国《刑法》通过设置侵犯注册商标罪来对商标权予以保护，但是其保护的对象只限于注册商标，且只对商品商标予以保护，换言之，非注册商标和服务商标未被纳入刑事保护的范围。在具体认定假冒注册商标罪时应注意相关要件的准确把握。

【案情】

公诉机关：江苏省宜兴市人民检察院

被告人：李某某，女，个体网店店主，因本案于 2014 年 1 月 6 日被刑事拘留，于 2014 年 1 月 23 日被执行逮捕

一审法院：江苏省宜兴市人民法院

江苏宜兴某电子有限公司（以下称"商标注册人"）是第 8165739 号

注册商标"PTS"与第8144521号注册商标"普大视"的商标专用权人。其中,注册商标"PTS"核定使用商品是第九类,包括摄像机、云台(摄像机旋转设备)、特制摄影设备和器具箱,注册商标有效期为2001年1月21日至2011年1月20日。

2013年8月至11月,被告人李某某为牟取非法利益,未经商标注册人的许可,在江苏省常州市钟楼区西林街道某出租房内,指使他人在与商标注册人生产制造的同种产品——防爆摄像仪护罩(属于特制摄影设备和器具箱)上使用与注册商标PTS相同的商标,假冒成商标注册人生产制造的防爆摄像仪护罩并通过淘宝网出售给他人,销售数量达254套,非法经营数额达103320元,非法获利13000元。

2014年1月6日,被告人李某某主动向公安机关投案,并如实供述上述犯罪事实。

【审理与判决】

2014年4月22日,一审法院判决如下:(1)被告人李某某犯假冒注册商标罪,判处有期徒刑六个月,并处罚金人民币20000元;(2)被告人李某某违法所得13000元予以追缴,上缴国库。

被告人李某某未上诉,宜兴市人民检察院也没有抗诉。

【点评】

我国《刑法》第二百一十三条规定:"未经注册商标所有人许可,在同一种商品上使用与其注册商标相同的商标,情节严重的,处三年以下有期徒刑或者拘役,并处或者单处罚金;情节特别严重的,处三年以上七年以下有期徒刑,并处罚金。"该条文使用的是述明罪状的立法方式。其构成要件为:

1. 主体要件:自然人和单位,自然人为一般主体,单位参照单位犯罪的构成标准予以认定。

2. 客体要件:由于假冒注册商标罪是一种典型的法定犯罪,它在侵犯注册商标所有权人的商标权的同时破坏了国家商标管理制度,因此其侵犯客体为国家对商标的管理制度和商标权人的注册商标专用权,故该罪名被列为破坏社会主义市场经济秩序罪中。

3. 主观方面：故意，并且是直接故意，即行为人明知自己的行为会发生侵犯他人注册商标专用权的危害后果，并且希望这种结果的发生。

4. 客观方面：必须同时具备以下三点特征，第一，未经注册商标所有人许可，擅自使用他人已经注册的商标；第二，在同一种商品上使用与其注册商标相同的商标；第三，情节严重，具体情形由司法解释予以规定。

在具体理解中需要厘清以下几个问题：

（一）如何认定侵犯注册商标刑事案件的管辖权

本案中，被告人李某某居住地和户籍地均为江苏省常州市钟楼区，生产假冒行为也发生在江苏省常州市钟楼区西林街道，而江苏省宜兴市公安机关、人民检察院、人民法院是否对该案有管辖权？

根据 2011 年 1 月，最高人民法院、最高人民检察院、公安部、司法部共同颁布的《关于办理侵犯知识产权刑事案件适用法律若干问题的意见》的第一条规定："侵犯知识产权犯罪案件由犯罪地公安机关立案侦查。必要时，可以由犯罪嫌疑人居住地公安机关立案侦查。侵犯知识产权犯罪案件的犯罪地，包括侵权产品制造地、储存地、运输地、销售地，传播侵权作品、销售侵权产品的网站服务器所在地、网络接入地、网站建立者或者管理者所在地，侵权作品上传者所在地，权利人受到实际侵害的犯罪结果发生地。对有多个侵犯知识产权犯罪地的，由最初受理的公安机关或者主要犯罪地公安机关管辖。多个侵犯知识产权犯罪地的公安机关对管辖有争议的，由共同的上级公安机关指定管辖，需要提请批准逮捕、移送审查起诉、提起公诉的，由该公安机关所在地的同级人民检察院、人民法院受理。""对于不同犯罪嫌疑人、犯罪团伙跨地区实施的涉及同一批侵权产品的制造、储存、运输、销售等侵犯知识产权犯罪行为，符合并案处理要求的，有关公安机关可以一并立案侦查，需要提请批准逮捕、移送审查起诉、提起公诉的，由该公安机关所在地的同级人民检察院、人民法院受理。"

根据上述规定，江苏省常州市钟楼区是被告人李某某的住所地、户籍地、假冒行为发生地，因此对本案当然有管辖权；江苏省宜兴市是商标注册人的住所地，经分析认为：商标权权利人住所地与权利人受到实际侵害的犯罪结果发生地相一致的，或者商标权权利人住所地属于权利人受到实际侵害的犯罪结果发生地之一的，商标权人住所地的公安机关可以据此行使管辖权，宜兴市属于商标注册人受到实际侵害的犯罪结果发生地，故宜兴市公安局也有管辖权。由于被害单位宜兴市普天视电子有限公司只向宜兴市公安机关报案，因此本案最初受理的公安机关是宜兴市公安机关，随后由宜兴市人民检察院和人民法院负责审查起诉和审判。将商标权权利人受到实际侵害的犯罪结果发生地作为犯罪地，对于破除地方保护主义、维护商标权人的权益具有重要意义。

（二）如何认定被告人主观故意

从理论上讲，行为人如果确实不知道某一商标已经注册，或者根本不知道有这种商标，而使用了与该种注册商标相同的商标的，不构成犯罪。但从实际情况看，上述这种缺乏"明知"的情形几乎不可能发生，因为所有获得注册的商标都要求具有显著性，也即具有非常明显的可识别性，因此很难设想会出现"确实不知道"某一商标已获注册而又恰好使用了与其相同的商标的情况。在一般场合，只要擅自使用与他人注册商标相同商标的事实存在，就足以推定行为人主观上具备了"明知"的要素。在司法实践中，行为人也都是为了"傍名牌"，以至假冒他人的注册商标。在本案中，被告人李某某供认自己之所以生产防爆摄像仪护罩，是因为 PTS 牌的防爆摄像仪护罩比较好卖，因此认定被告人李某某是明知自己的行为会发生侵犯商标注册人注册商标专用权的危害后果，并且希望这种结果的发生。

（三）如何认定假冒注册商标的行为

1. 必须是"未经许可"的行为。已取得注册商标权人的许可而在同一种商品上使用与其注册商标相同的商标，固然不构成假冒商标罪，但这里要特别注意，在实践中一定要对注册商标的有效期进行审查，如果注册商标已超过有效期的，也不构成犯罪。我们不能将已经过期且未续展注册的商标予以刑法保护。本案中，被告人李某某未经商标注册人许可，擅自使用了其已经注册的商标。本案 PTS 注册商标有效期为 2001 年 1 月 21 日至 2011 年 1 月 20 日，而被告人李某某的假冒行为发生在 2013 年，故符合构成犯罪的要求。

2. 必须是在"同一种商品"上使用与其注册商标"相同的商标"。

首先，如何理解我国《刑法》第二百一十三条规定的"同一种商品"？

最高人民法院、最高人民检察院、公安部《关于办理侵犯知识产权刑事案件适用法律若干问题的意见》（以下称《两高一部意见》）第五条规定：名称相同的商品以及名称不同但指向同一事物的商品，可以认定为"同一种商品"。在判定是否属于"名称不同但指向同一事物的商品"时，既不能仅局限于"名称相同的商品"，但也要注意避免将商标民事侵权判定中"类似商品或者服务"的认定标准扩大适用到刑事案件领域。

具体判断时应当注意区分以下几种情形：

（1）被控侵权商品实际使用名称在《类似商品和服务区分表》中没有对应记载，但与注册商标核定使用的商品在功能、用途、主要原料、消费对象、销售渠道等方面相同或者基本相同，相关公众一般认为是同一事物的，可以认定为"同一种商品"。

（2）被控侵权商品与注册商标核定使用的商品在《类似商品和服务区分表》中有各自对应名称的，且通常情况下相关公众也不会认为两者指向同一事物的，一般不应当认定为同一种商品。

（3）在认定"同一种商品"时，应当将被控侵权商品与注册商标核定使用的商品进行对比，以确定是否属于同一种商品。注册商标所有人超出核定使用范围使用注册商标的，行为人照此在该超出核定使用范围的商品上使用相同商标的，不构成刑法规定的"在同一种商品上使用与注册商标相同的商标"。

其次，如何理解我国《刑法》第二百一十三条规定的"相同的商标"？

按照《两高司法解释（一）》第八条和《两高一部意见》第六条规定，假冒注册商标罪中"相同的商标"，是指与被假冒的注册商标完全相同，或者与被假冒的注册商标在视觉上基本无差别、足以对公众产生误导。在理解"视觉上基本无差别、足以对公众产生误导"时，应当以"商标完全相同"为判断基准，如果被控侵权商标与注册商标虽有细微差异，但构成高度近似且足以导致相关公众产生误认的，则应当认定为"相同的商标"，但要注意避免将商标民事侵权判定中"商标近似"的认定标准过度扩大适用到刑事案件领域。

具体应当注意以下几种情形：

（1）被控侵权商标与注册商标之间在图案大小、颜色深浅、笔画长短和粗细、某一笔画的具体位置等方面存在细微差别的，可以认定属于《两高一部意见》第六条第（四）项规定的"其他与注册商标在视觉上基本无差别、足以对公众产生误导"的情形，构成"相同的商标"。

（2）侵权商标表现为以前缀、后缀等形式在注册商标上添加文字、图形的，如果添加的文字、图形与注册商标共同构成完整的商业标识的，应当将该完整标识与注册商标进行对比，并根据添加的效果，判断该标识与注册商标之间是否在视觉上基本无差别、足以对公众产生误导。

（3）判断是否构成"相同的商标"，应当将被控侵权商标与权利人商标注册证中核定使用的注册商标进行对比。权利人不规范使用注册商标的，侵权商标与不规范使用的注册商标相同，但与商标注册证中核定使用的注册商标不完全相同，同时也不构成在视觉上基本无差别、足以对公众产生误导的，不应当认定为"相同的商标"。

本案中，被告人李某某在防爆摄像仪护罩（属于特制摄影设备和器具箱）上使用与注册商标 PTS 相同的商标标识（视觉上无任何差异），属于同一种商品上使用与其注册商标相同的商标。

（四）是否属于情节严重的情形

根据 2010 年 5 月颁布的《最高人民检察院、公安部关于公安机关管辖的刑事案件立案追诉标准的规定（二）》第六十九条的规定，"情节严重"分为三种情形：（1）非法经营数额在 5 万元以上或者违法所得数额在 3 万元以上的；（2）假冒两种以上注册商标，非法经营数额在 3 万元以上或者违法所得数额在 2 万元以上的；（3）其他情节严重的情形。

（五）假冒注册商标罪如何量刑

具有下列情形之一的，属于我国《刑法》第二百一十三条规定的"情节严重"，应当以假冒注册商标罪判处 3 年以下有期徒刑或者拘役，并处或者单处罚金：（1）非法经营数额在 5 万元以上或者违法所得数额在 3 万元以上的；（2）假冒两种以上注册商标，非法经营数额在 3 万元以上或者违法所得数额在 2 万元以上的；（3）其他情节严重的情形。

具有下列情形之一的，属于我国《刑法》第二百一十三条规定的"情节特别严重"，应当以假冒注册商标罪判处 3 年以上 7 年以下有期徒刑，并处罚金：（1）非法经营数额在25万元以上或者违法所得数额在15万元以上的；（2）假冒两种以上注册商标，非法经营数额在15万元以上或者违法所得数额在10元以上的；（3）其他情节特别严重的情形。

二 销售假冒注册商标的商品罪的构成要件及其认定
——马某某销售假冒他人注册商标的商品刑事诉讼案

【案例导读】

行为人假冒他人的注册商标，其目的是使自己的商品能够销售出去，从中牟取非法利益。没有销售流通环节，假冒注册商标的行为人就不可能赚钱。在实践中，一些不法经营者自己本身不生产假冒他人注册商标的商品，而是销售假冒他人注册商标的商品，使假冒注册商标的商品由其流入消费者手中。假冒注册商标罪打击的是制造环节，销售假冒注册商标的商品罪打击的是销售流通环节。销售者以低价购进假冒注册商标的商品，以高价卖出，从中获利丰厚，不仅严重侵犯了注册商标权利人的市场份额，侵害了其经济利益，而且还严重扰乱了市场经济秩序。因此，我国《刑法》将此种行为纳入调整范围。

【案情】

公诉机关：江苏省宜兴市人民检察院

被告人：马某某，男，个体工商户，住江苏省宜兴市宜城街道。因本案于2011年2月28日被刑事拘留，同年3月22日被取保候审

一审法院：江苏省宜兴市人民法院

2011年2月，马某某为牟取非法利益，明知从他人处购进的路易·威登（LOUIS VUITTON）、爱马仕（HERMERS）等品牌的皮包及钱夹均系假冒注册商标商品的情况下，仍在其经营的某精品店内予以销售。2011年2月28日，马某某在其店内向陈某销售了假冒路易·威登皮包、钱夹20套、假冒爱马仕皮包、钱夹20套等物品，销售金额人民币58000元。上述物品被公安机关当场查获。

马某某被抓获后，如实供述了自己的犯罪事实，并向陈某退还了人民币58000元。

【审理及判决】

2011 年 7 月 15 日，江苏省宜兴市人民法院作出判决如下：被告人马某某犯销售假冒注册商标的商品罪，判处有期徒刑六个月，缓刑一年，并处罚金人民币 30000 元。

判决后法定上诉期内，被告人马某某未上诉，公诉机关也没有抗诉。

【点评】

我国《刑法》第二百一十四条规定："销售明知是假冒注册商标的商品，销售金额数额较大的，处三年以下有期徒刑或者拘役，并处或者单处罚金；销售金额数额巨大的，处三年以上七年以下有期徒刑，并处罚金。"该条文使用的是述明罪状的立法方式。其构成要件为：

1. 主体要件：自然人和单位。

2. 客体要件：国家对注册商标的管理制度和注册商标权人的注册商标专用权，犯罪对象包括冒牌的商品和他人的注册商标。

3. 主观要件：故意，且为直接故意，即行为人明知是假冒注册商标的商品而予以销售。

4. 客观方面：必须同时具备以下三个特征，一是行为人必须有销售行为，这里的销售包括零售、批发、推销、代销以及为了出售而购买；二是行为人销售的必须是与注册商标所有权人的商品属于同一种商品，而且这种商品上所使用的商标与他人注册商标相同；三是销售金额必须达到数额较大。何为数额较大，司法解释有明确的规定。

（一）如何认定行为人明知是假冒注册商标的商品而予以销售

构成销售假冒注册商标的商品罪，要求行为人明知是假冒注册商标的商品而予以销售，在司法实践中，行为人往往不会直接承认知道销售的商品是假冒注册商标的商品，需要推定其属于"明知"。2004 年最高人民法院、最高人民检察院颁布的《关于办理侵犯知识产权刑事案件具体应用法律若干问题的解释》第九条第二款规定：具有下列情形之一的，应当认定为属于《刑法》第二百一十四条规定的"明知"：（1）知道自己销售的商品上的注册商标被涂改、调换或者覆盖的；（2）因销售假冒注册商标的商品受到过行政处罚或者承担过民事责任、又销售同一种假冒注册商标的商品的；（3）伪造、涂改商标注册人授权文件或者知道该文件被伪造、涂改的；（4）其他知道或者应当知道是假冒注册商标的商品的情形。

在司法实践中，除了上述司法解释的规定外，分析判断这种"明知"应当主要综合分析以下四点：（1）买卖、交接商品的方式、时间、地点。如果使用非正常的方式，在隐蔽的时间、地点交易，行为人就可能属于明知是假冒注册商标的商品而购进或者卖出。（2）买卖双方的成交价格。如果成交价格明显低于市场价格，就能认定行为人为"明知"。（3）进货渠道是否正当，卖方有无正当手续。如果进货渠道、购买手续不正当，可以推定行为人已经预见到购进的是假冒注册商标的商品。（4）行为人对该种商品的认知程度。如果行为人的认知水平比较高，能够分辨出真假，一般应当认定其"明知"，这就要求从行为人的年龄、职业、社会经验等方面来确定。总之，在办理具体案件时，如果行为人不直接承认明知是假冒注册商标的商品，则需要对案件全部事实、对行为人的心理状态综合分析判断。

在本案中，由于被告人马某某被抓获后，随即交代了自己是明知为假冒的路易·威登、爱马仕等品牌的皮包及钱夹，而在自己店内销售的事实，因此认定其主观上明知是假冒注册商标的商品而予以销售较为容易。

（二）行为人自己生产制造假冒注册商标的商品然后予以销售的行为如何定性

行为人生产制造假冒注册商标的商品后，往往要通过销售才能获利，一般不存在自己假冒生产制造注册商标的商品然后自己使用的情形。假冒注册商标罪不仅打击生产制造行为，还打击将自己假冒生产制造的商品予以销售的行为，行为人自己假冒生产制造注册商标的商品然后予以销售的行为只构成假冒注册商标罪，其销售行为被假冒行为所吸收。

因此，销售假冒注册商标的商品罪中所指的"商品"，必须是他人所生产制造的，而非销售者自己所生产制造的商品。

（三）销售假冒注册商标的商品罪与"以次充好"型的销售伪劣产品罪的界限

"以次充好"是指以低等级、低档次产品冒充高等级、高档次产品，或者以残次品、废旧零配件组合、拼装后冒充正品或者新品的行为。以往司法实践中，假冒注册商标的商品通常属于伪劣产品，由于行为人仅实施了一个销售行为，同时触犯了销售假冒注册商标的商品罪和销售伪劣产品罪，按照想象竞合犯从一重罪处断的原则，应当按照较重的罪来处理。但是，上述处理思路及理由仍值得商榷。在现实生活中，一些人青睐名牌，但是受自身经济条件的限制，往往是"知假买假"，故意购买知名的假名牌商品，例如常见的 A 货盛行就是典型。在本案中，路易·威登、爱马仕是世界知名的奢侈品牌，20 套正品路易·威登皮包、钱夹，20 套正品爱马仕皮包、钱夹等物品合计价款远远不止人民币 5.8 万元，购买者也对此心知肚明。而我国《刑法》设置惩治生产、销售伪劣产品罪的系列犯罪，主要是为了保护消费者的商品消费权益，避免消费者因商品消费而遭受人身健康乃至生命、财产的严重损害。本案中以低价销售假冒名牌的行为，对消费者权益的侵害是隐形的（主要是侵害了公民的健康消费观念），其显著的社会危害性是侵害了注册商标权利人的知识产权，进而危害公平竞争的市场经济秩序。冒牌的服装、箱包、皮带等物品的基本功用是实际存在的，许多消费者故意购买这些假名牌，反而会感到物有所值和虚荣心的满足。对于上述低价销售假冒名牌的行为，认定销售假冒注册商标的商品罪，更加符合此类危害行为的本质属性。因此，本案马某某的行为以销售假冒注册商标的商品罪论处。

当然，此种界定方法只是适用于一般的商品，而不适用于特殊的商品，也就是只适用同时触犯了销售假冒注册商标的商品罪和"以次充好"型销售伪劣产品罪。例如，行为人销售假药，构成销售假药罪，该行为还侵害了正规药厂的商标权，此时只能按照"从一重罪论处"的原则来处理。

（四）销售假冒注册商标的商品罪的既遂和未遂的界定

对销售假冒注册商标的商品罪的既遂和未遂，根据交易形式的不同，分为两种：

1. 非网络交易平台的交易。（1）销售假冒注册商标的商品罪的案件中，犯罪嫌疑人与购买方虽已谈妥交易价格，但购买方尚未付款，假冒注册商标的商品在仓储或运输过程中被执法机关查获，导致未能交付购买方，应认定为未遂。（2）购买方已经支付全部或部分价款，假冒注册商标的商品在仓储或运输过程中被执法机关查获，导致未能交付购买方，应认定为既遂。(3)假冒注册商标的商品已经交付购买方，但价款尚未支付或仅部分支付，应认定为既遂。

2. 网络交易平台的交易。借助网络交易平台（如淘宝网）等互联网形式实施的销售假冒注册商标的商品行为，可以结合网络交易平台交易记录、第三方支付平台（如支付宝）记录、相关银行资金往来记录、相关物流快递记录或代收款记录、行为人记载的原始交易记录、部分买家证词及该支付宝为专用账户的犯罪嫌疑人、被告人的供述等证据综合予以认定。以淘宝网购物为例，只要购买者签收了商品（不是收到商品，因为在收到商品时认为有问题的，淘宝买家可以拒绝签收），即构成既遂。

（五）销售假冒注册商标的商品罪的定罪、量刑标准

根据 2010 年 5 月最高人民检察院和公安部颁布的《关于公安机关管辖的刑事案件立案追诉标准的规定（二）》，销售明知是假冒注册商标的商品，涉嫌下列情形之一的，应予立案追诉：（1）销售金额在 5 万元以上的；（2）尚未销售，货值金额在 15 万元以上的；（3）销售金额不满 5 万元，但已销售金额与尚未销售的货值金额合计在 15 万元以上的。"销售金额"，是指销售假冒注册商标的商品后所得和应得的全部违法收入。

根据 2004 年 12 月，最高人民法院和最高人民检察院颁布的《关于办理侵犯知识产权刑事案件具体应用法律若干问题的解释》（以下简称《解释（二）》）第二条，销售明知是假冒注册商标的商品，销售金额在 5 万元以上的，属于我国《刑法》第二百一十四条规定的"数额较大"，应当以销售假冒注册商标的商品罪判处 3 年以下有期徒刑或者拘役，并处或者单处罚金。销售金额在 25 万元以上的，属于我国《刑法》第二百一十四条规定的"数额巨大"，应当以销售假冒注册商标的商品罪判处 3 年以上七年以下有期徒刑，并处罚金。

需要注意的是，在 2007 年 4 月 5 日《解释（二）》颁布之前，单位实施我国《刑法》第二百一十三条至第二百一十九条规定的行为，按照个人犯罪的定罪量刑标准的三倍定罪量刑；《解释（二）》颁布之后，发生的第二百一十三条至第二百一十九条规定的犯罪，在定罪量刑上不区分单位犯罪与个人犯罪，这也是刑法中"从旧兼从轻"原则的体现。

（六）销售假冒注册商标的商品罪案件中尚未销售或者部分销售的情

形如何定罪量刑

销售明知是假冒注册商标的商品，具有下列情形之一的，依照我国《刑法》第二百一十四条的规定，以销售假冒注册商标的商品罪（未遂）定罪处罚：

1. 假冒注册商标的商品尚未销售，货值金额在 15 万元以上的；

2. 假冒注册商标的商品部分销售，已销售金额不满 5 万元，但与尚未销售的假冒注册商标的商品的货值金额合计在 15 万元以上的。

假冒注册商标的商品尚未销售，货值金额分别达到 15 万元以上不满 25 万元、25 万元以上的，分别依照我国《刑法》第二百一十四条规定的各法定刑幅度定罪处罚。

销售金额和未销售货值金额分别达到不同的法定刑幅度或者均达到同一法定刑幅度的，在处罚较重的法定刑或者同一法定刑幅度内酌情从重处罚。

三　判断商标近似应体现商标权保护强度与知名度、显著性相适应的比例原则

——重庆馋味食品开发有限公司诉沈某某

【案例导读】

商标权保护应贯彻保护强度与知名度、显著性相适应的比例原则。在判断被请求保护的商标与被控侵权商标是否构成近似时，如果被请求保护的商标的显著识别性较低，且不能证明具有一定知名度，则在与被控侵权商标存在一定区别的情况下，应当判定为不近似。

【案情】

原告：重庆馋味食品开发有限公司

被告：沈某某，江苏无锡某烤鸭店经营者

一审法院：江苏省无锡市中级人民法院

原告诉称：其享有第 1956023 号"馋嘴"商标、第 3361648 号"馋嘴"商标，核定使用范围分别为第 42 类、第 43 类商品。2014 年原告在网上发现无锡市有数家商户使用并销售以"馋嘴"商标为前缀的鸭产品，

上述商户均为被告的加盟商。被告以馋嘴鸭名义大肆宣传，开设网站，并以每家最低 3 万元的加盟费招纳加盟商。至原告起诉时止，被告的加盟商已达 35 家，范围基本覆盖无锡市区。被告的行为已严重侵犯原告的商标权，给原告的经济、商业信誉及企业形象均带来严重损害。

基于以上理由，原告将被告诉至法院，请求依法判令被告：（1）立即停止侵犯原告"馋嘴"商标权的行为；（2）赔偿原告经济损失 36 万元；（3）支付原告公证费 2150 元，查档费 50 元；（4）承担本案诉讼费用。

被告辩称：

1. 其没有实施侵害原告商标权的行为，其使用的是自己的注册商标且使用在先。自 2000 年起，被告多次以"馋嘴鸭""沈氏馋嘴鸭""被告馋嘴鸭"作为商标申请注册，实际经营中也使用已经注册的"馋嘴鸭"作为商标对外宣传，没有使用原告的"馋嘴"商标。

2. 原、被告各自注册的商标区别明显，烤鸭店门头和宣传牌匾都是将注册商标"馋嘴鸭""大纵湖鸭"和被告头像等共同使用，并未将"馋嘴"两字按照原告的"馋嘴"商标图案进行仿冒并和其他组合割裂开来单独突出使用，因此不存在误导他人的情形存在。

3. 原告请求赔偿损失 36 万元没有任何法律依据。

4. 原告请求的公证费、查档费是其自行支出，应由其自行承担。

综上，请求法院驳回原告的诉讼请求。

【审理及判决】

一审法院经审理认为，被告未侵犯原告第 1956023 号"馋嘴"、第 3361648 号"馋嘴 CHAN ZUI Haloid Food"注册商标专用权。理由是：

根据我国 2014 年《商标法》第五十七条第（二）项的规定，未经商标注册人的许可，在同一种商品上使用与其注册商标近似的商标，或者在类似商品上使用与其注册商标相同或者近似的商标，容易导致混淆的，属于侵犯注册商标专用权的行为。商标法有关商品商标的规定，同样适用于服务商标。根据《最高人民法院关于审理商标民事纠纷案件适用法律若干问题的解释》第九条第二款的规定，商标近似是指被控侵权的商标与原告的注册商标相比较，其文字的字形、读音、含义或者图形的构图及颜色，或者其各要素组合后的整体结构相似，或者其立体形状、颜色组合近似，易使相关公众对商品的来源产生误认或者认为其来源与原告注册商标的商品有特定的联系。本案中，原告注册的是"馋嘴"商标，被告在经营和许可加盟中使用的是"馋嘴鸭"标识。原告认为两者在文字上虽有差异，但容易使消费者造成混淆，是近似商标。但是，"馋嘴"商标的主体部分为中文汉字"馋嘴"，"馋嘴"是用于形容好吃、嘴馋的通用词汇，并非原告独创的词语，就商标而言，"馋嘴"并不具有显著识别性，且原告无证据证明其享有一定知名度。"馋嘴鸭"与"馋嘴"有一字之差，视觉、听觉上并不相同也不相近，而且原告的两个"馋嘴"商标均注册于餐厅、饭店等提供食品服务的领域，并未在鸭产品或类似商品上获得注册，被告虽然将"馋嘴鸭"作为服务标识用于烤鸭店招牌并许可他人加盟，但该"馋嘴鸭"标识更重要的功能是区分于其他鸭产品，其服务商标与商品紧密联系。被告将"馋嘴鸭"与其本人头像、大纵湖鸭商标及其他文字标识共同使用于招牌上，并不会使消费者将其馋嘴鸭店与原告开设的"馋嘴"系列加盟店产生混淆或误认，故"馋嘴"与"馋嘴鸭"不构成近似。

原告认为"馋嘴"具有一定知名度，"馋嘴鸭"与"馋嘴"会造成相关公众的混淆，未有证据加以证明，不予支持。理由如下：

1. 原告虽然注册了两个"馋嘴"商标于餐厅、饭店等上，但在实际经营中以"馋嘴鸭""馋味鸭""馋味烤鸭""馋味特色熟食"等形式进行连锁加盟，多种商标的注册虽然保证了其商标专用权范围的扩大，但也由于分散经营而使各单独商标的知名度无法增强。

2. 原告虽然提供了其加盟店的相关信息及维权宣传报道以证明其知名度，但从加盟店的相关材料来看，只能证明其在我国部分地区开设了加盟店，并不包括江苏省，而且其以不同商标进行许可加盟，在网页"样店展示"中也是以"馋味"为主，"馋嘴"商标并不突出；从所谓维权宣传报道来看，报道区域有限，且均涉及馋嘴鸭产品而非"馋嘴"商标，故涉案两个"馋嘴"商标在江苏省范围内并未产生知名度。

3. 从原告、被告申请注册的相关商标来看，"馋嘴鸭"均未能在鸭产品或类似商品、服务上获得注册，主要原因在于"馋嘴鸭"已被普遍认知为一种鸭产品的通用名称。虽然被告并无证据证明其在先使用，但从其屡次试图注册"馋嘴鸭"及含有"馋嘴鸭"的商标以及将"馋嘴鸭"与个人头像、其他文字标识共同使用于门头招牌并许可他人加盟来看，其主观上并无攀附"馋嘴"商标的故意。并且原告的加盟店中亦有将"馋嘴鸭"作为门头招牌，与被告许可加盟的门头招牌完全不同，客观上也不可能造成混淆和误认。

综上，一审法院依照我国 2014 年《商标法》第五十七条第（二）项、《最高人民法院关于审理商标民事纠纷案件适用法律若干问题的解释》第九条第二款、第十条、《最高人民法院关于民事诉讼证据的若干规定》第二条、《民事诉讼法》第一百四十二条的规定，判决驳回原告的诉讼请求。

宣判后，原告、被告均未提出上诉。

【点评】

此案本是一起普通的请求商标专用权保护的纠纷，但因被请求保护商标并不具备显著性和知名度，法院适用商标权保护的比例原则，在剖析被控侵权商标与之存在差异且使用不会造成相关公众混淆和误认的情况下，判定两商标不构成近似，驳回商标权利人的诉讼请求，激励了善意经营者的诚信经营，维护了公平竞争的市场秩序。

（一）判断商标近似的标准

《最高人民法院关于审理商标民事纠纷案件适用法律若干问题的解释》（以下简称《商标法解释》）第九条第二款规定，商标近似，是指被控侵权的商标与原告的注册商标相比较，其文字的字形、读音、含义或者图形的构图及颜色，或者其各要素组合后的整体结构相似，或者其立体形状、颜色组合近似，易使相关公众对商品的来源产生误认或者认为其来源与原告注册商标的商品有特定联系。也即，我国商标法上的近似，采用混淆近似标准，将混淆可能性作为商标近似的判定要件。实践中，判断商标近似因而具备两个标准，一是从商标本身的构成要素来客观判断是否近似；二是从商标使用后是否会造成误认和联想来主观判断是否近似。笔者以为，判断客观近似，考虑被请求保护商标的显著性比重较大；判断混淆性相似，则考虑被请求保护商标的知名度比重较大。当然，判断是否构成商标法上的近似是一个综合全面认定的过程。

一般而言，法院判定商标是否构成近似有四种状态：一是商标本身客观近似即认定商标近似。这种情况多发生在产生争议的两商标均不具有知名度，同时使用在相同或类似商品上，势必会造成消费者混淆和误认。二是商标本身客观不近似，即认定不构成商标法上的近似。这种情况也多发生在均不具有知名度的争议商标之间。三是商标本身客观近似，但认定不构成商标法上的近似。这种情况多发生在两争议商标都具有相当高的知名度，相关公众容易区分，不会造成混淆。最典型的例子就是法国鳄鱼和新加坡鳄鱼商标，虽然客观上近似，但因两鳄鱼商标在长期共存经营中都具有较高的知名度，相关公众会根据鳄鱼头的朝向来判断商标归属，并不会造成混淆。四是商标本身客观不近似，但认定构成商标法上的近似。这种情况多发生于在先商标具有相当知名度，争议两商标如果同时使用于相同或类似商品，容易使相关公众产生联想而认为两者来源具有特定联系。如"长城"与"嘉峪长城"商标，"长城"商标经过长期使用产生了很高的知名度，而"嘉峪长城"显著性和知名度显然低于"长城"，相关公众很容易将此两商标联系起来，产生误认和联想。

（二）商标权保护应体现保护强度与显著性、知名度相适应的比例原则

比例原则（proportionality）的产生最早可以追溯至 1215 年英国的"自由大宪章"中关于犯罪与处罚应具有衡平性的规定，即人民不得因轻罪而受到重罚[1]，现代渊源则始于 19 世纪末普鲁士最高行政法院在警察法领域的司法判决[2]，后发展为行政法的基本原则，也几乎成为大陆法系法律制度的基本原则之一。在 WTO《与贸易有关的知识产权协定》中比例原则也有直接体现。比例原则包含适当性、必要性、均衡性三个子原则。最高人民法院知识产权庭宋晓明庭长在谈及新形势下知识产权司法保护的政策导向时，亦指出要更加深入贯彻知识产权保护的比例原则，

---

① 余凌云：《行政自由裁量论》，中国人民公安大学出版社 2005 年版。

② Jurgen Schwarze, *European Administrative Law* Luxembourg: Office for Official Publications of the European Communities, Sweet and Maxwell, 1992.

并明确知识产权保护的比例原则主要是指，根据适当性原则和均衡性原则的要求，基于知识产权保护激励创新的目的，知识产权的保护范围和强度与特定知识产权的创新和贡献程度相适应。①

　　论及商标权保护，因商标是识别和区分商品、服务来源的标记，商标权保护的根本宗旨就是防止相关公众混淆，保护商标上所承载的商誉。因此商标权保护的强度必须与商标本身是否足够显著和知名到必然导致相关公众混淆相适应。我国《商标法》规定的构成商标侵权的情形之一是商标近似加相关公众混淆，而《商标法解释》对近似的判断亦将是否构成相关公众误认和联想作为标准之一。因此，商标权侵权判断中，是否构成相关公众混淆成为关键，其和商标本身的客观近似在实际判断中互为因果。因为会混淆所以近似，因为近似所以会混淆，似乎成为法官认定侵权绕不开的逻辑关系。然而，无论近似还是混淆的判断都属法官自由裁量的范畴，在裁量过程中应该考虑哪些因素，应该如何考虑这些因素，使比例原则具备了适用的前提。本案争议两商标均为文字商标。对于文字商标而言，其构成要素比较单一，就是一个或数个汉字或词语的组合，客观判断主要考虑文字的读音和字形，兼顾文字的含义。在文字部分存在差异但又不明显的情况下，商标本身的显著性显得尤为重要。"馋嘴鸭"与"馋嘴"系一字之差，且完全包含了原告"馋嘴"商标的全部文字，客观上两个词汇是否近似，可能见仁见智。但如果综合考虑"馋嘴"商标的显著性，则结论应该比较明显。"馋嘴"系用于形容好吃、嘴馋的通用词汇，而非臆造词汇，并不具有显著识别性。任何制造、销售食品的商家都可能选择使用"馋嘴"标识进行宣传，且鸭是通用产品名称，因此"馋嘴"与"馋嘴鸭"不宜认定客观近似。同时，是否会构成混淆还必须考虑其知名度。原告虽在餐厅等类别上获得"馋嘴"服务商标，但其在连锁经营中并未统一使用"馋嘴"标识，而是由于注册商标较多，品牌的分散经营使各单独商标的知名度无法增强。另外，商标知名度与其宣传范围密切相关。原告并未在江苏省开设加盟店，即使其商标在原告当地具有知名度，对于江苏省的消费

---

　　① 宋晓明：《当前我国知识产权司法保护的政策导向与着力点》，《人民司法》（应用）2015 年第 13 期。

者而言，其并未广泛知晓该商标，而"馋嘴鸭"通过在本地区的持续使用，也形成了自己独立的消费群体，相关公众对于两个商标不易发生混淆和误认。

其实，比例原则的重心是寻求目的与手段之间的均衡，而在商标侵权判断中贯彻比例原则，就必须对商标近似判断过程中的具体考量因素如商标显著性和知名度等进行充分论证，以确保法官在行使自由裁量权时，能真正在权利人的保护与促进产业发展和社会公共利益之间实现均衡。

四 大型企业要不要跟小微型企业较真

——王某某、贾某、李某某等侵犯"中国石油"驰名商标纠纷案

【案例导读】

本案主要涉及的是商标法的相关法律规定及理论，特别是涉及驰名商标的法律保护问题。商标是区别商品或服务来源的标记。驰名商标一词，最早见于《保护工业产权巴黎公约》，指在广大公众中享有较高声誉，有较高知名度的商标。对于驰名商标，一般从四个方面理解其含义。一是"驰名"的商标，具有较高的知名度，为相关公众所知悉；二是其知名度并不是绝对的，并不要求所有公众，通常以"相关公众"为限；三是并不是商标分类中的一类，所表明的只是一种事实状态；四是驰名商标并不一定是注册商标。对于驰名商标，由于其潜在的价值或利益更大，法律更加大了保护的力度。商标权是商标所有人依法对商标所享有的专有使用权。我国法律只保护注册商标的专用权。商标一经注册，商标权人对其注册的商标就取得了商标权，包括使用权和禁止权。当然，对驰名商标，一旦认定，不管有无注册，都应得到保护。使用权即商标权人对其注册商标享有充分支配权和完全使用的权利，可以在其注册商标所核定的商品上独自使用该商标，并取得合法利益，也可以根据自己的意愿将注册商标转让给他人或许可他人使用，取得转让费或使用费。禁止权即商标权人禁止他人未经其同意或许可不得擅自使用其注册商标。他人未经权利人同意在自己生产的产品上使用注册商标的专用权的，必然造成误导消费者，抢夺商标专用权人的市场份额，给商标专用权人带

来经济损失，给消费者的权利也带来损害，所以是商标侵权行为。

【案情】

原告：中国石油天然气股份有限公司江苏销售分公司，负责人王某军，该公司经理

被告：王某某，女，江苏省连云港市灌云县 A 加油点业主

被告：贾某，女，江苏省连云港市灌云县 B 加油点业主

被告：李某某，男，江苏省连云港市灌云县 C 加油点业主

一审法院：江苏省连云港市中级人民法院

2011 年 3 月 12 日，连云港市灌云工商局在执法检查中发现：

1. 被告王某某在未经"中国石油"注册商标（商标注册号：4360587、4965892）持有人中国石油天然气集团公司及中国石油天然气股份有限公司（以下简称"中国石油"商标持有人）授权或许可使用的情况下，从 2011 年 1 月起，在 A 加油点使用"中国石油"图形及文字商标，从事汽、柴油销售经营活动，有现场检查笔录、现场拍摄的照片，证明当事人现场正在使用"中国石油"图形及文字商标并从事汽、柴油销售经营活动的基本事实。但由于没有建立合账，无法计算违法经营额，被工商局罚款 18000 元人民币。

2. 贾某从 2010 年 10 月起，未经注册商标权人同意，在 B 加油点使用"中国石油"文字商标，从事汽、柴油销售经营活动。被工商局罚款 18000 元人民币。

3. 李某某从 2011 年 12 月起，在 C 加油点使用"中国石油"文字商标，从事汽、柴油销售经营活动，被工商局罚款 18000 元人民币。

2012 年 5 月 10 日，原告中国石油天然气股份有限公司江苏销售分公司向连云港市中级人民法院起诉，要求上述三被告：立即停止使用"中国石油"驰名商标的行为；分别赔偿原告经济损失及原告为制止侵权行为所支出的合理费用合计 5 万元；承担本案的诉讼费用。

三被告辩称：自己是小型加油站点，赢利非常微薄，且已被行政处罚，不应再承担赔偿责任。

【审理及判决】

一审法院查明，中国石油天然气股份有限公司经国家工商行政管理总局商标局核准注册了"中国石油、Petrochina"商标和宝石花图形作为企业注册商标，核定服务项目第 37 类。中国石油天然气股份有限公司是我国石油化工业的一家大型国有化工品贸易企业，多次被美国《财富》杂志评为全球 500 强企业之一。上述商标在全国拥有极高的知名度。应当认定是驰名商标。王某某、贾某、李某某在未经"中国石油"注册商标持有人同意的情况下，分别于 2011 年 1 月、2010 年 10 月、2011 年 12 月，在各自经营的加油站的雨棚、宣传牌及灯箱等多处使用原告总公司持有的"中国石油"商标，从事汽、柴油销售经营活动，分别被工商局罚款 18000 元人民币。

一审法院认为，三被告未经商标权人同意，在各自经营场所使用"中国石油"图形及文字商标，给广大消费者造成了严重的误导，是侵犯原告驰名商标专用权的行为。被告虽然已被行政处罚，但行政处罚不能代替侵权民事责任的承担。然而，考虑到被告侵权系因法律意识特别是商标专用权保护的意识较差造成，且被行政处罚后已经不再使用"中国石油"商标，三被告的赢利也较小等情况，经组织调解，原被告双方达成调解协议，三被告各赔偿原告人民币 4 万元，保证以后不再侵犯原告的商标专用权。

【点评】

本案是一起大型国企积极维护自身驰名商标的案件，它给我们以下启示：

（一）商标权利人尤其是驰名商标权利人应积极维权、主动维权

我国市场经济的历史较短，公平竞争和知识产权保护意识不强，因此，在现实生活中，我们经常看到，一些经营者在公开场合假冒他人的注册商标甚至驰名商标，而且产品价格比品牌价格标的低很多，而部分消费者为了满足自己的虚荣心，明知是假冒品牌依然购买。这种现象在一些电子商务平台更为常见。面对注册商标被侵害的现实，有的商标持有人对其权利的保护关注不够，要么不能及时发现侵权，要么因取证困

难而怠于起诉维权，制止侵权行为不力，甚至有的驰名商标持有人认为自己的产品是正牌货，皇帝的女儿不愁嫁，没必要跟小商小贩去诉讼。而这样做的结果只会给品牌产品带来负面影响，也影响了品牌产品在人们心目中的形象。这样的认知忽略了这一事实：在当前产业升级转型时期，一个企业的自主知识产权和商业品牌已经替代资本成为其核心竞争力和战略性资产，如果任由自己辛辛苦苦创立起来的商业信誉和品牌被他人侵害（包括假冒、淡化乃至丑化），企业的未来发展必然面临诸多不利局面，甚至出现严重危机，即使是大型国有企业也不能幸免。本案中，中国石油公司作为龙头老大，面对几个小型民营企业的商标侵权行为，深知"千里之堤，毁于蚁穴"的道理，本着维护驰名商标的权威，维护商标持有人合法权利的态度，更本着对消费者负责的态度主动积极维权。也许，每个市场主体都学会"为权利而斗争"，这个市场才会更加公平有序。

（二）市场主体的商标权保护意识有待提高

本案被告是三家个体经营者，试图通过经营获取更多利益是正常的，但他们想通过冒用"中国石油"的品牌获得更大利益，根本原因还是缺乏注册商标专用权的保护意识。给予行政处罚，给予一定的民事赔偿的责任，也是给缺乏商标保护意识的企业的一个告诫。我国《商标法》修改后，对注册商标专用权的保护力度得到进一步加强，每一个市场的参与者都要意识到：侵权是要付出代价的，必须要学会充分尊重他人的商标专用权和其他知识产权。

五　搜索引擎竞价排名服务中商标侵权行为的认定

——上海某生态科技公司诉无锡某建筑科技公司
利用搜索引擎的竞价排名侵犯其商标专用权纠纷案

【案例导读】

竞价排名是搜索引擎网站以网页为媒介，为客户提供收费的宣传和推广服务。当事人未经许可将他人的注册商标、企业名称、特有的商品或服务名称设置为搜索关键词，并向搜索引擎网站购买、使用竞价排名服务，将能够链接至其自身企业网站的搜索条目在搜索结果页面上置顶的行为。上述行为虽未直接使用他人注册商标进行产品宣传，但如果客观上已利用该注册商标进行了自身同类产品的广告宣传，攀附了他人注册商标的商誉，构成侵犯他人注册商标专用权。

【案情】

原告：上海某生态科技有限公司

被告：江苏省无锡某建筑科技有限公司

一审法院：江苏省无锡市中级人民法院

原告诉称：其于 2006 年 4 月 3 日申请注册了"梅思泰克"商标，2009 年 5 月 14 日经核准注册，是该商标的专用权人，核定使用的商品包括空气防臭装置、空气调节装置、空气消毒器等。被告在没有征得原告许可的情况下，使用"梅思泰克"作为其销售的同类产品的品名，并且在广为使用的搜索引擎"百度"上，利用赞助商链接将该产品作为"梅思泰克"置顶的搜索结果。原告认为被告的行为会对使用"百度"搜索引擎寻找"梅思泰克"信息的消费者产生误导，使其错误地认为被告所经营的"梅思泰克"系列产品与原告已注册商标的核定商品是完全一致的。鉴于原被告之间无任何形式的合作关系，这一误导损害了原告的经济利益以及商标、商号信誉，侵犯了原告"梅思泰克"的商标专用权。故提起诉讼，请求法院依法判令被告：（1）立即停止侵权行为；（2）赔偿原告经济损失 1 元；（3）向原告支付为制止被告侵权而支出的合理费用 10000 元；（4）承担本案诉讼费用。

被告辩称：其自成立以来所有销售的产品均使用"安固斯"作为品名，从未使用"梅思泰克"作为品名，也从未经营过"梅思泰克"系列产品，经"梅思泰克"关键词搜索出来的链接，点击进去后，出现的被告的官方网站主页中也没有任何一个页面存在"梅思泰克"的文字、图标等内容，不会给消费者造成误导，更不会损害到原告的经济利益和商号信誉。被告在"百度"上搜索关键词是正常的商业手法，得到了"百度"网站的同意，并且搜索词是每个用户可以自由选择设置的，而显示出的结果位置及方式是由"百度"决定的，搜索结果带不带"梅思泰克"的文字，非被告所能控制。"百度"现有搜索结果显示方式已经做了重大整改，从以前的放在置顶位置，且含有关键词的文字，改成现在的出现在搜索结果页面右上方，且不带关键词的文字。综上，被告认为其使用"梅思泰克"搜索词属正常行为，并不构成侵权，请求驳回原告的全部诉讼请求。

【审理及判决】

一审法院经审理认为：本案争议焦点是，被告将"梅思泰克"设置为关键词，并购买、使用"百度"排名服务的行为是否构成对"梅思泰克"商标专用权的侵犯。原告系"梅思泰克"商标的注册人，在其核定使用的商品范围内，依法享有注册商标专用权。未经原告许可，任何人不得在相同或类似的商品、商品包装、广告宣传等商业活动中使用上述商标。被告主要生产经营各类中央空调空气净化消毒装置，与"梅思泰克"商标核定使用的第 11 类商品在功能用途、销售渠道、消费对象等方面相同，属于相同商品。本案中，被告虽然未直接在其生产销售的商品上使用"梅思泰克"商标，也未在其网站内使用"梅思泰克"进行宣传，但其将"梅思泰克"作为关键词，提供给"百度"，且被告承认其购买了"百度"的相关推广服务，而在搜索结果页该公司链接条目的右方有"赞助商链接"字样，显然其购买的是"百度"的竞价排名服务，非"百度"自行设定排名算法规则的自然排名服务，这就使相关公众在用"梅思泰克"进行搜索时，显示结果的网页置顶链接为被告网站，网址旁的内容介绍为"梅思泰克中央空调空气净化装置"，而列在第 2—7 位的被链接网页内容均指向原告，客观上会使相关公众误认为被告销售"梅思泰克"商品或与原告有特定联系，在选择商品时造成混淆。即使不认为二者有关联，因两公司销售同类商品，面临潜在的消费群体相同，有意愿购买"梅思泰克"商品的消费者在使用"梅思泰克"进行特定搜索时，却进入被告网站，如果交易成功，则在一定程度上抢占了原告的市场份额，损害了原告作为"梅思泰克"商标专用权人因创造、使用、维护该商标所应该享受到的权益。因此被告将"梅思泰克"设置为关键词，用于百度竞价排名搜索，以销售、推广与原告相同的商品的行为，构成对"梅思泰克"注册商标专用权的侵犯。

一审法院依照《中华人民共和国商标法（2001 年修订）》第五十二条第一项、第五十六条第一款、第二款，《中华人民共和国商标法实施条例》第三条,《中华人民共和国民事诉讼法》第一百二十八条的规定。判决:(1)被告于本判决生效之日起立即停止侵犯原告"梅思泰克"(商标注册证号:第5258288号)注册商标专用权的行为;(2)被告于本判决生效之日起10日内赔偿原告经济损失1元;(3)被告于本判决生效之日起10日内赔偿原告支出的合理费用8500元;(4)驳回原告的其他诉讼请求。

宣判后,双方当事人均未上诉。

【点评】

搜索引擎是互联网发展中出现并广泛应用的技术,它能帮助互联网用户迅速查找并显示其所需要的信息。目前常见的搜索引擎搜索结果的排名方式有两种,即自然排名和竞价排名。自然排名是非营利模式,被收录网站的所有者无须缴纳任何费用,网页的排名顺序是搜索引擎服务商根据其设定的排名算法规则形成的。百度在国内首创"竞价排名"概念,所谓竞价排名是搜索引擎服务商以网页为媒介,为客户提供收费的宣传和推广服务,其实质是一种营利模式,搜索引擎服务商对购买同一关键词的网站进行排名,付款的数额与排名的顺序紧密相关,付款越多排名越靠前。目前,对于竞价排名规则的设置尚没有明确的法律规定或行业规定。

关键词竞价排名现已成为一些企业利用搜索引擎营销的重要方式。这一举措,对于搜索引擎服务提供商和企业来说是双赢的:搜索引擎服务提供商能够赚取丰厚的利润,而企业也能借此更加直观地宣传自己。但事实上,许多搜索引擎设定的关键词却是一些知名甚至驰名的商标或商号等商业标志,当用户输入这些关键词时,出现的不是这些商业标志权利人,而是那些购买了该关键词服务的竞争者的网页或者网站。由此引发的商标权侵权、不正当竞争纠纷屡见不鲜。

目前,我国的现有法律对此类互联网上的商标侵权虽没有明确界定,但根据我国2001年《商标法》第五十二条第(一)项的规定,未经商标注册人的许可,在同一种商品或者类似商品上使用与其注册商标相同或者近似的商标的,属于侵犯注册商标专用权的行为。同时,2002年《商标法实施条例》第三条规定,所谓商标的使用,包括将商标用于商品、商品包装或者容器以及商品交易文书上，或者将商标用于广告宣传、展览以及其他商业活动中。本案中，被告作为与原告生产经营同类商品的企业，其在购买竞价排名服务时，向"百度"提供了原告的注册商标"梅思泰克"作为关键词，在销售同类商品的企业网站链接条目上显示"梅思泰克中央空调空气净化装置"，将他人注册商标冠于产品名称之前，同时通过竞价排名服务的方式使自己公司网站的链接在搜索结果页面上置顶，使有意愿购买"梅思泰克"商品的消费者在使用"梅思泰克"进行特定搜索时，却进入被告网站，客观上已攀附了他人注册商标的商誉，利用他人注册商标进行了自身同类产品的广告宣传，属于侵犯他人注册商标专用权的行为，理应受到我国《商标法》的规制。

六　非法制造他人注册商标标识或者销售非法制造的注册商标标识罪的认定

——董某某非法制造、销售非法制造的注册商标标识刑事诉讼案

【案例导读】

商标专用权都是通过商标标识的具体使用而体现的，商标标识是商标所附着的载体，是由文字、图形或者文字图形的结合所构成的物体，常见的为商标标牌、商标标识带等。我国《商标法》以及相关法律、法规规定，注册商标标识仅用于经依法核准的商品之上，只有注册商标所有人有权制造并使用注册商标标识。非法注册商标标识是假冒注册商标的前提。打击非法制造他人注册商标标识、销售非法制造的注册商标标识行为，有助于减少假冒商标案件的发生。

【案情】

公诉机关：江苏省宜兴市人民检察院

被告人：董某某，宜兴市太华某塑料制品厂经营负责人（个体工商），住宜兴市太华镇。因本案于 2013 年 7 月 5 日被宜兴市公安局取保候审

一审法院：江苏省宜兴市人民法院

泸州老窖股份有限公司系注册商标"泸州"图文、文字商标的商标权利人。河北衡水老白干酒业股份有限公司系注册商标"十八酒坊"文字商标的商标权利人。上述注册商标核定的商品均为第33类：烧酒、清酒，以上注册商标在案件发生时均在注册有效期内。

2012年5月至2013年5月，被告人董某某为牟取非法利益，在没有得到泸州老窖股份有限公司、河北衡水老白干酒业股份有限公司许可的情况下，委托陈某（另案处理）为其印制假冒上述公司注册商标"泸州"牌、"十八酒坊"牌白酒外包装铁盒印铁，并向陈某支付印刷费用人民币6000元。尔后被告人董某某在其厂内将该印铁加工制造成白酒外包装铁盒8000只，合计非法制造注册商标标识8000件。被告人董某某将该白酒外包装铁盒销售给高某某（另案处理）得款人民币9万元。

案发后，被告人董某某主动向公安机关投案，并如实供述了上述犯罪事实，在审判阶段，被告人董某某主动交出违法所得。

【审理及判决】

2011年7月15日，江苏省宜兴市人民法院判决如下：被告人董某某犯非法制造、销售非法制造的注册商标标识罪，判处有期徒刑1年，缓刑1年3个月，并处罚金人民币45000元。

被告人董某某未上诉，宜兴市人民检察院也没有抗诉。

【点评】

非法制造他人注册商标标志、销售非法制造的注册商标标识罪，是指伪造、擅自制造他人注册商标或者销售伪造、擅自制造的注册商标标识，情节严重的行为。其构成要件为：一是主体要件，包括自然人和单位。二是客体要件，即国家对注册商标的管理制度和他人的注册商标专用权。"伪造""擅自制造""销售"三种行为的犯罪对象是不同的。伪造、擅自制造行为的对象是他人的注册商标标识，销售行为的对象是伪造、擅自制造的注册商标标识。三是主观要件，即故意，且为直接故意。对于销售非法制造的注册商标标识的行为人而言，必须要明知其所销售的商标是非法印制的注册商标标识。行为人的动机、目的如何，不影响本罪的成立，因为行为人大多是以营利为目的，但也不排斥行为人出于其他目的，例如破坏他人商品信誉、进行不正当竞争等。四是客观方面，即伪造、擅自制造他人注册商标标识，或者明知是伪造、擅自制造的注册商标标识而加以销售，并且情节严重的。在具体认定时，要注意以下几个问题：

（一）非法制造注册商标标识、销售非法制造的注册商标标识罪与假冒注册商标罪的区别

首先，犯罪对象不同，前者的犯罪对象是他人的注册商标标识，后者的犯罪对象是他人的注册商标。其次，客观方面不同，前者表现为非法制造注册商标标识或者销售非法制造的注册商标标识，对于在什么商品上使用没有限制，即无论是意图在同一种商品、类似商品上，还是不同商品上使用，不影响本罪的构成；后者要求必须在同一种商品上使用才可构成犯罪。

行为人既实施了非法制造注册商标标识的行为，又实施了假冒注册商标的行为，在司法实践中处理方法如下：（1）行为人先非法制造他人注册商标标识，然后在同一种商品上使用该注册商标标识的，此种情形属于牵连犯，手段行为是触犯非法制造注册商标标识罪，目的行为是假冒注册商标罪，按照牵连犯的一般处断原则，从一重处断。（2）行为人非法制造的注册商标标识与假冒的注册商标不是同一商标的，按照非法制造注册商标标识罪和假冒注册商标罪数罪并罚。此外，注册商标标识的非法制作者与委托人（假冒注册商标者）事先有同谋的，制作者与委托人构成假冒注册商标罪的共犯，因为两者只是在假冒注册的过程中分工不同而已。

（二）商标印制委托人和商标印制单位在印制商标过程中各自应尽的事项

商标印制委托人应尽的事项：

1. 商标印制委托人委托他人印制商标的，应当出示营业执照副本或者合法的营业证明或者身份证明。

2. 商标印制委托人委托印制注册商标的，应当出示《商标注册证》或者由注册人所在地县级工商行政管理局签章的《商标注册证》复印件，并另行提供一份复印件。签订商标使用许可合同使用他人注册商标，被

许可人需印制商标的，还应当出示商标使用许可合同文本并提供一份复印件；商标注册人单独授权被许可人印制商标的，除出示由注册人所在地县级工商行政管理局签章的《商标注册证》复印件外，还应当出示授权书并提供一份复印件。

3. 委托印制注册商标的，商标印制委托人提供的有关证明文件及商标图样应当符合下列要求：（1）所印制的商标样稿应当与《商标注册证》上的商标图样相同；（2）被许可人印制商标标识的，应有明确的授权书，或其所提供的《商标使用许可合同》含有许可人允许其印制商标标识的内容；（3）被许可人的商标标识样稿应当标明被许可人的企业名称和地址；其注册标记的使用符合《商标法实施条例》的有关规定。

商标印制单位应尽的事项：商标印制单位应当对商标印制委托人提供的证明文件和商标图样进行核查。商标印制委托人未提供事项一、事项二所规定的证明文件，或者其要求印制的商标标识不符合事项三规定的，商标印制单位不得承接印制。

在实践中，认定非法制造注册商标标识的行为人的主观故意，主要是通过调查其是否对商标印制委托人提供的证明文件和商标图样进行核查。如果商标印制委托人提供假的证明文件，欺骗行为人为其非法制造注册商标标识的，则印制者因主观上没有非法制造注册商标标识的故意，而不构成犯罪。在本案中，董某某供述到自己没有得到任何人的委托，自己也没有得到商标权人的授权许可，自己非法制造的印有"泸州"牌、"十八酒坊"牌白酒外包装铁盒并出售给他人，故构成非法制造他人注册商标标识、销售非法制造的注册商标标识罪。

（三）非法制造他人注册商标标识、销售非法制造的注册商标标识罪的追诉和量刑标准

1. "情节严重"的情形。伪造、擅自制造他人注册商标标识或者销售伪造、擅自制造的注册商标标识，具有下列情形之一的，属于我国《刑法》第二百一十五条规定的"情节严重"，应当以非法制造他人注册商标标识、销售非法制造的注册商标标识罪判处 3 年以下有期徒刑、拘役或者管制，并处或者单处罚金：（1）伪造、擅自制造或者销售伪造、擅自制造的注册商标标识数量在 2 万件以上，或者非法经营数额在 5 万元以上，或者违法所得数额在 3 万元以上的；（2）伪造、擅自制造或者销

售伪造、擅自制造两种以上注册商标标识数量在 1 万件以上，或者非法经营数额在 3 万元以上，或者违法所得数额在 2 万元以上的；（3）其他情节严重的情形。

2. "情节特别严重"的情形。具有下列情形之一的，属于我国《刑法》第二百一十五条规定的"情节特别严重"，应当以非法制造、销售非法制造的注册商标标识罪判处 3 年以上 7 年以下有期徒刑，并处罚金：（1）伪造、擅自制造或者销售伪造、擅自制造的注册商标标识数量在 10 万件以上，或者非法经营数额在 25 万元以上，或者违法所得数额在 15 万元以上的；（2）伪造、擅自制造或者销售伪造、擅自制造两种以上注册商标标识数量在 5 万件以上，或者非法经营数额在 15 万元以上，或者违法所得数额在 10 万元以上的；（3）其他情节特别严重的情形。

（四）关于销售他人非法制造的注册商标标识犯罪案件中尚未销售或者部分销售情形的定罪问题

销售他人伪造、擅自制造的注册商标标识，具有下列情形之一的，依照我国《刑法》第二百一十五条的规定，以销售非法制造的注册商标标识罪（未遂）定罪处罚：

1. 尚未销售他人伪造、擅自制造的注册商标标识数量在 6 万件以上的；

2. 尚未销售他人伪造、擅自制造的两种以上注册商标标识数量在 3 万件以上的；

3. 部分销售他人伪造、擅自制造的注册商标标识，已销售标识数量不满 2 万件，但与尚未销售标识数量合计在 6 万件以上的；

4. 部分销售他人伪造、擅自制造的两种以上注册商标标识，已销售标识数量不满 1 万件，但与尚未销售标识数量合计在 3 万件以上的。

（五）关于商标标识数量"件""非法经营数额"的认定

关于"件数"的认定：

1. 非法制造、销售非法制造的注册商标标识犯罪中，计算"商标标识数量"应当以《两高司法解释（一）》第十二条第三款规定的"标有完整商标图样的一份标识，一般应当认定为一件商业标识"的规定为计算原则。

2. 在计算非法制造、销售非法制造的注册商标标识数量时，一般应当将每一件完整且可以独立使用的侵权商标标识作累加计算。例如，一瓶酒的外包装盒、瓶贴、瓶盖上分别附着相同或者不同的商标标识，在计算商标件数时，应当计算为三件。在同一载体上印制数个相同或者不同的商标标识，且上述商标标识不能独立使用的，一般应当计算为一件商标标识。例如，在一个皮具商品的外包装纸上同时印有数个相同或者不同的商标标识的，在计算商标标识数量时，应当计算为一件。

关于"非法经营数额"的认定：

1. 根据《两高司法解释（一）》第十二条的规定，非法经营数额是指侵权产品的价值，有以下三种认定方式：（1）已销售的侵权产品价值，按照实际销售的价格计算；（2）未销售的侵权产品价值，按照标价或者已经查清的侵权产品的实际销售平均价格计算；（3）侵权产品没有标价或者无法查清其实际销售价格的，按照被侵权产品的市场中间价格计算。

2. 按照被侵权产品的市场中间价格确定非法经营数额的，应当委托价格主管部门设立的价格鉴证机构进行价格鉴证，在委托价格鉴证时，应当注意：（1）被侵权产品没有与侵权产品相对应的规格型号的，应当要求鉴证机构以规格型号最类似的被侵权产品市场中间价格计算；（2）被侵权产品没有类似规格型号，或者按被侵权产品市场中间价格计算，计算结果明显高于侵权产品实际销售价格，且导致处罚过重的，可以要求鉴证机构按照"同类合格产品"市场中间价格计算，并结合犯罪嫌疑人、被告人供述、证人证言等综合认定非法经营数额。"同类合格产品"是指能够在市场上合法流通，与侵权产品品质大体相当的同一类别产品。

七　合法来源抗辩中注意义务的确定
——浙江康恩贝制药公司诉王某某、
广州葆宁生物科技公司商标纠纷案

【案例导读】

侵犯注册商标专用权的案件中，被控侵权者可以根据我国 2001 年《商标法》第五十六条第三款（2013 年修订后的《商标法》为第六十四条第二款，下同）的规定，主张合法来源抗辩。然而，合法来源抗辩的认定应当满足以下基本条件：被控侵权者身处销售流通环节，而非生产环节；其取得被控侵权产品的方式为合法取得；其主观上不知道或不应当知道被控侵权产品系侵犯他人注册商标权的产品；其能够提供明确具体的提供者相关信息。其中对销售者是否"知道或应当知道"的判断尤为复杂，对此，应依照不同销售者的规模、在销售环节所起作用施予不同的注意义务要求，才能作出合理的判断。

【案情】

原告：浙江康恩贝制药股份有限公司（以下简称"康恩贝公司"）

被告：王某某、广州葆宁生物科技有限公司（以下简称"葆宁公司"）

一审法院：江苏省无锡市中级人民法院

原告康恩贝公司诉称：其是"前列康"注册商标的专用权人，生产的"前列康"牌普乐安片投放市场已30年，广为患者认同。王某某系无锡市崇安区滋美堂食品商行经营者，未经康恩贝公司允许，销售葆宁公司总经销的被控侵权产品"添立适乾列康软胶囊"，侵犯了康恩贝公司的商标权。请求判令王某某、葆宁公司：（1）立即停止侵犯康恩贝公司"前列康"注册商标专用权的行为，召回、封存并销毁含有"乾列康"字样的包装物及标识；（2）在《无锡日报》上公开登报声明，澄清事实、消除影响；（3）赔偿康恩贝公司经济损失40万元；（4）承担本案诉讼费用。

被告王某某辩称：其是以食品销售为主的合法个体经营者，并不知道其所销售的"乾列康"产品侵犯了康恩贝公司商标权，而且该产品是以合法方式从葆宁公司购得，而其生产者为丹阳市瑞艾斯食品有限公司（以下简称瑞艾斯公司），产品具有合法来源，不应承担赔偿责任。请求驳回康恩贝公司对其提出的全部诉讼请求。

被告葆宁公司辩称：其所销售的"乾列康"软胶囊系由瑞艾斯公司生产，其仅是代理商而非生产商，请求驳回康恩贝公司对其的诉讼请求。

【审理及判决】

一审法院经审理查明：

（一）关于商标权属的事实

2001年6月28日、7月7日，经商标局核准，康恩贝公司分别受让取得三个"前列康"文字商标（注册号 331581、1312716、545266）的注册商标专用权。

2005 年 11 月，康恩贝公司的"前列康"文字商标被辽宁省沈阳市中级人民法院民事判决认定为驰名商标。2001 年，浙江省工商行政管理局认定使用在特种花粉片、特种花粉胶囊商品上的"前列康"商标为浙江省著名商标。2004 年、2007 年和 2010 年，浙江省工商行政管理局三次认定康恩贝公司注册在第 5 类普乐安片、普乐安胶囊商品上的"前列康"商标为浙江省著名商标。

康恩贝公司在其生产的人用药品普乐安片上使用"前列康"商标，该药品标注的功能是：补肾固本，用于肾气不固，腰膝酸软、尿后余沥或失禁等。

（二）关于王某某销售被控侵权产品的事实

2012 年 8 月 26 日，康恩贝公司向王某某所经营的崇安区滋美堂食品商行购买了 5 盒"乾列康软胶囊"，并取得加盖"崇安区滋美堂食品商行"印章及"滋美堂收款专用章"的销售票据一张，票据上面注明品名规格"乾列康（添立适软胶囊）"，单价 142 元，总金额 710 元。

被控侵权产品包装正面标贴显示：添立适乾列康软胶囊，其中"添立适"采用与其他中文字不同的绿色镂空字体并标注"TM"记号，"乾列康"字体采用与其他中文字不同的黑色加粗加大字体；侧面标贴注明有：生产企业"丹阳市瑞艾斯食品有限公司"、地址"丹阳市司徒镇河阳夏家"，"澳洲 ANSWER—HEALTH 药业集团公司授权监制"、"中国总代理：广州葆宁生物科技有限公司"等内容，其瓶底所载生产日期为 2010 年 12 月 2 日。

（三）关于葆宁公司销售被控侵权产品的事实

葆宁公司于庭审中确认其曾向王某某销售"添立适牌乾列康软胶囊"，同时向王某某提供了葆宁公司《食品流通许可证》瑞艾斯公司《企业法人营业执照》《食品卫生许可证》《全国工业产品生产许可证》，并与王某某签订《质量保证协议书》。瑞艾斯公司《食品卫生许可证》所记载的证书号码为苏卫食证字（2006）第 321181 - 019550 号。

南京公证处于 2012 年 11 月 8 日出具（2012）宁南证经内字第 13282 号公证书，该公证书证明葆宁公司网页内容显示，葆宁公司是以保健食品销售为主，集研发、销售为一体的专业保健品企业，其受澳洲 Answer – Health 公司授权使用该公司的所有技术并接受全程监制生产，与国内著名 GMP 工厂强强联合生产销售"葆宁""添立适"等系列营养保健食品。其中网页中有产品编号 16179 – 267 的"乾列康"产品照片，照片中产品标贴正面与被控侵权产品相同，该产品的左侧有"添立适"字样，出品单位列明为葆宁公司，产品介绍中该产品具有提高机体免疫力，保持前列腺健康的功效，其原料沙棘油的生理作用有改善前列腺疾病症状、预防前列腺肥大和增生等。

| 第 331581 号 | 第 1312716 号 | 第 545266 号（第 30 类） |

附图 1　涉案商标标识

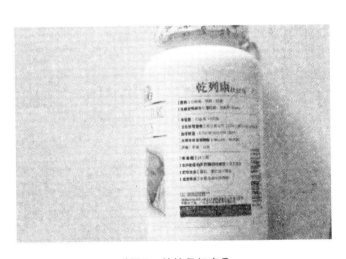

附图 2　被控侵权产品

（四）其他相关事实

王某某于 2011 年 5 月 23 日设立字号为崇安区滋美堂食品商行的个体工商户，经营范围包括预包装食品、日用品、化妆品、床上用品、卫生用品、家用电器的零售。

葆宁公司为成立于 2010 年 1 月 21 日的有限责任公司，经营范围包括生物制品、生物科技、保健品的研究、开发、技术咨询、技术转让；批发、零售预包装食品。

瑞艾斯公司为成立于 2006 年 7 月 26 日的有限公司，经营地址在丹阳市司徒镇，经营范围包括胶囊、片剂食品生产加工等。2011 年 5 月 20 日，瑞艾斯公司经工商部门核准直接申请注销。

一审法院认为：

（一）王某某的合法来源抗辩成立。就王某某而言，被控侵权产品上明确注明了卫生许可证号、生产单位、代理商等信息，可在市场上销售，王某某所经营的个体工商户经营范围主要为预包装食品、化妆品及日用品，并不包括药品，不能认定其主观上知道或应当知道被控侵权产品侵犯"前列康"商标专用权。而且在采购被控侵权产品时，王某某已向葆宁公司索取了葆宁公司的《食品流通许可证》及产品所标注的生产单位瑞艾斯公司的《企业法人营业执照》《食品卫生许可证》《全国工业产品生产许可证》等文件，已尽到合理的注意义务，主观上并无过错，其合法来源抗辩成立，无须承担赔偿责任。

（二）葆宁公司的合法来源抗辩不成立。理由如下：

1. 虽然被控侵权产品标贴明确载明生产商为瑞艾斯公司，葆宁公司仅为中国总代理，但是被控侵权产品明确印有"添立适"字样，根据葆宁公司网站记载，"添立适"等系列营养保健食品是其生产销售的产品之一，可以据此认定"添立适"商标系葆宁公司所有。依常理推断，销售者在销售他人产品时，一般不会在产品上加贴自己的商标，所以应当认定葆宁公司为被控侵权产品的生产者；同时，葆宁公司在网站中宣称其是融研发、销售为一体的专业保健品企业，所使用的是澳洲 Answer - Health 公司的技术并接受该公司全程监制生产，并在被控侵权产品的广告页面将葆宁公司记载为该产品的"出品单位"，即根据葆宁公司的对外宣传，其至少是涉案技术的提供方和委托生产方，葆宁公司自己也完全是将其作为产品的生产者而非销售者进行宣传推广。据此，应当认定葆宁公司与瑞艾斯公司均为被控侵权产品的生产者，故葆宁公司应当承担停止侵权、赔偿损失的民事责任。

2. 退一步讲，即便将葆宁公司认定为被控侵权产品的销售者、瑞艾斯公司为被控侵权产品的生产者，在其主张合法来源抗辩的同时，葆宁公司还应证明自己主观上不知道涉案产品侵犯"前列康"注册商标专用权。本案中，"前列康"商标先后被认定为驰名商标和浙江省著名商标，在药品领域具有较高知名度。葆宁公司作为专业从事保健品经销的市场经营主体，其在本案中所实施的并非简单的销售行为，同时也有推广该产品的行为。鉴于葆宁公司的企业名称亦作为代理商印制在被控侵权产品标贴上，应当认定其与该产品本身存在密切关联，理应对该产品名称是否侵犯他人在先权利施加高于一般销售者的审查注意义务，其应当知道"前列康"商标在相关经营领域具有一定知名度。因此，葆宁公司不能证明自己主观上无过错，其免于赔偿责任的抗辩不能成立，仍应承担停止侵权和赔偿损失的民事责任。

综上，一审法院于2013年7月2日作出（2013）锡知民初字第0134号民事判决：（1）王某某、葆宁公司立即停止侵犯康恩贝公司"前列康"注册商标专用权的行为；（2）葆宁公司于本判决生效之日起10日内赔偿康恩贝公司经济损失5万元；（3）驳回康恩贝公司的其他诉讼请求。

一审判决后，康恩贝公司、王某某、葆宁公司均未提起上诉。

【点评】

我国2001年《商标法》第五十六条第三款规定："销售不知道是侵犯注册商标专用权的商品，能证明该商品是自己合法取得的并说明提供者的，不承担赔偿责任。"这就是《商标法》上有关"合法来源"抗辩的法律规范。实践中，对于商标侵权案件中合法来源抗辩的审查，不同的法院对证据的审查尺度和标准各不相同。有的法院施以较为严苛的要求，认为当事人必须提供第三者出具的相关证据，如正规发票、合同以及明确具体存在的第三人，同时发票、合同所列商品名称、型号应当具体到能够与被控侵权产品——对应。对于只能提供收据、供货单或收据上无法判断商品提供人身份、或收据上印章无对应已注册单位或个人的，一般法院都不会认可，而有的法院则较为宽松。此外，对于当事人的主观心理状态也无统一的规定，有的法院认为除非有证据证明其存在恶意，否则应当视其无过错，有的法院则主张需参考商标的知名度、侵权产品的进货价格、销售价格来判断当事人有无过错。

我们认为，在商标侵权案件中，若销售者主张合法来源抗辩，应满足以下条件：第一，在被控侵权产品从生产厂家至到达最终消费者的流程中，其身处销售流通环节，而非生产环节；第二，其取得被控侵权产品的方式为合法取得；第三，其主观上不知道或不应当知道被控侵权产品系侵犯他人注册商标权的产品；第四，其能够提供明确具体的提供者相关信息。具体分述如下：

（一）只有销售者才可以提出合法来源抗辩。通常侵犯注册商标专用权的商品，除靠生产者自行销售外，更普遍的方式是通过其他人的销售活动到达消费者手中，而且正是这种销售行为直接侵占了商标权人的市场份额，造成消费者混淆，所以法律将销售侵犯他人商标权商品的行为亦明确为侵权。但是为了促进商品流通以及第三产业的发展，有必要给予那些善意的、无过错的侵权人以适当的救济途径。不过，这种救济的对象仅限于销售者，而且救济成功的结果仅限于不承担损害赔偿责任，而非不将其销售行为作为侵权行为看待，销售者仍应承担停止侵权的民事责任。

（二）销售者获取被控侵权产品的方式必须是合法取得。对此的证明责任在销售者，即销售者应当能够提供发票、付款凭证及其他证据以证明该商品是通过合法途径取得的。实践中，我们通常会要求销售者提供增值税发票、商业税务发票、购货合同、付款凭证等证据证明，而在销售者为个体工商户等举证能力、赔偿能力较弱者的情况下，如其能提供加盖提供者印章的收据或送货单，上述材料所载商品名称、型号、出具时间与被控侵权产品可以对应的话，一般也认为其履行了证明其系合法取得的举证义务。

（三）销售者主观上对于侵权行为的发生没有过错。侵权产品的销售者，与侵犯注册商标专用权的商品的生产者一样，都起到了混淆商品出处、侵犯注册商标专用权、损害消费者利益的作用。作为成熟、理智的商人，其应当对所采购、所销售的商品来源是否合法、是否侵害他人合法权利施予一定的注意，特别是对于某些知名品牌而言，这种注意义务尤为重要。如果销售者主观上就明知或应当知道其所采购并对外销售的产品为侵犯他人商标权的侵权产品，但仅为追求利润最大化，无视法律及行政法规的约束，放任甚至是促使侵权行为的继续以及权利人利益的受损，其身份就从他人侵权行为的间接受害方转变为积极的直接加害方或者是消极的加害辅助方，理应为其恶意或不作为接受制裁，承担赔偿责任。同时，销售者规模、企业性质的不同、所处流通环节的不同，对其注意义务亦有不同的要求，规模越大，其注意义务要求越高；在企业性质上，公司的注意义务高于个体工商户；在流通环节中，批发商的注意义务要求高于普通销售商的要求。

（四）销售者能够提供明确具体的被控侵权产品的提供者。第一，其所提供的证据应能够明确指向具体的提供者，能够展现该商品的出卖方的姓名、名称、住所或者提供其他线索，并且能够被查实；第二，该提供者所从事的经营活动应经合法登记并拥有固定的经营场所，难以理解一个守法、谨慎的经营者会从一个未经合法登记，甚至是缺少固定经营场所的商品提供者处以低于惯常批发价甚至是出厂价的价格购买商品。

在本案中，即便将葆宁公司作为销售者，在确定其注意义务要求时，我们应考虑到其与另一侵权主体王某某的差别，采取不同标准，考虑葆宁公司与王某某在经营范围、商品流通环节、企业性质等因素，认为葆宁公司作为总代理商，对于涉案侵权行为的发生，主观上明显存在过错，其不符合合法来源抗辩的要求。

综上所述，我们认为，在审查商标侵权案件中销售者提出的合法来源抗辩是否成立时，应当严格审查销售者在被控侵权产品流通环节中所处的地位及其所起的作用，根据其具体情况及表现来判断其是否已尽到必要的审查义务、对于侵权是否具有过错。

（撰稿人：李骏）

八　如何区分直接侵害商标权的行为
与拟制侵害商标权的行为

——卡尔锁具及印刷公司诉无锡某五金锁具厂商标侵权纠纷案

【案例导读】

商标一经注册，商标权人对其注册的商标就取得了商标权，包括使用权和禁止权。使用权即商标权人对其注册商标享有充分支配权和完全使用的权利。禁止权即商标权人禁止他人未经其同意或许可不得擅自使用其注册商标。未经权利人同意在相同或类似的商品或服务上使用与他人注册商标相同或近似的商标，致使相关公众对商品或服务来源产生混淆误认的商标侵权行为，属于直接侵害商标权的行为。然而，如何理解商标法意义上的"使用"，对于判断是否构成商标侵权是至关重要的。

【案情】

原告：某锁具及印刷公司

被告：江苏省无锡市某五金锁具厂

一审法院：江苏省无锡市中级人民法院

原告诉称：原告是在土耳其注册成立的股份有限公司，主要生产各种机械锁具，是世界上最大的锁具生产商之一。原告使用的商标（"KALE"字母及图形）已被中华人民共和国国家工商行政管理局商标局（以下简称国家商标局）核准注册。2007年4月，原告获悉被告在其制造、销售的锁具上使用上述注册商标，便向工商部门举报。工商部门对被告进行了查处，作出了没收侵权产品、模具及罚款11299元的行政处罚。被告的上述行为构成商标侵权，给原告造成了巨大的经济损失。请求判令被告停止商标侵权行为，赔偿原告经济损失50万元，并承担本案诉讼费。

原告提供了其注册商标证书，以及当地工商行政部门对被告的行政处罚决定书等证据。

被告辩称：自己虽然生产了带有原告注册商标标志的锁具成品及半成品，但系接受他人委托而生产，双方亦订有协议，对商标事宜也有特别说明，因此，自己主观上并无侵权故意，且涉案锁具并未实际销售即受到工商部门的处罚，产品未进入市场，未对原告造成实际损害，侵权行为已经停止，原告要求其承担诉称的赔偿责任无事实和法律依据。

针对被告的辩解，原告认为：虽然被告方提供了与"夏某"签的委托的协议，但目前根本无从查找"夏某"其人，其名片所标明的公司，并不认可其属于公司员工。也没有证据证明"夏某"与原告有任何关系。因此，被告在没有取得商标许可的情况下擅自生产标注有原告注册商标的同类产品就是商标侵权行为，行政处罚不能代替民事赔偿责任。

被告则进一步辩解：民事侵权赔偿以损害后果为前提，自己因为企业不景气，急于要订单，所以在没有查验对方是否已取得商标许可证明的情况下就开始生产标注他人商标的产品，属于被欺诈的受害人一方；自己为此已经承担了 1 万多元的罚款；并且产品没有进入市场（有当地工商部门查处笔录为证），没有对原告产品产生任何不利的影响，所以不承担民事赔偿责任。

【审理与判决】

一审法院经审理查明：1996 年 3 月 7 日，国家商标局核准注册了"KALE"商标，核定使用商品为（非电子）锁具，注册人为富立企业有限公司，商标注册号分别为第 820570、820571 号，有效期为 1996 年 3 月 7 日至 2006 年 3 月 6 日。1999 年 2 月 28 日，经国家商标局核准，上述注册商标转让给了原告。2006 年 3 月 2 日，经国家商标局核准，上述注册商标续展注册，有效期为 2006 年 3 月 7 日至 2016 年 3 月 6 日。2002 年 8 月 13 日，海关总署签发知识产权海关保护备案证书，核准对上述注册商标进行知识产权海关保护备案。

2007 年 4 月 9 日，原告委托专业律师向无锡市锡山工商行政管理局（以下简称锡山工商局）提出书面请求，认为被告未经许可，擅自在其制造和销售的锁具产品上使用上述注册商标，请求予以制止及查处。

2007 年 7 月 3 日，锡山工商局作出锡山工商案字（2007）第 37 号行政处罚决定书，载明：被告于 2007 年 3 月 20 日依夏某（自称是义乌市某进出口有限公司业务人员）的要求，制造有"KALE"文字图形的锁芯，约定数量 6000 只，单价 7.8 元，被告要求夏某提供相关商标的合法手续，但至案发时夏某仍未提供商标许可使用的手续。被告按照夏某要求，购买了标有 "KALE" 商标的模具 1 只、标有 "KALE" 商标的锁芯小外包装盒 9000 只、标有 "KALE" 商标的钥匙 2400 只。截至 2007 年 4 月 9 日，被告生产了标有 "KALE" 商标的成品锁芯 1 箱（120 只）、标有 "KALE" 商标的半成品锁芯 5242 只，上述产品尚未销售。上述产品与 9000 只小外包装盒、2400 只钥匙，合计总价 11299 元。被告的上述行为违反法律规定，为商标侵权行为，没收被告制造的上述锁芯、包装盒、钥匙及模具，罚款 11299 元。

另查明，2007 年 4 月 8 日，被告法定代表人戴某某与夏某曾签订协议，其中第六条约定 "在供方交货生产过程中，需方必须提供商标委托书，否则供方只能提供自己商标的产品或无牌产品"。

一审法院认为：原告的商标专用权受法律保护，有权禁止他人未经许可，在同一种商品上使用与其注册商标相同的商标的行为。被告未经原告许可，在其制造的锁具上标注涉案商标，构成商标侵权，依法应承担停止侵害、赔偿损失的法律责任。被告制造的涉案侵权产品虽被工商部门没收，但其侵权行为必然会侵占原告作为商标权利人享有的利益，应当承担赔偿原告经济损失的责任。原告请求本院酌情确定赔偿数额，该请求符合法律规定，本院综合考虑涉案注册商标的知名度、被告的主观过错程度、涉案侵权行为的性质、工商部门查获及没收的侵权产品数量等因素确定本案赔偿数额。据此，依照《中华人民共和国商标法》第五十二条第一款、第五十六条第二款，《中华人民共和国民事诉讼法》第一百二十八条的规定，判决如下：（1）被告立即停止侵害原告的商标专用权行为；（2）被告于本判决生效之日起 10 日内赔偿原告经济损失 30000 元。

【点评】

本案争议焦点是被告方受人委托，在加工制造的产品上标注他人的注册商标，但还没有进入市场销售，且已经承担了行政责任，是否构成商标侵权，是否需要承担民事赔偿责任？

本案中，值得我们思考的问题大致有以下几点：

（一）关于商标侵权承担民事赔偿责任的条件

侵犯商标专用权的行为属于一般民事侵权行为。我国《民法通则》关于民事责任的一般规定应适用于商标侵权。一般而言，民事侵权责任构成条件之一是存在因侵权造成的损害事实，因为侵权民事责任主要是一种财产责任，它是以财产赔偿的方式制裁侵害人，同时补偿受害人因侵权所遭的财产损失。没有损害后果，就谈不上民事赔偿责任。我国《商标法》第五十六条也规定，侵犯商标专用权的赔偿数额，为侵权人在侵权期间因侵权所获得的利益，或者被侵权人在被侵权期间因被侵权所受到的损失。本案中，被告生产的"KALE"品牌的锁具，只有少部分是成品（120 个），其他都是半成品，且尚未交付给委托加工方夏某，更没有自行销售，因此，虽然被告生产了侵权产品，但产品没有流入市场，其行为尚没有影响到"KALE"品牌锁具的销售，没有给原告带来损失，自己也没有获利。原告要求被告赔偿 50 万没有事实依据和法律依据。另外，根据 2009 年 4 月 21 日最高人民法院发布的《关于当前经济形势下知识产权审判服务大局若干问题的意见》的精神，要妥善处理注册商标实际使用与民事责任的关系，请求保护的注册商标未实际投入商业使用的，在确定赔偿责任时，如果确无实际损失和其他伤害，可以不予赔偿。本案虽然不属上列情况，但司法精神是相同的，被告使用注册商标但未进入销售环节，没有给原告造成实际的损害。当然，根据法律的相关规定，制止侵权的费用可以由被告承担。也正是这样的情况，一审法院判决被告赔偿原告人民币 2 万元。

另外，值得注意的是：我国民事责任的方式，并不限于"损害赔偿"一种，因此，没有损害事实，固然不需要承担侵权损害赔偿的民事责任，但并不意味着不需要承担其他民事责任。我们通常所说的构成民事侵权责任的四要件来自大陆法系的侵权责任理论，实际上是"民事损害赔偿责任"的要件，而非"民事责任"的构成要件。在本案中，即使被告夏某没有将产品投入流通，给原告造成实际损失，但仍然应当承担停止侵权的民事责任。

（二）关于直接侵害商标权的行为与拟制侵害商标权的行为

直接侵害商标权的行为，是指未经权利人同意在相同或类似的商品或服务上使用与他人注册商标相同或近似的商标，致使相关公众对商品或服务来源产生混淆误认的商标侵权行为。我国《商标法》第五十七条第（一）、第（二）项对此作了规定。拟制侵害商标权的行为，是指由直接侵害商标权的行为派生、延伸或者扩展而出现的商标侵权行为。《商标法》第五十七条第（三）至第（七）项对此作了规定。[①]

本案中，被告是擅自制造标注有他人注册商标的产品，但产品没有实际进入流通领域，该行为应当如何认定？相应地，对《商标法》第五十七条如何进行适用？对此，我们认为：

1. 本案不可适用《商标法》第五十七条第（一）、第（二）项的规定。如上所述，《商标法》第五十七条第（一）、第（二）项规定的是直接侵害商标权的行为，而按照目前学界和实务界的理解，直接侵害商标权的构成要件为：第一，存在商标意义上的使用行为；第二，这种使用是在相同或类似商品上使用相同或近似的商标标志；第三，这种使用会导致相关公众的混淆误认。而本案中被告只完成了制造行为，但产品并未进入流通，也未进行任何广告宣传，不可能导致消费者误购误认，因此，不属于《商标法》第五十七条第（一）、第（二）项所规定的直接侵害商标权的行为。当然，这并非可以得出结论：本案被告的行为没有社会危害性，没有侵犯商标权。

2. 本案是否可适用《商标法》第五十七条第（六）项所列举的情形？笔者认为，被告的制造行为固然为他人侵犯商标专用权提供了方便，但如果原告不能证明被告的制造行为属于故意行为，则仍不能适用《商标法》第五十七条第（六）项规定。

3. 本案可否适用《商标法》第五十七条第（七）项所列举的情形？笔者认为可以适用。具体理由是：该项规定属于兜底条款，在前项规定都没有适用余地的情况下，兜底条款的功能理应得到重视，此其一；其二，本案被告的行为符合"给他人的注册商标专用权造成其他损害"的基本要求，因为虽然被控侵权的产品没有投入流通，被告行为不属于商标法意义上的"使用"行为，但被告已经完成了标注他人注册商标的产品的制造，即使不是出于故意，但存在明显的过错，并且在客观上为商

---

① 孔祥俊：《商标与不正当竞争——原理和判例》，法律出版社 2009 年版，第 170—172 页。

标侵权提供了便利条件，显然具有"给他人的注册商标专用权造成某种危害"的行为特征，工商部门对其进行处罚也正是基于该行为的危害性而作出的。

（三）市场主体的商标权保护意识有待提高

本案被告为小微型企业，案发前两年资产为负。因为没有订单，所以仅凭夏某的一张名片，在没有查清对方的身份证明，更没有坚持办完商标委托手续后就进行生产，根本原因还是缺乏注册商标专用权的保护意识。给予其行政处罚，由其承担一定的民事赔偿责任，也是给企业缺乏商标保护意识行为的一个告诫。2014年我国《商标法》修改后，对注册商标专用权的保护力度进一步加强了，市场主体只有充分尊重他人注册商标的专用权，杜绝侵权假冒的傍品牌行为，在长期的生产经营中创立品牌，才能让消费者认可你的产品和服务，也才能在激烈的竞争中赢得市场，赢得更多的合作机会与盈利空间。

九　集体商标专用权的法律保护
——江苏省盱眙龙虾协会诉邱某侵害商标权纠纷案

【案例导读】

集体商标，是指以团体、协会或者其他组织的名义注册，供该组织成员在商事活动中使用，以表明使用者在该组织中成员资格的标志。集体商标虽然也表示商品来源，但它并不是标示某一特定厂家，而是代表由若干企业组织的集体组织。一般来说，集体商标不允许转让，使用该商标的意义在于表明若干企业所生产的同一商品具有相同的质量和规格。集体商标一经注册，该集体组织的成员即依法对该集体商标均享有专有使用权。可以在其集体组织注册商标所核定的商品上使用该商标，并取得合法利益，其他人未经集体同意或许可不得擅自使用其注册商标。其他人要使用该集体商标，必须加入该集体组织，并保证产品的质量或服务的质量；未经权利人同意在自己生产的产品或自己提供的服务上使用该注册商标的，必然造成误导消费者，抢夺商标专用权人的市场份额，给商标专用权人带来经济损失，给消费者的权利也带来损害，构成商标侵权行为。

【案情】

原告：江苏省盱眙龙虾协会（以下简称"龙虾协会"）

被告：邱某，江苏省无锡市南长区某火锅店业主

一审法院：江苏省无锡市新区人民法院

原告龙虾协会诉称：自己是第 3739968 号"盱眙龙虾"商标（见下图）的注册人，核定使用的商品为第 31 类，即龙虾（活），注册有效期为 2004 年 12 月 28 日至 2014 年 12 月 27 日。国家工商行政管理总局认定"盱眙龙虾"商标为"中国驰名商标"。2013 年 6 月，龙虾协会发现，无锡市南长区某火锅走道一侧悬挂有王宝强、赵本山吃食龙虾的宣传画，吧台结账处悬挂董卿吃食龙虾情形的宣传画，董卿的宣传画上部和底部均有与"盱眙龙虾"注册商标近似的图案，该图案内图与"盱眙龙虾"注册商标的图案部分完全相同，仅是在"盱眙龙虾"注册商标的基础上将外圈文字部分由"盱眙龙虾"中英文字样改为"中国盱眙国际龙虾节"中英文字样；该火锅店后门口斜上方有"盱眙龙虾"四字灯箱。火锅店经营者为个体工商户邱某，此火锅店并非龙虾协会的集体成员，没有与龙虾协会订立任何的加盟协议。2013 年 8 月 27 日傍晚，原告代理人来到火锅店吃饭，开具发票，拍照取证，然后到公证处公证。2013 年 12 月 26 日，原告向无锡市新区人民法院提起诉讼，称邱某未经许可，在其经营场所内外悬挂带有近似"盱眙龙虾"商标的宣传画，在其经营场所外安装"盱眙龙虾"的灯箱，侵犯了龙虾协会合法的商标专用权，请求法院判令邱某：（1）立即停止侵犯其"盱眙龙虾"注册商标专用权的行为；（2）赔偿其经济损失 60000 元，律师费、公证费等 4772 元，共计 64772 无法；（3）承担本案诉讼费用。

原告向法院提交了商标注册证和中国驰名商标证，用于证明龙虾协会为"盱眙龙虾"商标权人，享有商标专用权，以及该商标被国家工商行政管理总局认定为中国驰名商标的事实；同时递交了代理人到邱某店内消费、拍照等情况说明的（2013）锡证经内字第 3584 号公证书，用于证明邱某存在侵权行为。

引证商标："盱眙龙虾"商标　　　　　　　　　被控侵权商标

被告辩称：自己并未销售龙虾，其在经营范围内不存在侵犯龙虾协会商标专用权的行为；其将无锡市南长区某火锅店（以下简称涉案火锅店）门口位置租赁给其朋友王某某，灯箱由王某某安放，盱眙龙虾的宣传画由王某某购买后悬挂在店门口或者吧台，因此，经营龙虾系王某某行为，故不应由其承担责任。

王某某作证称：其系邱某朋友，因卖龙虾存在利润空间，便自 2013 年 4 月开始独自从事龙虾销售直至 2013 年 7 月离开；其向无锡北桥批发市场购买龙虾，向盱眙县批发市场购买龙虾料。涉案董卿的宣传画系卖龙虾料的人赠送，因经常下雨而担心涉案董卿的宣传画被弄湿，因此在征得邱某同意后将宣传画悬挂在店内；"盱眙龙虾"四字灯箱由其制作安装，其悬挂"盱眙龙虾"四字灯箱是为了提高销售量；其征得邱某同意后租用邱某的火锅店外面门口道边销售龙虾，火锅店并未销售龙虾，其也并未在火锅店内销售龙虾。

【审理及判决】

一审法院经审理确认，龙虾协会为"盱眙龙虾"商标（以下称涉案商标）注册人，核定使用的商品为第 31 类，即龙虾（活），商标注册号为 3739968，注册有效期为 2004 年 12 月 28 日至 2014 年 12 月 27 日。国家工商行政管理总局认定"盱眙龙虾"商标为"中国驰名商标"。

另查明，邱某为个体工商户，许可经营内容为单纯火锅制售（不含凉菜，不含裱花蛋糕，不含生食海产品），系涉案火锅店业主。

又查明，龙虾协会为制止侵权的各种费用包括律师费、公证费等共计 4772 元，为合理开支。综合双方的诉辨主张，法院对本案的争议焦点为：（1）邱某是否在其经营场所使用涉案商标；（2）邱某的行为是否构成侵权。

（一）关于邱某是否在其经营场所使用涉案商标

法院认为，龙虾协会所注册的涉案商标为证明商标，该商标不仅证明使用上述商标的单位或者个人所销售的龙虾来源于盱眙，更能证明上述龙虾的养殖、制作、销售处于龙虾协会的监督、控制之下，龙虾协会保证其品质。同时，邱某在其经营场所使用了涉案标志。理由如下：

经过法定程序公证证明的法律事实和文书，人民法院应当作为认定事实的根据。根据公证书记载，涉案火锅店吧台处悬挂带有与"盱眙龙虾"商标近似标志的董卿吃食龙虾的宣传画，饭店后门口斜上方有"盱眙龙虾"四字灯箱，而该饭店经营者系邱某。从龙虾协会举证的证据来看，涉案的董卿宣传画悬挂在涉案火锅店吧台的显著位置，每一位经过吧台或者结账的消费者都会看到，在饭店内为龙虾菜品做宣传但自身却又不提供菜品不符合常理，"盱眙龙虾"四字灯箱较大，甚至大于涉案火锅店后门的营业字号灯箱，且悬挂于营业字号灯箱斜上方。证人王某某是邱某的朋友，与邱某相互之间就租赁涉案火锅店的门口摊位存在利益关系，证言不予采信。

（二）关于邱某是否构成侵权

一审法院认为，商品与服务类似，是指商品和服务之间存在特定联系，容易使相关公众混淆。涉案火锅店的装饰可以认定邱某存在销售龙虾的行为，至少容易使消费者认为饭店内销售盱眙龙虾并且是主营业务之一，且对其提供的龙虾产品来源、烹饪方法及其龙虾成品的品质产生混淆，误认为邱某为龙虾协会会员、其提供的龙虾菜品从原料到烹饪均接受龙虾协会监管并与使用涉案注册商标的龙虾协会会员相同。因此，邱某的行为侵犯了龙虾协会的商标专用权，依法应承担停止侵权、赔偿损失的法律责任。本案中，因龙虾协会未能提供邱某侵权所得利益或者其因被侵权所受的损失，但龙虾协会购买涉案龙虾的费用、查询费、公证费以及律师费中的合理部分为制止侵权所支出的合理开支，依法应计入赔偿范围。故一审法院依据龙虾协会的请求，酌情确定赔偿数额。具体判决如下：（1）邱某立即停止侵犯龙虾协会第 3739968 号"盱眙龙虾"商标专用权的行为；（2）邱某于本判决生效之日起十日内赔偿龙虾协会经济损失 25000 元；（3）邱某于本判决生效之日起十日内赔偿龙虾协会支付的合理开支 4772 元。

【点评】

本案是一起典型的商标侵权案件，从民事诉讼证据规则的角度看，案件并不复杂。原告在被告的店里就餐，开据发票，对被告店里使用的侵犯商标专用权的标志进行拍照取证，并把整个过程到公证处去公证，公证处出具了公证书。在取得侵权证据后，使自己在诉讼中处于有利、主动的地位。而被告则找到另一租赁经营者来证明被控侵权标志并非自己所悬挂，并认为龙虾协会注册的"盱眙龙虾"商标不能垄断盱眙龙虾的经营权，使用盱眙龙虾四个字属于正当使用。但这一辩解是缺乏依据的。结合本案的诉讼过程，有几个问题值得我们思考：

（一）龙虾协会注册的"盱眙龙虾"商标究竟是证明商标还是集体商标

一审法院在审理过程中认定是证明商标，但笔者认为，认定为集体商标更为合适。集体商标，是指以团体、协会或者其他组织的名义注册，供该组织成员在商事活动中使用，以表明使用者在该组织中成员资格的标志。集体商标虽然也表示商品来源，但它并不是标示某一特定厂家，而是代表由若干企业组织的集体组织。证明商标是指由对某种商品或者服务具有监督能力的组织所控制，而由该组织以外的单位或者个人使用于其商品或者服务，用以证明该商品或者服务的原产地、原料、制造方法、质量或者其他特定品质的标志。例如，国际上流行的"纯羊毛标志"，欧共体采用的"担保商标"等。证明商标不同于一般商标，其注册人对使用人的商品负有监督和控制使用的职能。凡达到证明商标规定的标准，并遵守证明商标管理章程的生产经营者，都可以取得对该证明商标的使用资格，对此，证明商标注册人不得拒绝。所以，证明商标是"开放型"的。而本案中，虽然龙虾协会也负责监督质量，但不是所有龙虾品质"达标"的经营者都可以使用这一商标，邱某火锅店如果没有加入盱眙龙虾协会，即使所经营的龙虾品质达到了与龙虾协会其他成员相同的等级，也不能使用涉案商标。所以，认为是集体商标较为合适。

（二）对食品类的集体商标，驰名商标的保护更值得重视

当前，食品安全问题已经成为经济社会发展和人民生命健康权益保护的重大问题。龙虾协会所注册的"盱眙龙虾"商标，不仅证明使用上述商标的单位或个人所销售的龙虾来源于盱眙，更能证明上述龙虾的养殖、制作、销售处于龙虾协会的监督、控制之下，龙虾协会保证其品质。对这样的驰名商标，在消费者心中不仅具有高品质所带来的较高的使用价值，更具有较高的确保身体健康的安全价值，因此，食品类驰名商标和其他类别的驰名商标相比，具有更为广阔的潜在商业价值。因此，打击针对此类驰名商标的侵权行为，不仅维护了商标权人的合法权益以及市场公平竞争的秩序，更是维护了广大消费者的利益。

本章涉及主要法律条文

《中华人民共和国刑法》（2011 年修订）

第二百一十四条："销售明知是假冒注册商标的商品，销售金额数额较大的，处三年以下有期徒刑或者拘役，并处或者单处罚金；销售金额数额巨大的，处三年以上七年以下有期徒刑，并处罚金。"

《中华人民共和国商标法》（2014 年修订）

第三条："经商标局核准注册的商标为注册商标，包括商品商标、服务商标和集体商标、证明商标；商标注册人享有商标专用权，受法律保护。"

"本法所称集体商标，是指以团体、协会或者其他组织名义注册，供该组织成员在商事活动中使用，以表明使用者在该组织中的成员资格的标志。"

第十三条："为相关公众所熟知的商标，持有人认为其权利受到侵害时，可以依照本法规定请求驰名商标保护。"

第十四条："驰名商标应当根据当事人的请求，作为处理涉

及商标案件需要认定的事实进行认定。认定驰名商标应当考虑下列因素：（一）相关公众对该商标的知晓程度；（二）该商标使用的持续时间；（三）该商标的任何宣传工作的持续时间、程度和地理范围；（四）该商标作为驰名商标受保护的记录；（五）该商标驰名的其他因素。"

第五十七条："有下列行为之一的，均属侵犯注册商标专用权：（一）未经商标注册人的许可，在同一种商品上使用与其注册商标相同的商标的；（二）未经商标注册人的许可，在同一种商品上使用与其注册商标近似的商标，或者在类似商品上使用与其注册商标相同或者近似的商标，容易导致混淆的；（三）销售侵犯注册商标专用权的商品的；（四）伪造、擅自制造他人注册商标标识或者销售伪造、擅自制造的注册商标标识的；（五）未经商标注册人同意，更换其注册商标并将该更换商标的商品又投入市场的；（六）故意为侵犯他人商标专用权行为提供便利条件，帮助他人实施侵犯商标专用权行为的；（七）给他人的注册商标专用权造成其他损害的。"

第六十条："有本法第五十七条所列侵犯注册商标专用权行为之一，引起纠纷的，由当事人协商解决；不愿协商或者协商不成的，商标注册人或者利害关系人可以向人民法院起诉，也可以请求工商行政管理部门处理。"

第六十一条："对侵犯注册商标专用权的行为，工商行政管理部门有权依法查处；涉嫌犯罪的，应当及时移送司法机关依法处理。"

第六十三条："侵犯商标专用权的赔偿数额，按照权利人因被侵权所受到的实际损失确定；实际损失难以确定的，可以按照侵权人因侵权所获得的利益确定；权利人的损失或者侵权人获得的利益难以确定的，参照该商标许可使用费的倍数合理确定。对恶意侵犯商标专用权，情节严重的，可以在按照上述方法确定数额的一倍以上三倍以下确定赔偿数额。赔偿数额应当包括权利人为制止侵权行为所支付的合理开支。"

《中华人民共和国商标法实施条例》（2002 年）

第三条："商标法和本条例所称商标的使用，包括将商标用于商品、商品包装或者容器以及商品交易文书上，或者将商标用于广告宣传、展览以及其他商业活动中。"

最高人民法院、最高人民检察院颁布的《关于办理侵犯知识产权刑事案件具体应用法律若干问题的解释》（2004 年）

第九条第二款："具有下列情形之一的，应当认定为属于刑法第二百一十四条规定的'明知'：（一）知道自己销售的商品上的注册商标被涂改、调换或者覆盖的；（二）因销售假冒注册商标的商品受到过行政处罚或者承担过民事责任，又销售同一种假冒注册商标的商品的；（三）伪造、涂改商标注册人授权文件或者知道该文件被伪造、涂改的；（四）其他知道或者应当知道是假冒注册商标的商品的情形。"

《最高人民法院关于审理商标民事纠纷案件适用法律若干问题的解释》（2002 年）

第九条："商标法第五十二条第（一）项规定的商标相同，是指被控侵权的商标与原告的注册商标相比较，二者在视觉上基本无差别。"

"商标法第五十二条第（一）项规定的商标近似，是指被控侵权的商标与原告的注册商标相比较，其文字的字形、读音、含义或者图形的构图及颜色，或者其各要素组合后的整体结构相似，或者其立体形状、颜色组合近似，易使相关公众对商品的来源产生误认或者认为其来源与原告注册商标的商品有特定的联系。"

第十一章

知识产权法保护的其他案例

一 仿冒知名商品的特有包装、装潢的
不正当竞争行为的认定
——常熟市聚满仓食品有限公司诉无锡市工商行政管理局
北塘分局行政纠纷案

【案例导读】

被控商品包装、装潢是否仿冒知名商品的特有包装、装潢，一般应
遵循要求保护的商品的知名性，该商品包装、装潢的特有性，双方包装、
装潢是否相同或近似，近似情形是否使相关公众产生混淆的逻辑顺序进
行审理。在近似仿冒的认定中，应在双方商品包装、装潢存在着相同部
分的客观基础上，综合考虑要求保护的商品包装、装潢的显著性程度，
被控商品包装、装潢是否为正当使用，产生混淆的可能性等因素。

知名商品特有的包装及装潢是识别商品来源的重要标识。知名商品
的特有包装、装潢在先使用，被控商品包装、装潢构成近似仿冒的，根
据保护在先权利原则，即使其取得如外观设计专利等知识产权，亦不影
响对其不正当竞争行为的认定。

【案情】

原告（上诉人）：江苏省常熟市聚满仓食品有限公司（以下简称聚满
仓公司）。

被告（被上诉人）：无锡市工商行政管理局北塘分局（以下简称北塘
工商局）

第三人：无锡市洁雷副食品商行（以下简称洁雷商行）

一审法院：江苏省江阴市人民法院

二审法院：江苏省无锡市中级人民法院

原告诉称：本公司"聚满仓"商标的系列产品由第三人洁雷商行经销，被告北塘工商局于 2009 年 1 月 7 日认定聚满仓香脆米牛奶巧克力（以下简称"香脆米"）的商品包装、装潢与美国马斯公司、玛氏食品（中国）有限公司（以下简称玛氏公司）生产、销售的知名商品德芙脆香米牛奶巧克力（以下简称"脆香米"）的商品包装、装潢构成近似，涉嫌违反我国《反不正当竞争法》第五条为由，对洁雷商行销售的原告的"香脆米"商品实施查扣，并于 2009 年 3 月 23 日作出行政处罚决定书，原告在无锡市工商行政管理局维持行政处罚决定后诉至法院，认为：（1）"脆香米"三字是直接表示其商品的质量、主要原料，原告的"香脆米"是常用名称或通俗名称，原告是客观叙述而正当使用，不构成不正当竞争行为。（2）原告"香脆米"包装是自行研究开发设计的，并被授予外观设计专利，与"脆香米"在图案、商标、字体、产品形状以及结合上完全不同，不会导致消费者误认。综上，请求法院依法撤销被告所作的锡工商北分案字（2009）第 00411 号行政处罚决定书并承担本案全部的诉讼费用。

被告辩称：（1）"脆香米"使用在巧克力产品上具有独创性和显著性。"脆香米"三字用在巧克力产品上为马斯公司独创，是其特有名称而非通用名称，处罚决定所述的不正当竞争涉及知名商品特有包装、装潢的整体而非仅仅局限于包装上的文字。（2）"香脆米"整体包装、装潢与"脆香米"特有包装、装潢极为近似，足以引起消费者误认，构成不正当竞争。原告的外观设计不能对抗在先的包装、装潢权。综上，被告所作的行政处罚决定事实清楚，证据确凿，适用法律依据正确，程序合法，处罚适当，请求驳回原告的诉讼请求。

第三人洁雷商行未作答辩意见。

【审理及判决】

一审法院审理查明：2009 年 1 月 7 日，被告接美国马斯公司和玛氏公司举报后，对第三人洁雷商行进行了检查，发现洁雷商行经销的"香脆米"与玛氏公司"脆香米"的包装、装潢相似。2009 年 3 月 23 日，被告对第三人作出如下处罚：（1）责令停止销售；（2）没收违法所得400.8元，罚款599.2元；（3）责令并监督消除现存侵权商品外包装塑料袋。2009年3月27日，被告向第三人送达了处罚决定书。原告为"香脆米"的生产商，得悉该行政处罚后不服该决定，于2009年5月6日向无锡市工商行政管理局提起行政复议，同年7月31日该局作出了维持行政处罚决定的锡工商复字（2009）第003号复议决定书，原告仍不服，诉至法院。

另查明：美国马斯公司是"脆香米"商标和"脆香米"花体文字商标权人。玛氏公司是美国马斯公司在中国的独资子公司，美国马斯公司许可其使用"脆香米"商标，玛氏公司自1996年开始生产"脆香米"产品，产品在中国市场具有较高的知名度，其外包装具有较显著的区别性特征。原告成立于2007年1月17日，2007年12月开始生产"香脆米"产品。同年12月20日，原告为"香脆米"食品包装袋申请外观设计专利并于2009年2月25日被授予了外观设计专利。2008年9月，洁雷商行开始经销原告生产的"香脆米"。

一审法院认为：（1）根据我国《反不正当竞争法》第三条第二款、《江苏省实施〈反不正当竞争法〉办法》第四条之规定，北塘工商分局具有监督检查不正当竞争行为的法定职权，执法主体合法。（2）"脆香米"在中国市场为社会公众普遍知悉，属于知名商品，其包装、装潢特征与"脆香米"这一知名商品形成密切联系，在指示商品来源方面具有特有性。应为知名商品特有包装、装潢。而且"脆香米"并非某类商品的通用名称，有较强的显著性，原告在其包装上使用与上述文字相近的"香脆米"文字并非正当使用行为。两者包装底色均为红色，其中文字均为白色蓝边，在文字、颜色及其组合上构成近似，足以造成混淆。（3）"香脆米"包装、装潢虽然获得外观设计专利授权，但"脆香米"包装、装潢的使用明显早于"香脆米"外观设计专利，依专利法的规定，应当保护在先的"脆香米"特有的包装、装潢。

据此，根据我国《行政诉讼法》第五十四条第（一）项之规定，一审法院于2009年12月11日判决维持锡工商北分案字（2009）第00411号行政处罚决定。案件受理费50元，由原告聚满仓公司负担。

宣判后，聚满仓公司不服提出上诉，上诉理由为：（1）"脆香米"或

"香脆米"是直接表示商品的质量、主要原料,"香脆米"的使用是正当使用。(2)香脆米的包装是上诉人自行开发设计,使用的红色、蓝色、白色等色彩均有合理意义,包装袋上的"聚满仓"商标醒目,不会引起消费者误认。而且香脆米的外观设计已被授予专利权,该包装、装潢属合法正当使用。

二审法院认为:(1)美国马斯公司和玛氏公司的"脆香米"巧克力食品具有一定的知名度,该商品所使用的包装、装潢,由中国红底色、白色"脆香米"文字、蓝色封边三个主要元素构成的整体形象,具有显著特征,与"脆香米"巧克力食品形成密切联系,可认定为我国《反不正当竞争法》第五条第(二)项规定的知名商品特有的包装、装潢。(2)"香脆米"或"脆香米"并非巧克力商品的通用名称,亦非对商品原料、质量的表述,正是由于"脆香米"巧克力的市场知名度,才引来了对"脆香米"文字重新排列组合的不正当使用。上诉人为巧克力食品的生产经营商,不可能不知道美国马斯公司的"脆香米"巧克力商品,其将与"脆香米"文字相近似的"香脆米"文字用于巧克力商品,且"香脆米"文字远大于其"聚满仓"商标,为商标性使用,该行为具有攀附"脆香米"商品声誉的故意,并非上诉人所称的正当使用行为。(3)"脆香米"巧克力包装、装潢的使用时间早于"香脆米"的外观设计专利权的取得时间,上诉人外观设计专利权的取得并不影响对其不正当竞争行为的认定。(4)"脆香米"巧克力的包装为红底、"脆香米"三字均为白字蓝边且是包装上最大字体、长方形包装袋的短边为蓝色;"香脆米"的包装选择了相同的颜色、文字、构图组合,在整体对比上构成近似,足以造成消费者对该类巧克力商品的混淆或误认。因此,被上诉人认定原审第三人经销的"香脆米"因与"脆香米"巧克力的包装、装潢近似,构成了不正当竞争行为,这一认定结论正确。

综上,被上诉人的具体行政行为认定事实正确,程序合法。据此,二审法院依照《行政诉讼法》第六十一条第(一)项的规定,判决驳回上诉,维持原判。二审案件受理费50元,由聚满仓公司负担。

【点评】

根据我国《反不正当竞争法》第五条的规定，擅自使用知名商品特有的名称、包装、装潢，或者使用与知名商品近似的名称、包装、装潢，造成与他人的知名商品相混淆，使购买者误认为是该知名商品，构成不正当竞争，是典型的商业标识仿冒行为。在市场交易中，经营者为了攀附知名企业的商品声誉，往往会仿冒知名企业商品的包装、装潢，试图通过这种"搭便车"的方式提高市场份额，这种行为显然会损害被仿冒企业的市场竞争利益，同时也会损害消费者在内的相关公众的利益，破坏市场竞争的公平，依法应当予以制止。

在司法实践中，认定上述不正当竞争行为，需要首先审查被损害的经营者的商品是否具有知名性，其次要审查该知名商品的包装、装潢是否具有特有性，最后要证明两者的商品的包装、装潢是否相同或近似，在近似的情况下，还要审查是否会产生消费者的误认或混淆。

（一）关于商品的知名性

国家工商行政管理局《关于禁止仿冒知名商品特有的名称、包装、装潢的不正当竞争行为的若干规定》（以下简称《规定》）第三条第一款规定，本规定所称知名商品，是指在市场上具有一定知名度，为相关公众所知悉的商品，最高人民法院《关于审理不正当竞争民事案件应用法律若干问题的解释》（以下简称《不正当竞争解释》）第一条第一款也给出了相同的定义。同时，《不正当竞争解释》第一条第一款还规定，原告对其主张商品是否知名，应负举证责任，即使存在仿冒行为，也不能据此反推出该商品即为知名商品。经营者一般可以通过该商品进入市场的时间及地域、商品的市场占有率、商品的广告宣传投入、消费者对该商品的知晓程度等方面的举证来证明。同时，经营者作为主场主体的知名度及该商品所标注的商标知名度也可以作为考量因素，一般来说，所标注的商标只使用于该商品，而不使用于经营者的其他商品，该商标的知名度就会直接关联于该商品的知名度，两者不可分割，互为印证。如本案所涉的"脆香米"功克力，该商品为玛氏公司生产，同时使用"德芙DOVE"和"脆香米"商标，而"脆香米"商标只用于该种巧克力，在该种巧克力上的标识作用十分显著，其程度超过了"德芙DOVE"，故

"脆香米"文字可以直接指向该种巧克力，其商标知名度与该种巧克力商品的知名度完全重合。

（二）关于商品包装、装潢特有性

经营者应当举证证明要求保护的商品包装、装潢不同于通用包装、装潢，有其一定的显著性，即具有商业标识作用，可用于区分商品来源。同时，还应证明该包装、装潢在市场上的投入使用时间早于被控商品包装、装潢。要注意的是，包装、装潢的特有性并不等同于唯一性或是最先使用性。如果让经营者证明其要求保护的商品包装、装潢具有唯一性，仅由其使用，排除他人也在使用的事实，则是让其对消极事实进行举证，这并不符合相关诉讼证据的举证规则，在现实中也是无法做到的。如果让经营者证明其要求保护的包装、装潢为最先使用，则是对其举证责任的一种苛求，商品包装、装潢作为商业标识，并无法定登记或授权部门，更无诸如专利权一样的新颖性方面的法定审查要求，经营者只能证明其商品包装、装潢从何时起开始使用，而很难证明系在相关区域经营者中最先使用该包装、装潢的。在司法实践中，在要求保护的商品包装、装潢具有特有性的基础上，其经营者只需证明其商品包装、装潢相对于被控商品包装、装潢而言使用在先，其相关主张就有可能得到支持，而不需要证明其商品包装、装潢相对于其他所有同业竞争者而言使用最先，除非有确切的证据证明要求保护的商品包装、装潢的市场投入使用时间晚于被控商品包装、装潢，或者要求保护的商品包装、装潢仿冒了其他经营者的商品包装、装潢。

（三）关于商品包装、装潢相同或近似性

是否相同的判断相对简单，只要两者在整体和细节完全一致，或是虽有个别细节不同，但整体上基本一致，即可作出相同的认定。是否近似的判断则相对复杂、困难，实践中这种判断往往会因人而异。因此，必须建立一定的规则来保证司法判断的正确性。

首先，两者商品包装、装潢应具有一定的相同部分，如整体构图、颜色组合等方面存在相同部分。本案所涉的"脆香米"包装中有字体较大的"脆香米"文字，以红色为主色调，蓝色为包装边缘色，起到衬托主色调的作用，而被控"香脆米"包装中也有同样的红蓝颜色组合，亦是红色为主色调，蓝色为辅助色，并有较大字体的"香脆米"文字，两者文字的区别只是前两字的顺序进行了调换而已。

其次，要判断相同部分是否为要求保护的商品包装、装潢的显著性部分，其显著性程度如何。相同部分如为要求保护的商品包装、装潢显著性体现的主要部分，两者构成近似的可能性就大，反之就小。本案所涉的"脆香米"包装中的"脆香米"文字有较明显的商品来源识别作用，一提起"脆香米"，喜爱、熟悉巧克力商品的消费者就会想起"德芙"系列巧克力中那种含有膨化碎粒的功克力，其红蓝色的颜色组合，也与"德芙"系列巧克力中其他种类的巧克力包装颜色设计不同，显著性较强。

再次，要判断相同部分之于被控商品包装、装潢是否为正当使用。如果是正当使用，即使相同，构成近似的可能性就较小，反之则较大。正当使用一般是指对公共文化资源的善意性使用，主要包含对描述商品或服务品质，指示商品或服务特点，叙述商业活动客观事实，对地名及通用名称、装潢的使用。《不正当竞争解释》第二条第三款规定，知名商品特有的名称、包装、装潢中含有本商品的通用名称、图形、型号，或者直接表示商品的质量、主要原料、功能、用途、重量、数量以及其他特点，或者含有地名，他人因客观叙述商品而正当使用的，不构成不正当竞争行为。结合本案，"脆香米"并不是通用词汇，也不直接表示商品的原料、质量等特点，红蓝色组合也非功克力商品的通用颜色设计。而且《不正当竞争解释》第二条第二款规定，即使是通用词汇，也不妨碍经营者通过使用取得显著特征。从巧克力商品的角度看，"脆香米"文字的显著性强，商品识别力高，其作为商品来源的含义也取代了聚满仓公司提出的"脆香米"或"香脆米"表示"又脆又香的米"的所谓通用含义。故该正当使用的主张是不成立的。

最后，要判断上述近似部分是否会导致相关公众的误购或混淆。与商标、外观设计等近似判断规则一样，是否产生混淆也是包装、装潢类商业标识从客观近似到法律近似的认定要件。从混淆指向的内容而言，所产生的混淆既包括对商品来源的混淆，也包括对经营者之间有关联企业关系或许可使用关系等特定联系的混淆。从混淆的表现形式而言，包括现实的混淆和可能的混淆，认定产生混淆并不要求实际发生误购的情形，只要有混淆的较大可能性，即可认定产生了混淆。在具体认定时，通常考虑的因素有受保护包装、装潢的显著性程度，其所有人的经营规模和商誉，相关消费者的识别能力，标识以及所涉及的商品或者服务的相似程度。本案中，聚满仓公司强调并没有实际将其生产的"香脆米"当作"脆香米"误购的事例，以此来否认产生了混淆。上述意见实际上是将混淆的法律含义限定为现实性混淆，《不正当竞争解释》第四条第一款"足以使相关公众对商品的来源产生误认"中的"足以"两字就可以说明混淆包括可能的混淆，而《规定》第二条第二款也有相同的表述，故上述意见与法律规定并不相符，是对混淆这一法律问题的片面理解，自然得不到法院的采纳。

（四）关于原告外观设计专利权与他人在先取得的合法权利的冲突

本案中，"香脆米"包装申请了外观设计专利并获授权，与"脆香米"包装作为知名商品特有的包装、装潢所产生的权益产生了冲突，这实际上就是知识产权权利冲突的表现之一。在市场竞争中，越来越多的经营者认识到知识产权的重要性，利用知识产权建立竞争优势，从而垄断市场或是利用别人的知识产权"打擦边球""淘第一桶金"等市场行为，催生了许多知识产权方面的权利或利益冲突。这其中，商标、字号、外观设计、域名、知名商品特有的名称、包装及装潢等商业标识类的冲突更为突出。解决此类冲突的原则有保护在先权利、禁止混淆、制止恶意使用、利益平衡等原则。保护在先权利原则，又称权利在先原则，是各国普遍认可的权利冲突纠纷解决的最基本原则，该原则是指在知识产权发生冲突时，保护获得权利在先的知识产权的规则。简单地说，就是哪种权利先取得，就保护哪种权利。该原则为我国知识产权立法所认可，并在司法实践中得以适用。我国《商标法》第九条第一款规定，申请注册的商标，应当有显著特征，便于识别，并不得与他人在先取得的合法权利相冲突。我国《专利法》第二十三条第三款规定，授予专利权的外观设计不得与他人在申请日以前已经取得的合法权利相冲突。最高人民法院《关于审理注册商标、企业名称与在先权利冲突的民事纠纷案件若干问题的规定》第一条规定，原告以他人注册商标使用的文字、图形等侵犯其著作权、外观设计专利权、企业名称权等在先权利为由提起诉讼，符合我国《民事诉讼法》第一百零八条规定的，人民法院应当受理。第四条规定，被诉企业名称侵犯注册商标专用权或者构成不正当竞争的，人民法院可以根据原告的诉讼请求和案件具体情况，确定被告承担停止使用、规范使用等民事责任。本案的"香脆米"包装虽然取得外观设计专利权，但其取得时间明显是在"脆香米"包装进入市场之后，无论按照保护在先权利原则，还是依据我国《专利法》的上述具体规定，其权利取得行为都不影响涉案不正当竞争行为的认定。人民法院虽然无权宣告"香脆米"包装的外观设计专利权无效，但有权选择保护使用在先的"脆香米"特有包装、装潢，确认使用"香脆米"包装的行为为不正当竞争行为，并判令聚满仓公司停止上述不正当竞争行为，即禁止聚满仓公司使用"香脆米"包装。这样的认定及判决，既不危害知识产权行政授权部门的法定权限，也保护了经营者的合法权益，维护了公平竞争的市场环境。

二 侵犯商业秘密罪的构成及其认定
——屠某某等侵犯他人商业秘密刑事诉讼案

【案例导读】

商业秘密是指不为公众所知悉，能够为权利人带来经济利益、具有实用性并经权利人采取保密措施的技术信息和经营信息。随着技术贸易的日益发展和人们对商业秘密的认识不断深化，商业秘密作为一种特殊的知识产权，已经被人们所接受。20世纪60年代，国际商会首先把商业秘密视为知识产权，可以进行有偿转让。20世纪70年代，世界知识产权组织在草拟各种知识产权国际公约时，已经把商业秘密引入其中。TRIPS协议专门把保护未公开信息作为禁止不正当竞争的一个重点加以规定。加强对商业秘密的保护，已经成为世界趋势。我国《刑法》对侵犯商业秘密罪作出了明确的规定，强化了对商业秘密的保护。

【案情】

公诉机关：江苏省宜兴市人民检察院

被告人：屠某某，男，原江苏巨某机械有限公司业务员。因本案于2012年9月4日被刑事拘留，同年10月11日被逮捕

蒋某某（与被告人屠某某系夫妻关系），女，江苏天某机械有限公司

股东，因本案于 2012 年 10 月 13 日被刑事拘留，同年 10 月 24 日被取保候审

张某，男，原江苏巨某机械有限公司工人，因本案于 2012 年 8 月 2 日被刑事拘留，同年 8 月 17 日被宜兴市公安局取保候审

温某某，男，江苏天某机械有限公司业务员，因本案于 2012 年 8 月 2 日被刑事拘留，同年 8 月 21 日被取保候审

岳某，男，原江苏巨某机械有限公司工人，因本案于 2012 年 8 月 15 日被取保候审

一审法院：江苏省宜兴市人民法院

江苏巨某机械有限公司（以下简称巨某公司）前身为江苏省宜兴市某过滤设备厂，是 1993 年注册成立的，主要生产、销售各类过滤机、分离机、泵等。2001—2010 年，巨某公司分别与被告人屠某某、张某等人签订了劳动合同或保密协议，对公司商业秘密的范围、保密措施等均作出了规定。

2008 年 2 月，被告人屠某某等人用他人的名义成立了江苏天某机械有限公司（以下简称天某公司），被告人蒋某某为该公司股东，并负责经营管理。2011 年 1 月，被告人屠某某以高薪将原巨某公司负责生产调度的被告人张某"挖"到天某公司，又指使被告人张某从江苏巨某机械有限公司"挖"走掌握过滤机核心生产技艺的熟练工人被告人岳某和徐某某（另行处理）等人。由被告人张某利用在巨某公司工作时掌握的过滤机图纸关键技术，绘制出过滤机图纸，被告人蒋某某根据张某提供的巨某公司供应商名单采购配件，被告人岳某等人负责生产与巨某公司相同的过滤机设备。被告人屠某某伪造了巨某公司的印章，编造了天某公司是巨某公司分公司的文件，将巨某公司过往业绩说成是天某的业绩，同时根据巨某公司招投标文件，为天某公司制作了标书，利用在巨某公司工作期间掌握的客户信息，伙同被告人温某某以天某公司的名义分别与宁夏某药业有限公司、宁夏某化工有限公司、国电某化学有限公司签订了过滤机产品购销合同，将 2 台 THZ - 25 型自清式过滤机、1 台 GXG - 3600 型二合一多功能过滤机、10 台 NYB - 50 型母液过滤机，分别销售给了上述公司，销售金额共计人民币 4943000 元。

经上海市科技咨询服务中心技术鉴定报告认定：涉案过滤机系列产

品为巨某公司在同行业中技术及性能较先进的产品，其产品的技术和生产技术中含有不为公众所知悉的技术信息；巨某公司生产的过滤机系列产品的销售合同所涉及的客户名单属于不为公众所知悉的经营信息；巨某公司生产的过滤机系列产品的投标文件中含有不为公众所知悉的技术信息和经营信息；天某公司的相关投标文件与巨某公司的投标文件实质相同。经宜兴方正会计师事务所有限公司审计报告认定：天某公司造成巨某公司的损失金额合计为人民币 1778490.10 元。

案发后，被告人岳某于 2012 年 8 月 1 日主动至公安机关投案，并如实供述了全部犯罪事实。被告人蒋某某、张某、温某某归案后如实供述了上述犯罪事实。

【审理及判决】

2013 年 8 月 14 日，江苏省宜兴市人民法院判决如下：

1. 被告人屠某某犯侵犯商业秘密罪，判处有期徒刑 2 年 5 个月，并处罚金人民币 100 万元。

2. 被告人张某犯侵犯商业秘密罪，判处有期徒刑 2 年 3 个月，缓刑 3 年，并处罚金人民币 45 万元。

3. 被告人蒋某某犯侵犯商业秘密罪，判处有期徒刑 1 年 10 个月，缓刑 2 年 6 个月，并处罚金人民币 35 万元。

4. 被告人岳某犯侵犯商业秘密罪，判处有期徒刑 1 年 5 个月，缓刑 2 年，并处罚金人民币 30 万元。

5. 被告人温某某犯侵犯商业秘密罪，判处有期徒刑 1 年 8 个月，缓刑 2 年 3 个月，并处罚金人民币 30 万元。

【点评】

侵犯商业秘密罪，是指侵犯他人商业秘密，给权利人造成重大损失的行为。我国《刑法》第二百一十九条对侵犯商业秘密罪也是采用述明罪状的立法方式。侵犯商业秘密罪的构成要件为：1. 主体要件：包括自然人和单位，自然人为一般主体。该主体具有以下特点：（1）一般是商业秘密权利人的同业竞争对手，但是也不排除对权利人单纯地打击报复的可能。（2）均是负有保密义务的单位或者个人。主要包括技术合同受让方、业务关系人、企业内部接触或者使用该秘密的职工、商业秘密的创制人员等。2. 客体要件：权利人的知识产权和知识产权管理秩序，具体地讲主要就是商业秘密权。包括以下权利：（1）占有权，指权利人对商业秘密实际上的管理、控制权，未经许可他人不得以任何违法手段获取、披露、使用或者许可他人使用。（2）使用权，指权利人有权依法使用自己的商业秘密，只要不违反法律、不妨碍他人合法利益和公共利益，任何人或者机关无权干涉。（3）收益权，指权利人从商业秘密中获取经济利益的权利。（4）处分权，指权利人有权处置其商业秘密。3. 主观方面：故意，行为人明知自己的行为侵犯了他人商业秘密，会给权利人造成重大损失，并希望或者放任这种结果发生。4. 客观方面：以给权利人造成重大损失为前提，主要包括以下四种情形：（1）以盗窃、利诱、胁迫或者其他不正当手段获取权利人的商业秘密的；（2）披露、使用或者允许他人使用以前项手段获取的权利人的商业秘密的；（3）违反约定或者违反权利人有关保守商业秘密的要求，披露、使用或者允许他人使用其所掌握的商业秘密的；（4）明知或者应知前三种行为，获取、使用或者披露他人的商业秘密的。

在本案中，对商业秘密罪的认定涉及以下几个方面的问题：

（一）认定侵犯商业秘密案件机构相关资质问题

2005 年 2 月 28 日，《全国人民代表大会常务委员会关于司法鉴定管理问题的决定》第二条规定：国家对从事下列司法鉴定业务的鉴定人和鉴定机构实行登记管理制度：（1）法医类鉴定；（2）物证类鉴定；（3）声像资料鉴定；（4）根据诉讼需要由国务院司法行政部门商最高人民法院、最高人民检察院确定的其他应当对鉴定人和鉴定机构实行登记管理的鉴定事项。第十七条规定：（1）法医类鉴定，包括法医病理鉴定、法医临床鉴定、法医精神病鉴定、法医物证鉴定和法医毒物鉴定。（2）物证类鉴定，包括文书鉴定、痕迹鉴定和微量鉴定。（3）声像资料鉴定，包括对录音带、录像带、磁盘、光盘、图片等载体上记录的声音、图像信息的真实性、完整性及其所反映的情况过程进行的鉴定和对记录的声音、图像中的语言、人体、物体作出种类或者同一认定。

除法医类、物证类、声像资料类三类外，司法部、最高人民法院、最高人民检察院没有共同确定过其他应当对鉴定人和鉴定机构实行登记管理的鉴定事项。因而商业秘密的认定和损失额的认定不是法定的司法鉴定项目。对此进行司法鉴定实际并非依法律规定所必需。只需聘请有相关专业知识的人或部门提供技术咨询或进行审计即可。而商业秘密包括技术性信息和经营性信息。对于经营性信息是否属于商业秘密可由法官直接认定。技术性信息的"不为公众所知悉"部分可委托有专业知识的机构或人员进行咨询,最终要由法官按照"不为公众所知悉,能为权利人带来经济利益,具有实用性并经权利人采取保密措施的技术信息和经营信息"的法定标准,来认定是否是商业秘密。因此,本案中对商业秘密的鉴定机构不需要专门的资质。

(二)对侵犯商业秘密犯罪中商业秘密"不为公众所知悉"的认定问题

1. 涉及复杂专业知识判断的技术信息,一般应当采取司法鉴定等手段解决"不为公众所知悉"的认定问题。司法鉴定的具体操作程序、方法应当符合以下规定:(1)办案机关可以就技术事实认定等问题组织司法鉴定。办案机关应当指定具备鉴定资质,具有主要检测设备,客观上具备鉴定能力的鉴定机构进行技术鉴定,在同等条件下优先选择具备司法鉴定资质的鉴定机构进行技术鉴定。涉及特殊技术领域的司法鉴定,鉴定机构因缺乏专业检测设备,需要委托其他检测机构就鉴定事项中的部分内容进行技术检测的,应当审查被委托单位的资质、检测条件,并就委托过程作详细记载说明。(2)办案机关委托司法鉴定的,应当对鉴定机构及鉴定人员是否存在与案件审理有利害关系,可能影响公正鉴定的情形进行审查。鉴定机构具有上述情形的,不得委托其进行鉴定;鉴定人员具有上述情形的,应当要求鉴定机构更换鉴定人员。办案机关应当及时将鉴定机构以及鉴定人员组成情况告知犯罪嫌疑人、权利人,并明确告知其申请回避的权利及期限。鉴定机构及鉴定人员情况应当包括鉴定机构名称,鉴定人员姓名、工作单位、职务、职称、学历、专业领域等基本情况。确因案件侦查等客观原因不能及时告知上述信息的,应当在侦查结束后及时告知。犯罪嫌疑人、权利人提出回避申请的,由办案机关审查后决定。(3)涉及技术秘密的司法鉴定,办案机关在委托鉴定前,应当首先要求权利人明确技术秘密的具体内容。办案机关在委托鉴定书中应当准确无误地表述委托鉴定的事项,并要求鉴定机构在充分收集相关技术资料的基础上做出鉴定结论。委托鉴定事项一般包括权利人所主张的技术信息是否不为公众所知悉;被控侵权技术与权利人主张的技术秘密是否相同或者实质性相同等。(4)办案机关可以当面或者书面听取权利人对鉴定事项的意见。当面听取意见的,应当制作详细笔录。对于权利人提出的意见,办案机关应当及时将意见转递至鉴定机构,要求其充分审查。(5)办案机关应当面或者书面听取犯罪嫌疑人对鉴定事项的意见。当面听取意见的,应当制作详细笔录。办案机关同时应当告知犯罪嫌疑人有权就涉案技术信息是否为公众所知悉,以及被控侵权技术与权利人主张的技术秘密是否相同或者实质性相同等提出意见,并应当允许犯罪嫌疑人提供相应技术资料或线索证明其观点。对于犯罪嫌疑人提出的意见,办案机关应当及时转递至鉴定机构,并要求其充分审查。(6)鉴定报告正式出具前,办案机关可以就鉴定过程记载是否清楚详细、鉴定结论是否符合委托鉴定事项要求,鉴定结论的表述是否清晰、是否容易产生歧义等方面进行预审查,并在不影响鉴定机构独立作出鉴定结论的前提下就上述问题提出意见。(7)人民法院在开庭审理中,应当组织控辩双方就鉴定报告进行质证。被告人、辩护人对鉴定报告提出异议的,人民法院可以根据案件审理需要,要求鉴定人出庭接受询问,或者作出书面说明。

2. 经营信息"不为公众所知悉"的基本判断标准可归纳为经营信息的特有性以及获取该经营信息的难易程度。一般应当注意审查以下几个方面:(1)权利人为经营信息的形成付出了一定的劳动和投入。(2)权利人主张的经营信息应当具备特有性,即不属于公共领域的信息,如产品出厂价格、年订购的数量底线、利润空间等。对于可以通过正常渠道容易获得的信息,一般不能认定为商业秘密。

3. 在审查客户名单"不为公众所知悉"时,一般还应当审查权利人与客户之间是否具备相对稳定的交易关系,一次性、偶然性交易以及尚未发生实际交易的客户一般不构成商业秘密意义上的客户名单。

(三)对侵犯商业秘密犯罪中商业秘密"保密措施"认定问题

保密措施的合理性审查应当包括以下因素:(1)有效性:权利人所采取的保密措施要与被保密的客体相适应,以他人不采取不正当手段或者不违反约定就难以获得为判断标准;(2)可识别性:权利人采取的保密措施，足以使承担保密义务的相对人能够意识到该信息是需要保密的信息；（3）适当性：保密措施应当与该信息自身需要采取何种程度的保密措施即可达到保密要求相适应，并非要求保密措施做到万无一失。

对于权利人在信息形成一段时间后才采取保密措施的，应当根据具体案情从严掌握审查标准，如果确无证据证明该信息在上述期间已经泄露的，可以认定保密措施成立。

（四）关于侵犯商业秘密犯罪中权利人"损失数额"的认定问题

侵犯商业秘密犯罪中权利人"损失数额"的认定及计算方式包括：

1. 权利人因侵权所受损失数额的计算方式：权利人产品因侵权造成销售量减少的总数×权利人每件产品的合理利润。权利人销售量减少的总数难以确定的，侵权产品在市场上销售的总数×权利人每件产品的合理利润可以视为权利人因侵权所受损失。

2. 权利人自身损失数额难以计算的，犯罪嫌疑人、被告人因侵权所获利润可以视为权利人损失。其计算方式是：已销售的侵权产品数量×侵权产品利润。侵权产品利润难以查清的，可以将已销售的侵权产品数量×同类产品市场平均利润视为侵权获利。

犯罪嫌疑人、被告人通过转让涉案商业秘密、许可他人使用涉案商业秘密等所获得的收益应当计入侵权人的侵权获利。

3. 涉案产品除包含权利人技术秘密外，还涉及其他关键性技术，计算损失数额时，应当考虑技术秘密在整个产品中所起的作用，不宜将依据整个产品利润计算出的数额全部视为权利人损失。

4. 因侵权行为导致权利人商业秘密已为公众所知悉的，权利人对该商业秘密的研究开发成本应当计入权利人的损失数额。

三　侵犯技术秘密犯罪案件的损失计算
——明某某等侵犯他人商业秘密刑事诉讼案

【案例导读】

行为人通过非法手段获取他人技术秘密并将之投入生产与权利人相同产品并对外销售的，应当以行为人利用该技术秘密所生产的侵权产品的销售数量乘以权利人销售同类产品的合理利润所得之积计算权利人的损失的认定依据。

【案情】

公诉机关：江苏省宜兴市人民检察院

被告人：明某某、陈某某、陆某某、吴某某、钱某某

一审法院：江苏省宜兴市人民法院

二审法院：江苏省无锡市中级人民法院

无锡某机械有限公司（以下简称 A 公司）主要生产、销售各类过滤机、分离机等。被告人明某某、陈某某、陆某某、吴某某、钱某某原均系 A 公司职工，在职期间均与该公司签订了劳动合同。除被告人陈某某外，还均签有保密协议。同时，A 公司对所拥有的技术信息和经营信息采取了多项保密措施。

陈某某 2004 年离开 A 公司。2009 年 6 月，明某某和陈某某注册成立 B 公司，主要从事过滤机及非标压力容器的生产和销售。

2009 年 7 月起，陈某某通过其妻即钱某某从 A 公司技术员吴某某处、明某某从时任 A 公司技术员的陆某某处，获得 A 公司的大量图纸。吴某某、陆某某分别获得"好处费"6800 元及 2000 元。2010 年 7 月陆某某离开 A 公司后又向 B 公司提供了大量图纸并提供技术指导。

此外，明某某利用其在 A 公司担任销售员期间的便利条件，将获取的 A 公司客户名单和供应商名单等经营性信息，用于 B 公司的经营。

B 公司利用从 A 公司非法获得的技术信息，生产出与 A 公司同类型的过滤机产品（多功能过滤机、袋式过滤机、板式过滤机、自清式过滤机），再利用掌握的 A 公司客户信息，以较低价格与 A 公司在市场上开展竞争，将产品销售给江苏傲伦达实业有限公司等 40 多家公司，在这些公司中，许多公司为 A 公司的常年客户。

技术鉴定报告书鉴定结论确认 A 公司涉案四款过滤机中特定零部件的特定参数以及过滤机系列产品的技术图纸中所反映的尺寸公差、形位公差等 15 项工艺参数属于不为公众所知悉的信息，而查获的 B 公司物证中的技术资料（技术图纸）中的相应参数与上述 15 项工艺参数相同，同时确认 B 公司与 A 公司客户名单、供应商名单相同。

宜方正审－综字（2011）第 058 号审计报告及补充说明书明确，B 公司从 2009 年 9 月 1 日到 2010 年 12 月 31 日涉及 A 公司商业秘密的四类过滤机销售收入 10182547.01 元，净利润为 2178250.99 元。

宜方正审－综字（2011）第 120 号审计报告明确，2009 年 9 月 1 日到 2010 年 12 月 31 日 A 公司多功能过滤机的平均利润为79560.40 元/台，板式过滤机的平均利润为 22332.56 元/台，烛式（自清式）过滤机的平均利润为 23421.39 元/台，滤芯式过滤机的平均利润为 8195.28 元/台，袋式过滤机的平均利润为 2330.51 元/台；B 公司侵犯 A 公司商业秘密制造销售各类过滤机造成 A 公司损失的金额：多功能过滤机的损失金额为 2545932.80 元（79560.40 元/台 × 32 台），板式过滤机的损失金额为 424318.64 元（22332.56 元/台 × 19 台），烛式（自清式）过滤机的损失金额为 140528.34 元（23421.39 元/台 × 6 台），袋式过滤机的损失金额为 286652.73 元（2330.51 元/台 × 123 台）。

公诉机关指控 B 公司、明某某、陈某某、陆某某、吴某某、钱某某的行为应当以侵犯商业秘密罪追究其刑事责任。B 公司、明某某、陈某某、陆某某、吴某某系主犯，钱某某系从犯，吴某某、钱某某犯罪后能自首，可以从轻或者减轻处罚；明某某、陈某某、陆某某归案后能如实供述自己的犯罪事实，可以从轻处罚。

B 公司的诉讼代表人请求法院在查明事实的基础上认罪。

明某某、陈某某、陆某某主要辩称：对公诉机关指控的被害单位损失有异议，公诉机关将民事审判司法解释中规定的计算损失的办法套用于刑事案件，无刑法法律依据。本案中选择 B 公司的利润作为 A 公司的损失比较符合案件事实。

陈某某、陆某某、吴某某、钱某某均表示自愿认罪。

【审理及判决】

江苏省宜兴市人民法院经审理认为：明某某以利诱的不正当手段，从在 A 公司担任技术员的陆某某处，陈某某通过妻子钱某某，以利诱的不正当手段，从在 A 公司担任技术员的吴某某处，获取 A 公司的技术信息用于 B 公司生产经营；陆某某和吴某某违反与 A 公司签订的保密协议，未经 A 公司许可，披露并允许 B 公司使用 A 公司的技术信息。同时，明某某违反与 A 公司签订的保密协议约定，未经 A 公司的许可，使用 A 公司的经营信息用于 B 公司的生产经营。上述技术信息和经营信息能为 A 公司带来经济利益，具有实用性并经 A 公司采取签订保密协议、制定保密规定、使用加密手段等保密措施进行保护，应当属于 A 公司的商业秘密。

对于被告单位和被告人的犯罪行为所造成 A 公司的损失金额的计算。法院认为，侵犯商业秘密给权利人所造成的损失，在司法实践中一般可参照《中华人民共和国反不正当竞争法》规定的民事赔偿额的计算方法。根据《中华人民共和国反不正当竞争法》第二十条、《最高人民法院关于审理不正当竞争民事案件应用法律若干问题的解释》第十七条第一款以及《最高人民法院关于审理专利纠纷案件适用法律问题的若干规定》第二十条第二款的规定，公诉机关以 B 公司所生产销售的涉及侵犯 A 公司商业秘密的四类过滤机的数量，乘以 A 公司同类产品的合理利润，以此作为计算 A 公司损失数额，是客观合理的，法院应予采信。同时，按照上述规定，在权利人的损失可以确定的情况下，一般不宜采用侵权人的利润作为权利人损失的计算依据。故对于明某某、陈某某、陆某某提出的本案将 B 公司获利金额作为 A 公司损失金额的主张，法院不予采纳。

据此，江苏省宜兴市人民法院依照《中华人民共和国刑法》第十二条第一款、第二百一十九条、第二百二十条、第二十五条第一款、第二十六条第一款和第四款、第二十七条、第六十七条第一款和第三款、第七十二条第一款和第三款、第七十三条第二款和第三款、第六十四条，以及最高人民法院、最高人民检察院《关于办理侵犯知识产权刑事案件具体应用法律若干问题的解释》第七条第二款，《最高人民法院、最高人民检察院关于办理侵犯知识产权刑事案件具体应用法律若干问题的解释（二）》第四条、第六条的规定，均以侵犯商业秘密罪，判处 B 公司罚金500 万元；判处明某某有期徒刑四年，并处罚金 250 万元；判处陈某某有期徒刑 3 年 6 个月，并处罚金 230 万元；判处陆某某有期徒刑 3 年，缓刑3 年 6 个月，并处罚金 1 万元；判处吴某某有期徒刑 2 年 6 个月，缓刑 3年，并处罚金 1.5 万元；判处钱某某有期徒刑 1 年 6 个月，缓刑 2 年，并处罚金 1 万元；继续追缴 B 公司违法所得 2178250.99 元、陆某某违法所得 2000 元、吴某某违法所得 6800 元，予以没收，上缴国库。

明某某不服一审判决，向江苏省无锡市中级人民法院提出上诉。

明某某主要上诉理由为：（1）一审法院将专利侵权案件中权利人损失的计算方法套用至商业秘密犯罪案件存在错误；（2）以 A 公司在 2009 年 9 月 1 日至 2010 年 12 月 31 日涉案四种过滤机的平均利润作为依据计算 A 公司的损失金额错误，而应当以 B 公司纯利润作为 A 公司损失金额。

江苏省无锡市中级人民法院经审理认为：

根据我国《刑法》的规定，影响侵犯商业秘密罪的罪名成立及量刑轻重的情节标准是权利人的损失，而非犯罪行为人的获利，两者并非同一概念，不可以直接替换。而且以权利人损失作为定罪量刑标准，比以犯罪行为人获利作为标准更能保护权利人的合法权益，更能体现出法律对商业秘密犯罪的惩罚性。故明某某提出应以 B 公司的纯利润作为损失认定数额，无法律依据，二审法院不予采纳。

无论商业秘密刑事诉讼还是民事诉讼，权利人的损失均是事实认定的问题，具有同质性，不存在因诉讼类型不同，其损失确定方法亦应不同的情形。原审判决援引最高人民法院《关于审理不正当竞争民事案件应用法律若干问题的解释》《中华人民共和国专利法》及司法解释的规定确定 A 公司的损失计算方法并无不妥。B 公司相关过滤机的生产、销售依赖于涉案技术秘密，其销售客户亦多为 A 公司的原客户，这意味着 B 公司侵占了原本应由 A 公司享有的市场份额，其生产、销售相关过滤机数量就代表着 A 公司失去了相同数量的交易机会。而且 B 公司的非法竞争行为必然会造成 A 公司产品利润的下降，A 公司也就失去了 B 公司犯罪行为实施前应当享有的正常的产品利润额度，故 A 公司在 B 公司生产、销售相关过滤机的产品利润应当作为计算其损失的合理利润，以该产品利润乘以 B 公司侵权产品销售总数所得之积作为权利人的损失的计算方式，不仅具有合理性，而且更符合刑法条文中对于权利人损失的界定。故明某某提出原审法院将专利民事诉讼中权利人损失的计算方法套用至商业秘密犯罪案件存在错误的上诉理由不成立，二审法院不予支持。

综上，二审裁定驳回上诉，维持原判。

【点评】

《中华人民共和国刑法》第二百一十九条所规定的侵犯商业秘密罪与该节其他条文相比较，最大的一个区别就是该条所要求的数额针对的是"给商业秘密的权利人造成重大损失"而不是"销售金额"或"违法所得数额"。根据《关于办理侵犯知识产权刑事案件具体应用法律若干问题的解释》第七条的规定，由于侵权人给商业秘密权利人造成经济损失的数额大小，是追究侵权人是否承担刑事责任以及承担何种刑事责任的标准。而且就本罪法条的经济性和实用性要求来看，"造成重大损失"和"造成特别严重后果"也应当是指经济损失数额才符合法条的原意。那么，在办理涉及商业秘密犯罪的案件确定金额时，权利人损失具体应如何计算？对此，我们认为需要特别注意以下两点：

（一）诉讼类型的不同，并不导致权利人因商业秘密被侵害所造成损失的认定方法的不同

虽然我国刑法对侵犯商业秘密的犯罪数额的计算方法没有明确规定，但是无论商业秘密刑事诉讼还是民事诉讼，权利人的损失均是事实认定的问题，具有同质性，不存在因诉讼类型不同，其损失确定方法亦应不同的情形。鉴于最高人民法院《关于审理不正当竞争民事案件应用法律若干问题的解释》第十七条明确《反不正当竞争法》第十条规定的侵犯商业秘密行为的损害赔偿额，可以参照确定侵犯专利权的损害赔偿额的方法进行，所以，民事审判中对于侵犯商业秘密行为损害额的计算方法理应可以适用到刑事审判领域，特别是在涉及侵犯技术秘密的情况下，由于技术秘密与专利比较接近，侵权人的侵权目的在于获取权利人核心技术用以自有产品的生产、销售，侵权产品得以挤占权利人市场份额的最根本原因就是侵权人使用了与权利人相同的核心技术使侵权产品与权利人的产品功能无实质性差异，所以参照专利法及其司法解释的规定予以计算更为客观和公正。《中华人民共和国专利法》第六十条规定"侵犯专利权的赔偿数额，按照权利人因被侵权所受到的损失或者侵权人因侵权所获得的利益确定。"《最高人民法院关于审理专利纠纷案件适用法律问题的若干规定》第二十条第二款、第三款规定："权利人因被侵权所受到的损失可以根据专利权人的专利产品因侵权所造成销售总量减少的总

数乘以每件专利产品的合理利润所得之积计算。权利人销售量减少的总数难以确定的，侵权产品在市场上销售的总数乘以每件专利产品的合理利润所得之积可以视为权利人因被侵权所受到的损失。"

（二）应当合理选择权利人因技术秘密被侵害造成损失的计算方式

接下来的问题是：《最高人民法院关于审理专利纠纷案件适用法律问题的若干规定》第二十条第二款、第三款的区别在于两个"总数"的不同，一个是权利人产品的销售总量减少的总数，一个是侵权人侵权产品的销售的总数，两者相比，哪个更精确、更具合理性？

我们认为：应当以第三款所规定的侵权人侵权产品的销售总数作为依据更精确，也更合理。首先，权利人产品的销售总量减少的总数难以确定，通常情况下除却权利人单方陈述外缺乏确凿的证据加以证明。而且即便权利人提出明确数量，在市场经济条件下，很少存在权利人占据某一行业全部市场份额的情况，考虑到市场竞争中存在的交易价格、市场整体波动等多种不确定性因素，如果将权利人减少的销售数量完全归责于侵权人侵权行为，则相对于侵权人似乎缺乏公平性和合理性的支持。其次，以侵权人侵权产品的销售总数作为依据则可以避免上述问题，该总数通常可以通过审计侵权人经营状况获得。考虑到侵权人系通过侵权行为在侵权产品上使用了与权利人相同的核心技术，权利人与侵权人在产品所采取的核心技术方面并无实质性区别，两者达到了相同的技术效果，侵权人仅是利用价格优势而非技术优势抢占了原本应当属于权利人的交易机会。所以以侵权人相关侵权产品的销售数量作为权利人因侵权行为所减少的产品销售数量更具合理性。

综上所述，在审理涉及侵犯商业秘密，特别是涉及技术秘密的案件中，如侵权人已经将涉案技术秘密投入实际生产并对外销售，那么在计算侵权人侵权行为给权利人造成的损失以定罪量刑时，应当首选以侵权人利用该技术秘密所生产并实际销售的侵权产品数量乘以权利人销售同类产品的合理利润所得之积作为损失依据。

四　侵犯商业秘密罪中犯罪数额的认定
——费某侵犯他人商业秘密刑事诉讼案

【案例导读】

根据我国《刑法》第二百一十九条第1款的规定，侵犯商业秘密罪构成要件客观方面的要素之一是犯罪行为给商业秘密的权利人"造成重大损失"，故构成侵犯商业秘密罪必须是侵犯商业秘密"造成重大损失"的行为。但《刑法》并未对侵犯商业秘密罪的"造成重大损失"作出界定和说明，最高人民检察院、公安部在2001年发布的《关于经济犯罪案件追诉标准的规定》第六十五条规定："侵犯商业秘密，涉嫌下列情形之一的，应予追诉：1. 给商业秘密权利人造成直接经济损失数额在五十万元以上的；2. 致使权利人破产或者造成其他严重后果的。"最高人民法院、最高人民检察院在2004年发布的《关于办理侵犯知识产权刑事案件具体应用法律若干问题的解释》第七条则规定："实施《刑法》第二百一十九条所列行为之一，给商业秘密的权利人造成损失数额在五十万元以上的，属于'给商业秘密权利人造成重大损失'。"两高解释删去了"直接"二字。但是，司法解释仍然未能解决侵犯商业秘密罪构成犯罪的具体标准，即如何计算"重大损失"，并没有进行明确。

在侵犯商业秘密罪的司法认定中，作为商业秘密的客户名单因被告人非法利用，造成权利人自身损失数额难以计算的情形，被告人与相应客户的利润率也无法确定，可以按照权利人与相应客户的利润率乘以被告人与相应客户的贸易量，视为被告人的侵权获利数额。同时，因维系与客户之间的贸易关系而支付大额佣金，应当排除在侵权人的"合理利润"之外，不再计入权利人遭受的实际损失数额。

【案情】

公诉机关：无锡市崇安区人民检察院

被告人：费某

一审法院：江苏省无锡市滨湖区人民法院

江苏弘业永盛进出口有限公司（以下简称弘业公司）系一家拥有进

出口经营权的公司。被告人费某于 2000 年进入弘业公司工作，先后任业务员、部门副经理、部门经理、总经理助理、副总经理。这期间，弘业公司安排被告人费某负责通过外商与 INTERMARKET、PULSE CREA-TION、CHEFWEAR 等公司开展外贸服装出口业务。弘业公司开发上述客户后，通过多年的贸易，掌握了这些客户的交易习惯、交易意向等特殊经营信息，与客户相互磨合而形成一定的业务关系。在费某与弘业公司签订的劳动合同书的附加保密条款中约定："职工必须保守公司商业秘密……外销人员离开公司三年内不得从事原商品原客户的外销业务，并不得将所掌握的公司信息透露给其他人员或其他公司。"同时，该公司每月向费某支付保密费。2010 年 5 月，费某从弘业公司离职后，前述三家客户再未与弘业公司开展业务。

2010 年 5 月至 2012 年 3 月，被告人费某违反与弘业公司签订的保密协议，使用其所掌握的弘业公司的经营信息，通过江阴晟腾进出口有限公司（以下简称晟腾公司）、无锡睿创进出口有限公司（以下简称睿创公司）与弘业公司上述客户开展外贸业务。

经审计，无锡宝光会计师事务所有限公司（以下简称宝光所）出具两份审计报告，载明：弘业公司自 2007 年 1 月 1 日至 2010 年 5 月与涉案三客户出口贸易量为 21271571.81 元，综合毛利（营业利润）为 4535224.03 元；2010 年 5 月至 2012 年 3 月，晟腾公司、睿创公司与涉案三客户的出口贸易量扣除佣金，净出口贸易量为 34623141.03 元；由于晟腾公司、睿创公司存在重大明显的虚列成本等情况，无法计算出每笔业务的毛利率。根据公安机关重新委托审计要求及本院的补充审计要求，江苏天衡会计师事务所有限公司（以下简称天衡所）于 2013 年 3 月 22 日出具审计报告。公诉机关据此指控被告人费某给弘业公司造成的损失为：以晟腾公司、睿创公司名义与涉案三客户出口贸易量 19935273.84 元、9503735.45 元、7205936.96 元，分别乘以 26.74%、28.75%、12.06%（均为弘业公司与三客户分别的营业利润率），合计约 8932052.16 元。

2013 年 11 月 21 日，被告人费某家属向弘业公司退赔 400 万元，弘业公司于同日出具谅解书，对被告人费某表示谅解，要求法院对其从轻处理。

被告人费某表示自愿认罪，但辩称公诉机关指控其侵犯弘业公司商业秘密所造成的损失数额过高。其举证了江苏公证天业会计师事务所（以下简称公证天业所）出具的苏公 W〔2012〕E6001 号商定程序报告，证明经委托执行商定程序，睿创公司自 2010 年 11 月至 2012 年 2 月，与客户 PULSE CREATION、CHEFWEAR 营业收入、营业毛利情况。

【审理及判决】

一审法院经审理认为：本案的关键是确定被告人费某犯罪行为造成弘业公司的损失金额。商业秘密是一种无形财产，侵犯商业秘密给权利人所造成的损失，更多地表现为权利人竞争优势的降低、市场份额的减少甚至商业秘密因被公开而灭失。参照《中华人民共和国反不正当竞争法》第二十条，"……被侵害的经营者的损失难以计算的，赔偿额为侵权人在侵权期间因侵权所获得的利润"。本案被告人费某实际获利难以查实，无法据此认定权利人的损失数额。根据相关司法解释，确定侵犯商业秘密行为的损害赔偿额，可以参照确定侵犯专利权的损害赔偿额的方法进行，即权利人销售量减少的总数难以确定的，侵权产品在市场上销售的总数乘以每件专利产品的合理利润所得之积可以视为权利人因被侵权所受到的损失。按照上述规定，本院认为，公诉机关以费某与涉案三家客户的贸易量分别乘以弘业公司与该三家客户的营业利润率，合计总数后作为权利人具体损失，具有一定合理性。但公诉机关据此计算的8932052.16 元，还应再扣除被告人费某离职后为与涉案客户发生贸易而向中间商支付的佣金。因为佣金乃商事活动中支付的合理对价，应计入交易成本而非利润。故本院在扣除佣金后认定被告人费某给弘业公司造成的实际损失金额为 6910295 元。

被告人费某违反约定，使用其所掌握弘业公司客户名单的商业秘密，给商业秘密的权利人造成特别严重后果，其行为已构成侵犯商业秘密罪。被告人费某虽未主动归案，但在公安机关侦查阶段如实供述了自己的罪行，可以从轻处罚。在本案审理期间，被告人费某主动向被害单位退赔经济损失，有悔罪表现，并取得被害单位谅解，还可酌情从轻处罚。根据被告人费某的犯罪情节和悔罪表现，对其适用缓刑不致再危害社会，可对其宣告缓刑。江苏省无锡市滨湖区人民法院作出如下判决：被告人费某犯侵犯商业秘密罪，判处有期徒刑三年，缓刑五年（缓刑考验期，从判决确定之日起计算），并处罚金人民币 400 万元（罚金在本判决生效后十日内缴纳）。

一审宣判后，被告人费某未提出上诉。

【点评】

在理论上，侵犯商业秘密犯罪行为给商业秘密权利人造成损失数额的认定，一般遵循以下两个原则：第一，对于能够计算权利人损失的，应当首先以权利人的实际损失数额作为本罪的数额标准；第二，权利人的损失数额难以计算的，将侵权人在侵权期间因侵犯商业秘密所获得的实际利润认定为本罪的犯罪数额。在权利人的损失数额和侵权人所获得的实际利润均难以查实时，这就需要法院根据案件的具体情况，结合法律及司法解释的规定精神作出合理的认定。

侵权人在侵权期间与各客户所发生的业务量，乘以权利人被侵权前与各客户开展贸易业务对应的营业利润率，所乘之积合计相加，合计约 8932052.16 元。该计算方法具有科学性和合理性，对于侵权人的必要合理支出，也应当在计算数额的基础上予以合理扣除。具体理由详释如下：

（一）契合刑法条文的基本规定以及相关司法解释的解释原则

我国《刑法》对于侵犯商业秘密罪的罪状表述为"……给商业秘密的权利人造成重大损失……"与销售假冒注册商标的商品罪的"……销售金额较大……"以及侵犯著作权罪"……违法所得较大……"等表述均不相同。刑法对侵犯商业秘密罪的罪状构建中强调的是犯罪行为给权利人带来的损失，而非行为人所获得的利益。参照我国《反不正当竞争法》第二十条规定的民事侵权损害赔偿计算方法，"经营者违反本法规定，给被侵害的经营者造成损害的，应当承担损害赔偿责任，被侵害的经营者的损失难以计算的，赔偿额为侵权人在侵权期间因侵权所获得的利润"。现根据天衡所审计报告，费某实际获利难以查实。

最高人民法院《关于审理不正当竞争民事案件应用法律若干问题的解释》第十七条第一款规定，确定反不正当竞争法第十条规定的侵犯商业秘密行为的损害赔偿额，可以参照确定侵犯专利权的损害赔偿额的方法进行。《最高人民法院关于审理专利纠纷案件适用法律问题的若干规定》第二十条第二款规定："权利人因被侵权所受到的损失可以根据专利权人的专利产品因侵权所造成的销售总量减少的总数乘以每件专利产品的合理利润所得之积计算。权利人销售量减少的总数难以确定的，侵权产品在市场上销售的总数乘以每件专利产品的合理利润所得之积可以视为权利人因被侵权所受到的损失。"在计算侵犯商业秘密罪所造成损失时，应当以权利人因侵权行为失去业务，进而失去本应当可以获得的利益来界定权利人的损失，这样更符合立法的表述和精神。

（二）商业秘密的特殊价值得以充分彰显和认定

商业秘密的重要价值在于能够确保权利人处于市场竞争优势，获取较高的经济效益。由于费某利用从弘业公司获取的客户信息秘密从事交易，使弘业公司与外商客户通过交易能获取的合理利益遭受损失，弘业公司再未与上述客户交易，这意味着费某侵占了弘业公司原本应当享有的市场份额，其与外商客户发生的贸易量就代表着弘业公司失去了相同数量的交易机会。费某的非法竞争行为必然会造成弘业公司失去交易机会，弘业公司也就失去了费某犯罪行为实施前应当享有的正常的贸易利润。故弘业公司商业秘密受侵害后的营业利润率，以该公司与外商客户之前四年交易的平均利润率来作为计算依据，再乘以费某与外商客户发生的外贸服装业务净出口贸易量，具有合理性。虽然审计报告中的利润可能与费某营业利润率之间存在偏差，但是整体而言，该计算方式能够较为真实地反映弘业公司因被侵权所受到的损失，且更符合刑法条文中对于权利人损失的界定。

弘业公司主张的客户名单，应一一分开统计贸易量及营业利润，不统算为平均利润率。审计报告统计显示，弘业公司与三客户的毛利率分别为14.52%、29.59%、30.33%。分别计算可以明确商业秘密范围内各客户的价值，使统计更有针对性，计算也更科学。由行业协会出具的《关于我市纺织服装自营出口行业毛利率的说明》也表明近年来行业平均毛利率大体在20%—25%的区间内波动，一定程度上佐证了上述营业利润率具有合理性。

（三）"合理利润"并非等同于"净利润"

法律规定，侵犯商业秘密损失计算可以比照专利侵权的损失计算，"权利人销售量减少的总数难以确定的，侵权产品在市场上销售的总数乘以每件专利产品的合理利润所得之积可以视为权利人因被侵权所受到的损失",但法律对"合理利润"的理解未进一步明确。费某申请以晟腾公司、睿创公司业务单位涉案交易所获得的净利润来计算弘业永盛所遭受的损失。首先,关于损失以净利润计算,并无法律依据,事实上,一般是根据营业利润(即类似于"毛利")统计权利人损失。其次,从审计的技术操作上看,如果需要统计单笔贸易净利润,必须统计所有会计年度的贸易数额,统计所有的成本,在此基础上才能分摊各项运营成本,而分摊成本的方式,审计上并无统一规定;不同的成本分摊方式,会有不同的计算结果,使统计结论不具有唯一确定性。最后,委托审计报告均认为,晟腾公司、睿创公司存在成本核算不规范、记账不规范等,且由于委托审计提供的材料中未有相关的资料,无法按委托要求计算营业利润,因而实际上也无法统计净利润。

商定程序报告是由睿创公司自行委托,该委托审计并无法律依据,且其结论与公安委托的审计报告并不一致,故无法作为损失认定的计算依据。而且根据我国《刑法》的规定,影响侵犯商业秘密罪的罪名成立及量刑轻重的情节标准是权利人的损失,而非犯罪行为人的获利,两者并非同一概念,不可以直接替换。以权利人损失作为定罪量刑标准,比以犯罪行为人获利作为标准更能保护权利人的合法权益,更能体现出法律对商业秘密犯罪的惩罚性。

(四)侵权人在侵权过程中的合理支出应当排除在"合理利润"之外

费某与相应客户发生贸易过程中,支付了大额佣金,对客户的商业价值产生重要影响,则该部分佣金应予合理扣除,不再计入权利人遭受的实际损失数额。佣金乃商事活动中支付的合理对价,应当计入成本而非利润,在统计弘业公司与涉案客户的四年营业利润率时,天衡所出具的审计报告因故未能对应扣除支付给 RAJ 的全部佣金(约354221.25元)。弘业公司与涉案客户四年的贸易总量约2000余万元,而被告人费某离职后,与涉案客户所发生的贸易量一年即达3000余万元,贸易量有大幅度增加,而同期其向 RAJ 支付的佣金数额亦从四年支付35余万元,增加为一年支付了200余万元。被告人费某实际向 RAJ 支付的佣金为2021757.16元,对客户的商业价值产生重要影响,直接体现为贸易量的增加及利润额的提升,则该部分佣金应予合理扣除,不再计入弘业公司遭受的实际损失数额。故本案认定被告人费某给弘业公司造成的损失为6910295元。

五　知识产权维权行为与商业诋毁行为的"分界点"

——上海某烘焙器具有限公司诉某器具（无锡）有限 公司商业诋毁纠纷案

【案例导读】

根据我国《反不正当竞争法》规定，构成商业诋毁行为的主观方面必须是故意，客观方面则表现为捏造、散布虚伪事实，损害竞争对手的商业信誉、商品声誉。知识产权权利人出于维权需要而公开的信息有可能基于其主观认识并存在偏差，但如果此种主观认识是依据基本的客观事实得出的逻辑推理，就不应被认定为反不正当竞争法意义上的虚构事实行为。

【案情】

原告：上海某烘焙器具有限公司

被告：某器具（无锡）有限公司

一审法院：无锡市中级人民法院

原告、被告均为国内生产烘焙器具的企业。Femac公司是新加坡一家从事食品设备生产及咨询的有限责任私人公司，于1995年在新加坡注册开业，其公司董事蔡利发（EDDIE CHUA LEE HUAT）系该公司法定代表人。

2008年6月28日，原告通过电子邮件向Femac公司董事EDDIE CHUA LEE HUAT发送报价单一份，载明原告作为供应商向客户Femac公司提供总价为166万美元的特氟龙法式面包烤盘，规定了材料、规格、数量、单价以及支付条件，Femac公司在此报价单上签字盖章，确认了该笔订单。

2008年9月18日，Femac公司董事EDDIE CHUA LEE HUAT向原告发送一份电子邮件，该邮件表明是对"订单确认"的回复，该邮件中就2008年6月28日其与原告的订单事项，进一步明确了分12批次发货，以及每批次货物的数量及发货时间，第一批货的发货时间为"2008 年 10 月份最后一天或之前"，邮件中 Femac 公司向原告表明将尽快支付定金。

2008 年 9 月 9 日，被告向无锡市中级人民法院起诉，诉称原告和无锡市某橡胶制品有限公司侵犯其 "一种带波纹的面包烤盘" 实用新型专利的专利权。2009 年 2 月 19 日，被告向本院申请撤诉，2009 年 2 月 23 日，法院出具（2008）锡民三初字第 0190 号 - 1 民事裁定书，准许其撤诉。

2008 年 10 月 3 日，Femac 公司董事 EDDIE CHUA LEE HUAT 向原告发送一份电子邮件，内容为：因原告与被告之间发生诉讼纠纷，Femac 公司对原告完成订单的能力表示怀疑，因此取消其与原告之间的订单。

2008 年 10 月 14 日，被告在其公司网站的 "信息发布——公司新闻" 一栏中，发布 "公平竞争、抵制侵权" 一文，文中提到其公司获得专利的烤盘，"现被上海某烘焙器具公司未经我公司授权仿制"，并称 "我公司正式向无锡市中级人民法院提起诉讼并已在受理之中"。2009 年 4 月 9 日，江苏省无锡市梁溪公证处根据原告申请对被告网页上的上述文章进行了公证保全，并出具（2009）锡梁证经内字第 002960 号公证书。

2009 年 4 月 16 日，EDDIE CHUA LEE HUAT 在江苏省无锡市梁溪公证处作出本案中 Femac 公司与原告三份邮件中的签名均系其本人所签的书面声明，公证处就此出具（2009）锡梁证经内字第 003301 号公证书。

原告诉称：2008 年 9 月被告向法院起诉称原告生产销售的法式小面包盘侵犯了其专利技术，在提起诉讼的同时，被告又在其公司网页上恶意散布原告侵犯其专利权并涉讼的信息，致使原告的新加坡客户以此为由解除了与原告的总价为 166 万美元的合同，被告通过互联网恶意散播原告侵犯其专利权信息的行为，损害了原告的商业信誉，构成商业诋毁。故请求判令被告赔偿原告订单损失人民币 350 万元，并承担本案诉讼费。

被告辩称：被告不存在原告诉称的侵权行为，原告要求被告赔偿订单损失没有事实和法律依据，请求驳回诉讼请求。

【审理与判决】

一审法院认为：反不正当竞争法规定，经营者不得捏造、散布虚伪事实，损害竞争对手的商业信誉、商品声誉。根据上述规定，构成商业诋毁行为其主体必须是同业竞争者，主观方面必须是故意而不是过失，客观方面则表现为捏造、散布虚伪事实，损害竞争对手的商业信誉、商品声誉。

本案中，被告与原告虽同为烘焙行业经营者，但其在主观方面并无诋毁原告的故意，被告作为"一种带波纹的面包烤盘"实用新型专利的合法权利人，其依法有权向法院提起维护其专利权的诉讼，原告认为，被告在其网站上发布"公平竞争、抵制侵权"一文虽是在 Femac 公司取消订单后，但其起诉后必然故意通过口头传播等途径散布此类信息，才最终导致 Femac 公司取消订单，因此被告主观上有诋毁的故意。一审法院认为，被告作为专利权人，有权公开指控同业竞争者侵犯其专利权，亦有权公布其提起诉讼的事实，不能因上述行为直接推定被告主观上具有商业诋毁的故意，原告的上述主张无相应证据佐证，也不符合法律规定；客观方面，被告并无捏造、散布虚伪事实的行为，被告于 2008 年 10 月 14 日在其公司网站上所发布的文章，陈述了其起诉上海某烘焙器具公司的事实，既未提及原告，也未捏造、散布与真实情况不相符的虚伪事实。庭审中原告确认被告拥有合法诉权，但其认为被告在起诉后，在法院尚无判定的情况下，就单方面认定原告侵犯其专利权，并在其网站上公开散布该信息，是属于对真实事件的不正当陈述，意在诋毁、贬低竞争对手的商誉。一审法院认为，被告公开指控他人侵犯其专利权，系专利权人的一种主观判断，并非反不正当竞争法意义上的虚构事实行为，这种主观判断是否符合客观事实，是否会被人民法院采信，并不影响被告上述行为的正当性，即使上述行为会对被指控人产生不利的影响，也不能将其归入商业诋毁行为，而且被告在其涉案文章中，真实地陈述"该案已被受理并在审理中"，不会使读者得出法院已认定构成侵权的结论，不能就此认定被告在公司网站上发布的文章属于对真实事件的不正当陈述。此外，被告于 2008 年 10 月 14 日在公司网站上发布文章，而 Femac 公司是 2008 年 9 月 18 日确认与原告的订单，2008 年 10 月 3 日取消该订单，因此原告因订单取消而导致的经济损失与被告的行为并无因果关系，且原告并未提交证据证明其因与 Femac 公司订单取消，而遭受利润损失的具体数额，因此其要求被告赔偿其经济损失人民币 350 万元的诉请，无事实和法律依据，亦不予支持。

一审法院依照《中华人民共和国反不正当竞争法》第十四条,《中华人民共和国民事诉讼法》第一百二十八条的规定,判决:驳回原告的诉讼请求。

一审宣判后,原告不服,向江苏省高级人民法院提起上诉,但在审理中撤回了上诉,江苏省高级人民法院作出民事裁定书,准许原告撤回上诉。上述判决即发生法律效力。

【点评】

商业诋毁行为,也称为商业诽谤行为,属于反不正当竞争法所规制的行为,它是指经营者自己或利用他人,通过捏造、散布虚伪事实等不正当手段,对竞争对手的商业信誉、商品声誉进行恶意的诋毁、贬低,以削弱其市场竞争能力,并为自己牟取不正当利益的行为。就其构成要件而言,其主体必须是同业竞争者,主观方面必须是故意而不是过失,客观方面则表现为捏造、散布虚伪事实,其侵害的客体则是竞争对手的商业信誉或商品声誉。

司法实践中重在保护私权的知识产权法与重在界定国家的市场规制行为的反不正当竞争法时常会产生交集,而知识产权维权行为与商业诋毁行为就属于此种情况,这种交集的表现形式就是,知识产权权利人为维护自己的权利,在同业竞争领域打击侵权者,通常会采取向侵权人发送律师函、刊登对比性广告或声明性广告、向有关经济监督管理部门作关于侵权人情况的投诉、通过网络刊登公开声明以及提起侵权诉讼等维权方式,而这些方式有可能在一定程度上会损害被控侵权人的商誉,法院能否认定上述维权行为落入商业诋毁行为的架构?

(一) 客观上是否存在"捏造、散布虚假事实"的行为是判定行为性质的关键

从商业诋毁的法律要件来看,作为同业竞争者的知识产权权利人,其出于维权目的的相关行为,主观上应不具有恶意,但不排除某些知识产权权利人利用知识产权维权的方式以达到损害同业竞争者的商誉、战胜竞争对手的目的。然而,即使知识产权权利人主观上有此恶意,且对同业竞争者的商誉造成了一定损害,但由于证明主观恶意本身具有一定

难度，加之行为人在客观上如未实施公开捏造、散布虚假事实的行为，因此仍不能将其归入商业诋毁的范畴。例如，权利人明知同业竞争者所使用的核心技术与其享有的专利或商业秘密不同，仍针对同业竞争者公开提起侵权诉讼，但只要其未就此捏造虚假事实并公开散布，上述诉讼仍应被认定为恶意诉讼，而不是商业诋毁。由此可见，知识产权维权行为与商业诋毁行为的主要分界点，就在于是否存在客观上的"捏造、散布虚假事实"的行为。

（二）在基本事实基础上的主观判断瑕疵并不构成"捏造、散布虚假事实"的行为

尽管法律规定明确，但司法实践中如何认定商业诋毁的"捏造""散布"等要件，不同判断常常会导致不同结论。"捏造、散布虚伪事实"的界定，主要应在于所公开的内容是否与客观事实基本相符，还是严重背离客观事实，只有严重背离客观事实才能构成捏造，而严重背离客观事实是指行为人违背诚实信用的商业准则以及维护市场正当合理竞争秩序的要求，将完全没有事实基础的信息或举动公之于众。需要注意的是，有论点认为严重背离客观事实既包括凭空捏造，也包括建立在一定事实基础上，通过断章取义、夸大扭曲的方式作出的关于竞争对手的诋毁性的不公正陈述，但实践中往往存在行为人对外公开的信息内容中夹杂着其自身的主观认识，这种主观认识可能存在偏差，这种情形下是否构成虚假事实会出现不同的判定标准。一般而言，如果此种主观认识是依据基本的客观事实得出的逻辑推理，哪怕这个推理有某种瑕疵或者是与客观情况有些许出入，也不应当就此认定为反不正当竞争法意义上的虚构事实行为。本案中，被告就是在提起知识产权维权诉讼的同时，在其公司网站上公布信息，陈述其因专利产品被某公司未经授权仿制而提起了侵权诉讼，虽然该被控侵权事项最终未得到法院认定，但该信息中亦陈述"该案已被受理并在审理中"，因此该信息中关于侵权的表述系专利权人的一种主观判断，而知识产权权利人只有在依据其发现初步的事实，判断其权利已遭受侵犯的基础上，才会收集证据向法院提起侵权诉讼，这种情况是知识产权维权中常见的逻辑思路，因此该判断是否会被人民法院采信，并不影响被告行为的正当性以及对其所公布的信息基本符合客观事实的认定，也就是说，被告在其网站上公开发布上述内容信息的

行为，并未越过知识产权维权行为与商业诋毁行为的分界点。

目前全国法院审理的商业诋毁案件有增加趋势，公众对于商业诋毁案件有了更为广泛的关注，而在国家大力提升知识产权保护力度的形势下，知识产权维权诉讼亦是成倍增长，司法实践中类似本案这种涉及知识产权维权行为与商业诋毁行为交集的案件亦必将越来越多，因此从制度良性安排以及整个知识产权维权的角度来看，应严格适用我国《反不正当竞争法》中关于商业诋毁的客观行为要件的规定，明确界定"捏造和散布虚伪事实"的标准。

六 一个侵权行为涉及多个知识产权领域侵权时的法律适用

——无锡某纺织机械器材有限公司诉安徽省某精密机械
科技有限公司、杭州阿里巴巴广告有限公司实用新
型专利侵权案、著作权及不正当竞争侵权案

【案例导读】

我国《著作权法》规定，摄影作品、文字作品等均为著作权法保护的对象。我国《商标法》规定，未经商标权人同意，更换其注册商标并将该更换商标后的商品重新投入市场的，属于侵犯注册商标专用权行为。我国《专利法》明确规定：发明和实用新型专利权被授予后，除本法另有规定的以外，任何单位或者个人未经专利权人许可，都不得实施其专利，即不得为生产经营目的制造、使用、许诺销售、销售、进口其专利产品，或者使用其专利方法以及使用、许诺销售、销售、进口依照该专利方法直接获得的产品。另外，我国《反不正当竞争法》规定，经营者不得利用广告或者其他方法，对商品的质量、制作成分、性能、用途、生产者、有效期限、产地等作引人误解的虚假宣传。本案涉及以上多部法律的适用，为企业采取多种手段保护自身知识产权提供了启示。

【案情】

（一）著作权侵权及不正当竞争案民事诉讼一审程序

原告：江苏无锡某纺织机械器材有限公司（简称"A公司"）

被告：安徽某精密机械科技有限公司（简称"B公司"）、杭州阿里

巴巴广告有限公司

　　一审法院：杭州市滨江区人民法院

　　（二）实用新型专利侵权民事诉讼一审程序

　　原告：A 公司

　　被告：B 公司、杭州阿里巴巴广告有限公司

　　一审法院：杭州市中级人民法院

　　（三）案情介绍

　　A 公司在 2011 年上半年研制了几款纺机设备，随后对设备进行了拍照，并制作成产品宣传册，在展会、客户等场合发放；同时，A 公司还就这几款设备委托专利代理机构于 2011 年 6 月 13 日向国家知识产权局申请了名称为"一种金属针布包卷机动力源的机架"的实用新型专利，授权公告日为 2011 年 12 月 28 日，专利号为 ZL201120196874.0，该专利公告授权的权利要求如下：

　　1. 一种金属针布包卷机动力源的机架，其特征在于：包括移动底板（1）、立轴（2）、活动撑板（4）、定滑轮（5）、旋转块（6）、托块紧圈（7）、螺杆撑杆（8）、万向滑轮（9），移动底板（1）的下平面前端部位装有两个定滑轮（5），移动底板（1）的上平面上固定安装有两根垂直且相互平行的立轴（2），立轴（2）上安装可上下平行活动的动力源（11），在两个立轴（2）上分别安装了活动撑板（4），活动撑板（4）上的一条直角边上装有两个旋转块（6），可以绕立轴（2）做旋转运动，旋转块（6）上面设置有托块紧圈（7），活动撑板（4）另一条直角边的头部装有螺杆撑杆（8）和万向滑轮（9）。

　　2. 如权利要求 1 所述的金属针布包卷机动力源的机架，其特征在于：移动底板（1）上设置有立轴固定件（3），立轴（2）通过立轴固定件（3）和移动底板（1）连接。

　　3. 如权利要求 1 或 2 所述的金属针布包卷机动力源的机架，其特征在于：移动底板（1）上还设置有电动推杆（10），通过电力控制调整动力源（11）的高低。

　　B 公司看好这几款设备的销售，同时注意到 A 公司没有在网络上进行销售，便翻拍了 A 公司宣传册上的多幅设备照片，将设备照片中 A 公司的商标通过电脑修图去掉，替换上 B 公司自己的品牌，于 2015 年初投

放到 B 公司位于阿里巴巴网络平台上进行销售，标价明显高于 A 公司的实际销售价格，一并上传的还有 A 公司宣传册上关于这几款设备的简要说明及技术特征等文字；同时，B 公司把自己公司生产的相同、相近功能的多款设备也放在该平台上一起销售。

A 公司发现后，对 B 公司位于阿里巴巴网站上的照片及信息进行了网页公证证据保全，并以 B 公司侵权其著作权、商标权，以及存在不正当竞争行为为由，将 B 公司起诉至杭州市滨江区人民法院；同时，以 B 公司许诺销售其专利产品，构成专利侵权为由，将 B 公司起诉至杭州市中级人民法院。

【审理及判决】

庭审期间，B 公司辩称其本身并不生产该设备，如果有客户需要也得从 A 公司处进货，赚的是低买高卖的差价，并没有损害 A 公司的利益，相反还在为 A 公司做免费推广，是一个合作共赢的事情。

经过杭州市中级人民法院开庭审理，于 2014 年 9 月判决 B 公司实用新型专利权侵权成立；经过杭州市滨江区人民法院开庭审理，于 2014 年 9 月判决 B 公司著作权侵权及不正当竞争侵权成立。

【点评】

（一）关于专利侵权行为中许诺销售行为的理解

我国《专利法》第十一条明确规定：发明和实用新型专利权被授予后，除本法另有规定的以外，任何单位或者个人未经专利权人许可，都不得实施其专利，即不得为生产经营目的制造、使用、许诺销售、销售、进口其专利产品，或者使用其专利方法以及使用、许诺销售、销售、进口依照该专利方法直接获得的产品。

上述法条规定了许诺销售属于专利侵权的五种行为中的一种。所谓许诺销售，就是指在非法销售行为实际进行前的这样一个特定的阶段所进行的一些特定的行为，包括发布广告、展览、公开演示、寄送价目表、拍卖公告、招标公告以及达成销售协议等表明销售专利产品的行为。

其目的在于在商业交易的早期阶段及时制止侵权行为，将侵权行为扼杀在"侵权可能"或"即发侵权"的阶段，防止将来专利侵权产品的传播，从而减少专利权人的损失。同时，许诺销售权还是对其他专利独占实施权的补充。如可以截住专利侵权人向合理使用人出售侵权产品的渠道，避免专利权人因使用人的豁免而得不到应有的救济，从而从另一角度保护了专利权人的使用权。简而言之，增加许诺销售权，就是加强对专利权人的保护。

许诺销售行为具有以下特征：第一，行为发生在实际销售之前，行为的目的是为了实际销售。如果行为人确实进行了演示、展览专利产品或专利方法的行为，但目的不是销售，而是为了诋毁有关专利技术等其他目的，则构成不正当竞争行为，不属于许诺销售。实际销售的目的可以是直接地表示愿意销售，如寄送价目表、拍卖公告、招标公告等；也可以是间接地表示将要销售，如展览、公开演示等。第二，许诺销售的行为表示可以是针对特定人的，也可以是针对非特定人的。第三，许诺销售的表示可以是书面的，也可以是口头的，还可以是通过实际行为进行。第四，许诺销售行为可以是单一的，也可以是与其他侵权行为相复合。

结合到本案，B公司将A公司的专利产品图片放到阿里巴巴网站上进行销售的行为符合许诺销售的上述特征，属于专利侵权，所以杭州中院经审理判决了B公司专利侵权成立。

（二）企业应充分利用法律，加强对相关知识产权的多重保护

首先是著作权的保护。企业研发出新的产品，在对外做宣传时，通常都要进行产品的图片展示，应注意自己所拍摄制作的产品照片、图片以及相关文字说明是有著作权的，且著作权是自创作完成时自动产生，并不需要依申请授权程序取得。当企业在发表这些产品照片、文字的时候，要特别注意将这一过程中的相关证据保存好（如原始照片、宣传册印刷合同等）。本案中，A公司针对自己研发的设备所拍的照片，以及对这些设备所配的文字说明，均具有著作权，他人未经著作权人的许可而使用上述照片及文字说明的行为已经构成著作权侵权。

其次是商标权的保护。对于商标，我国实行的是商标注册制，未经注册的商标保护力度是非常弱的，往往导致商标抢注行为的发生。在市场经济条件下，商标无疑是一种有价值的资源，而我国实行的是在先注册原则，对于企业来说，商标布局如同专利布局一样，必须尽早去做。

本案中，B 公司将 A 公司设备上的注册商标去掉后更换上其自己的商标并重新销售的行为，已构成侵犯注册商标专用权。

再次是专利权的保护。本案中，B 公司在网络上推出 A 公司专利产品的营销广告的行为，属于许诺销售专利产品行为，已经构成专利侵权。因为许诺销售专利产品的行为是否构成专利侵权，不以行为人自己是否生产该专利产品为前提。

最后是知识产权的反不正当竞争法保护。在市场竞争活动中，不正当竞争既可以单独存在，也可以和侵害商标权、著作权、专利权的行为等并存。本案中，B 公司一方面将打上自己品牌标记而实际是 A 公司生产的产品的标价定得过高，使其高于 A 公司实际销售价；另一方面将自己生产的同类型产品的价格定得比 A 公司生产的产品定价低。对于 B 公司的行为，其目的具有双重意义：既是通过侵犯 A 公司的商标专用权和专利权，达到获取利益的目的，又通过不正当竞争手段，混淆专利产品的真实来源，进行虚假广告宣传，造成消费者误认误购。

本章涉及主要法律条文

《中华人民共和国刑法》（2011 年修订）

第二百一十九条："有下列侵犯商业秘密行为之一，给商业秘密的权利人造成重大损失的，处三年以下有期徒刑或者拘役，并处或者单处罚金；造成特别严重后果的，处三年以上七年以下有期徒刑，并处罚金：（一）以盗窃、利诱、胁迫或者其他不正当手段获取权利人的商业秘密的；（二）披露、使用或者允许他人使用以前项手段获取的权利人的商业秘密的；（三）违反约定或者违反权利人有关保守商业秘密的要求，披露、使用或者允许他人使用其所掌握的商业秘密的。"

《中华人民共和国反不正当竞争法》（1993 年）

第二条："经营者在市场交易中，应当遵循自愿、平等、公平、诚实信用的原则，遵守公认的商业道德。"

第五条："经营者不得采用下列不正当手段从事市场交易，损害竞争对手：（一）假冒他人的注册商标；（二）擅自使用知名商品特有的名称、包装、装潢，或者使用与知名商品近似的名称、包装、装潢，造成和他人的知名商品相混淆，使购买者误认为是该知名商品；……"

第十四条："经营者不得捏造、散布虚伪事实，损害竞争对手的商业信誉、商品声誉。"

《最高人民法院关于审理不正当竞争民事案件应用法律若干问题的解释》（2007 年）

第一条："在中国境内具有一定的市场知名度，为相关公众所知悉的商品，应当认定为反不正当竞争法第五条第（二）项规定的'知名商品'。人民法院认定知名商品，应当考虑该商品的销售时间、销售区域、销售额和销售对象，进行任何宣传的持续时间、程度和地域范围，作为知名商品受保护的情况等因素，进行综合判断。原告应当对其商品的市场知名度负举证责任。"

第十七条第一款："确定反不正当竞争法第十条规定的侵犯商业秘密行为的损害赔偿额，可以参照确定侵犯专利权的损害赔偿额的方法进行；确定反不正当竞争法第五条、第九条、第十四条规定的不正当竞争行为的损害赔偿额，可以参照确定侵犯注册商标专用权的损害赔偿额的方法进行。"

《最高人民法院关于审理专利纠纷案件适用法律问题的若干规定》（2001 年）

第二十条第二款："权利人因被侵权所受到的损失可以根据专利权人的专利产品因侵权所造成的销售总量减少的总数乘以每件专利产品的合理利润所得之积计算。权利人销售量减少的总数难以确定的，侵权产品在市场上销售的总数乘以每件专利产品的合理利润所得之积可以视为权利人因被侵权所受到的损失。"

第 三 编

知识产权法专论

第十二章

销售假冒注册商标的商品罪既未遂认定之司法反思

史 瑞

内容摘要：理解销售假冒注册商标的商品罪既未遂之分的原理，是正确制定、适用法律的基础。现行司法解释对于销售假冒注册商标的商品罪既未遂入罪问题作出了明文规定，但在司法实践中却发现该规定存在不足，需要对其审视反思，以完善制度设计，切实保护好商标权人的权利。

关键词：数额犯 销售假冒注册商标的商品罪 销售金额 货值金额

2011 年 1 月 10 日，最高人民法院、最高人民检察院、公安部颁布的《关于办理侵犯知识产权刑事案件适用法律若干问题的意见》（以下简称《意见》）第八条对销售假冒注册商标的商品罪的既未遂入罪问题作出了规定，笔者通过司法实践却发现该条文的规定不利于打击犯罪，削弱了商标权的保护力度。本文拟对销售假冒注册商标的商品罪的既未遂理论进行探讨，在此基础上对现行刑法规制的不足予以反思分析，并提出可行的解决办法，以期对司法实务工作提供一些帮助。

一　销售假冒注册商标的商品罪既未遂的理论分析

（一）销售假冒注册商标的商品之销售金额未达到"数额较大"不涉及犯罪既未遂评价

我国《刑法》第二百一十四条规定：销售明知是假冒注册商标的商品，销售金额数额较大的，处 3 年以下有期徒刑或者拘役，并处或者单处罚金。由此可见，销售假冒注册商标的商品罪属于典型的数额犯。相关司法解释以销售金额为 5 万元作为立案标准。在司法实践中遇到的难题是：行为人销售明知是假冒注册商标的商品，销售金额为 3 万元，该行为是不是犯罪未遂？

对于数额是入罪条件（犯罪构成要件）还是入刑条件（处罚条件），学界存在争议。一种观点为"构成要件说"，认为：在以数额较大作为量刑要素的情况下，没有达到数额较大的标准就不构成犯罪。[①] 另一种观点为"处罚条件说"，认为：数额只是客观处罚条件，情节是说明社会危害程度的重要部分，虽然法律未明文规定，但认定数额犯无法脱离情节。所谓的客观处罚条件一般是指犯罪虽已成立，但必得其他事由赋予条件始发刑罚而可以处罚之情形而言。[②] 笔者赞同"构成要件说"，理由如下：

1. "处罚条件说"与我国现有的刑法基本理论违背。"处罚条件说"来源于日、德，是以犯罪三阶层理论为背景，该观点认为达不到追诉标准缺乏数额要件的行为仍然成立犯罪，笔者认为该观点值得商榷，理由如下：一是扩大了打击面，违背了立法者意图将"数额"作为该罪的罪与非罪界限的目的；二是混淆了"构成要件"在不同理论背景下的含义。在三阶层理论中，构成要件符合性（又叫该当性）是第一个层次，根据构成要件符合性来评价，销售假冒注册商标的商品销售金额达不到立案标准仍为犯罪，在第三个层次有责性评价时，因金额达不到立案标准就不需要处以刑罚了。故在三阶层理论背景下，"处罚条件说"具有合理性。但在我国犯罪构成四要件理论背景下，犯罪必须具有严重的社会危

---

①　陈兴良：《作为犯罪构成要件的罪量要素》，《环球法律评论》2003 年。

②　陈朴生、洪福增：《刑法总则》，台湾五南图书公司 1982 年版，第 114 页。

害性、刑事违法性和应受刑罚处罚性，行为符合犯罪构成要件是犯罪成立的唯一根据，行为不应受刑法处罚，就必然不构成犯罪。销售假冒注册商标的商品罪是数额犯，"数额犯中的数额要件反映的是行为的社会危害性程度，从而决定了行为是否构成犯罪"①。因此，5 万元的销售金额是界定该罪罪与非罪的标准，销售假冒注册商标的商品销售金额达不到立案标准就不构成犯罪。

2. 销售金额达不到立案标准，无法作出既未遂评价。刑法分则只是规定基本的构成要件，在分则条款中对成立犯罪既遂所必须具备的条件予以明文规定。而犯罪未遂、犯罪中止属于构成要件的修正形式。构成要件的修正形式是以基本的犯罪构成要件的存在为前提，将其进行修正之后所设计的犯罪类型，包括未遂、中止。② 也就是说，对行为是否属于犯罪既未遂评价，是以基本的犯罪构成要件的存在为前提的，前提不存在，就不能进行既未遂评价。综上，销售金额为 3 万元达不到立案标准，故不构成犯罪，基本的犯罪构成要件也就不存在，就不会涉及犯罪既未遂评价的问题。

（二）销售假冒注册商标的商品罪有既未遂之分

销售假冒注册商标的商品罪作为数额犯，有无既未遂之分？学界存在三种观点：（1）否定说：不承认有既未遂之分，认为数额的功能在于出罪，如果将不具备数额标准的行为作为未遂犯处理违背立法宗旨。③（2）肯定说：承认有既未遂之分，认为由于行为人意志以外的原因，犯罪数额未达到法定标准，就是犯罪未遂。④ （3）折中说：认为数额犯分结果数额犯和行为数额犯两类，在结果数额犯中，达到了法定标准的数额，犯罪方能成立，不存在未遂之说；以法定的数额作为犯罪构成行为要件定量标准的行为数额犯中，存在既未遂之分。⑤

---

① 谈磊：《论销售假冒注册商标的商品罪的既未遂形态的认定》，《时代金融》2012 年第 5 期中旬刊。

② ［日］大谷实：《刑法讲义总论》，黎宏译，中国人民大学出版社 2008 年版，第 103 页。

③ 唐世月：《数额犯论》，法律出版社 2005 年版，第 117 页。

④ 张勇：《数额犯论》，中国方正出版社 2004 年版，第 92 页。

⑤ 刘之雄：《犯罪既遂论》，中国人民大学出版社 2003 年版，第 133 页。

笔者对上述观点予以分析：首先，数额达不到立案标准，就不构成犯罪，就不能追究刑事责任，故否定说所认为"如果将不具备数额标准的行为作为未遂犯处理违背立法宗旨"之顾虑是根本不存在的；其次，无论是否出于行为人意志以外的原因，只要犯罪数额未达到"数额较大"的标准，必定不构成犯罪，也无法进行既未遂评价，故肯定说系纯粹的伪命题；最后，折中说有其合理之处，厘清了构成犯罪和在构成犯罪的前提下再区分既未遂的逻辑层次，同时还注意到了"销售"不是单一的行为，而是由行为人购进、运输、仓储、售出、结款等一系列行为组成，在此过程中会存在犯罪停止的情形，故在理论上是站得住脚的。

二　销售假冒注册商标的商品罪既未遂之分的刑法规制及其不足

通过上文分析，销售假冒注册商标的商品罪有既未遂之分，折中说的观点具有合理性。《意见》第八条规定：销售明知是假冒注册商标的商品，具有下列情形之一的，依照我国《刑法》第二百一十四条的规定，以销售假冒注册商标的商品罪（未遂）定罪处罚：（一）假冒注册商标的商品尚未销售，货值金额在15万元以上的；（二）假冒注册商标的商品部分销售，已销售金额不满5万元，但与尚未销售的假冒注册商标的商品的货值金额合计在15万元以上的。假冒注册商标的商品尚未销售，货值金额分别达到15万元以上不满25万元、25万元以上的，分别依照我国《刑法》第二百一十四条规定的各法定刑幅度定罪处罚。销售金额和未销售货值金额分别达到不同的法定刑幅度或者均达到同一法定刑幅度的，在处罚较重的法定刑或者同一法定刑幅度内酌情从重处罚。由此可见，我国在司法解释中采用了折中说，注意到了"销售"是由行为人购进、运输、仓储、售出、结款等一系列行为组成，并以"售出"作为既未遂的分界线。但笔者认为该规定在司法实践中存在三方面的不足：

（一）人为过度抬高未遂犯罪的立案标准，不符合宽严相济的刑事政策

构成要件的修正形式是以基本的犯罪构成要件的存在为前提，数额

犯的数额只要符合基本的犯罪构成要件，且能区分既未遂的话，那就可以对数额达到立案标准的案件以犯罪未遂来定罪处罚。假冒注册商标的商品尚未售出就被查获，货值金额 5 万元，是否能以犯罪未遂来定罪处罚呢？从理论上讲是完全可以以未遂来定罪处罚的。但是《意见》规定假冒注册商标的商品尚未销售，货值金额在 15 万元以上的，才予以定罪处罚。为什么不以货值金额 5 万元作为未遂犯罪的追诉标准，有关方面给出的解释是：为了防止打击面过宽，才以 15 万元为追诉的起点。笔者认为 15 万元为追诉起点的规定不符合宽严相济的刑事政策：在当前假冒注册商标的商品销售猖獗、泛滥的背景下，应当严厉打击侵犯商标犯罪，加大打击力度，而非人为抬高入罪门槛，否则有放纵犯罪之嫌。

（二）脱离司法实践，难以保护商标权人的合法权益

从司法实践的角度来看，销售假冒注册商标的商品罪的行为人往往具有一定的反侦察能力，查办销售假冒注册商品的商品案件，一般都要"人赃俱获"。由此导致的后果是："赃"不在行为人手中，如果行为人拒不供述，就难以证明其犯罪，往往会最终因证据不足，不能追究其刑事责任；"赃"在行为人手中，又只是犯罪未遂，处罚又相对较轻。特别是在商品零售业中，行为人已经销售出多少假冒注册商标的商品，根本无法查清；能够查获的仅仅是行为人库存的、尚未销售的假冒注册商标的商品，这只是冰山一角，查获的却又要以未遂论，导致对行为人的处罚是轻之又轻。例如，行为人从事个体商品零售，销售假冒注册商标的商品多年，也没有相关的财务资料，进货、销货也全是现金交易，后被公安机关当场查获尚未销售假冒注册商标的商品，货值 20 万元，行为人拒不交代，由于在零售业中购买者众多、人员不确定，已经销售的货物金额根本无法查清，只能认定其犯罪金额为 20 万元，且系销售假冒注册商标的商品罪未遂，按照刑法的规定，还可以从轻或减轻处罚。而事实上行为人已经销售的假冒注册商标的商品价值远远不止 20 万元，按照未遂从轻、减轻处罚，现行的规定严重削弱了对销售假冒注册商标的商品犯罪的打击力度，不符合司法实践。

（三）可能会造成罪刑不相适应，有违司法公正

根据《刑法》和相关司法解释的规定，销售金额在 5 万元以上的，属于"数额较大"，法定刑在三年以下有期徒刑或者拘役，并处或者单处罚金；销售金额在 25 万元以上的，属于"数额巨大"，法定刑为三年以上七年以下有期徒刑，并处罚金。如果按照《意见》第八条的规定，可能会出现以下现象：甲已销售假冒注册商标的商品 24 万元，又被查获尚未售出的货值 1 万元的假冒注册商标的商品，那么根据法律的规定，这货值 1 万元的商品只能作为酌定从重处罚情节来考虑，甲最多是被判处三年有期徒刑；行为人乙还没有来得及将假冒注册商标的商品销售就被查获，货值 25 万元。根据法律的规定，对乙量刑时，第一步是按照 25 万元既遂的标准来确定其量刑档次为三年以上七年以下有期徒刑，第二步是按照未遂的标准对其从轻或者减轻处罚。假如是对乙从轻处罚的话，乙完全有可能被判处四年有期徒刑。显然，甲涉案的 25 万元的商品中已有 24 万元商品售出流入社会，而乙的 25 万元的商品还未流入社会，甲的社会危害性要比乙的社会危害性要大，但是甲的宣告刑最多是三年有期徒刑，而乙的宣告刑可能是三年以上有期徒刑，会出现罪刑不相适应。

三   其他国家和地区的做法介绍

当我国现有的规定出现不足时，我们可以把目光转向其他国家和地区，借鉴其做法：（1）法国《知识产权法典》第 716—10 条规定了持有、销售或者提供带有假冒商标的产品或者服务罪，对这些犯罪可处以最高为 2 年的监禁刑或罚金。① 法国刑法第 422 条规定，无正当理由，持有明知贴有伪造或冒用标识的产品，或者故意售出、经销、供应或提供该项标识的产品或服务，处 500 法郎至 15000 法郎的罚金，并处 3 个月至 3 年的监禁或者单处其一。（2）中国台湾地区"刑法"第 254 条也规定了贩卖、陈列、输入、伪造、仿造商标、商号货物罪，将明知是伪造或者仿

---

① 高明暄、〔法〕米海依尔、戴尔玛斯·马蒂主编：《刑事国际指导原则研究》，中国人民公安大学出版社 1998 年版，第 158—160 页。

造商标、商号的货物，进行贩卖或意图贩卖而陈列的行为按照犯罪而论处。[①]

由此可见法国的法律中，对"持有"作为打击的对象，而"购进"这一行为必定导致"持有"，而中国台湾地区则将"贩卖"作为打击对象，贩卖是行为，不要求一定要"售出"，故法国和中国台湾地区的做法是：只要行为人有购进或售出当中的一个行为，即可构成犯罪（既遂），根本不强调"售出"。

四　解决刑法规制不足的办法

基于当前销售假冒注册商标的商品泛滥猖獗的状况，司法实践中发现的问题以及其他国家和地区的做法等多方面因素的考虑，笔者认为：销售假冒注册商标的商品罪中"销售"一词使用不恰当，使用"经销"则比较适当，即应当将"销售假冒注册商标的商品罪"改为"经销假冒注册商标的商品罪"，并据此对刑法分则的相关条文予以修改。"经销"具有经营、销售的含义。笔者的目的也很明确，"销售假冒注册商标的商品罪"，是以"售出"作为犯罪既未遂的分界线，而"经销假冒注册商标的商品罪"，只要行为人着手实施任何经销行为之一（包括以销售为目的的购进、运输、持有、售出、结款等），且非法经营数额达到数额较大的标准，犯罪也就宣告完成，行为就构成犯罪既遂，根本不要求"售出"，既简便易行，避免司法不公，又能加大对犯罪的惩罚力度，切实保护好商标权人的权益。

---

① 杜国强、廖梅：《侵犯知识产权罪比较研究》，中国人民公安大学出版社 2005 年版，第 171 页。

第十三章

知识产权专家陪审制度研究

苏　强

内容提要：知识产权案件审理的过程中涉及大量的技术事实认定，这对缺乏专业知识的法官来说，无疑是一道难以逾越的鸿沟，而专家陪审制度将为法官跨越此鸿沟搭建起一座桥梁。本文探讨了专家陪审制度在技术事实查明上与其他制度相比存在的优势及存在的一些问题，提出在知识产权案件中引入专家陪审制度的必要性以及如何完善该制度。

关键词：知识产权　专家陪审　制度完善

在人类社会进入信息化时代后，高科技带来的新类型案件层出不穷，这些新类型案件在知识产权纠纷中表现得尤为明显。此类案件的审理过程经常涉及专业技术事实的认定问题，这些技术事实问题主要包括：（1）在专利侵权纠纷中，被控侵权产品的技术特征与涉案专利的技术特征是否构成相同或等同；（2）在计算机软件著作权侵权纠纷中，被控侵权作品是否存在剽窃以及源代码的甄别；（3）在侵害商业秘密纠纷中，被诉侵权技术信息是否属于非公知信息；（4）在商标侵权纠纷中，判断商标组成是否构成相同或近似等。[①] 对此类问题，法官往往囿于知识的阈限，难以识别或认定，为此，在近几年的司法实践中，一些法院积极尝试引入专家陪审制度。

---

① 赵静：《对我国知识产权陪审制度的思考》，《中国专利与商标》2002年第4期。

一　知识产权专家陪审的优势所在

最高人民法院于 1991 年 6 月出具的《关于审理第一审专利案件聘请专家担任陪审员的复函》是法院使用技术专家担任人民陪审员最早的依据。2010 年 1 月施行的最高人民法院《关于人民陪审员参加审判活动若干问题的规定》第五条是专家参与陪审具体制度安排的开始，也为专家陪审员参与庭审提供了法律依据。作为人民陪审制度的一种，知识产权专家陪审具有有效的发现案件真相，防止司法专权，最大限度保证案件的公正审理，体现主权在民的司法民主化和构建司法与社会的良性互动机制的制度优势。[①]

（一）与各项技术查明制度相比，知识产权专家制度更具优势

当案件中涉及技术问题的查明，需要技术专家参与时，不同的国家制定了包括专家辅助人、技术顾问、专家证人、鉴定人、技术咨询专家、法庭技术顾问等各项制度，与知识产权专家陪审相比，这些制度存在以下不足。

首先，对于专家辅助人、技术顾问制度。2002 年 4 月 1 日，最高人民法院正式颁布实施的《最高人民法院关于民事诉讼证据的若干规定》（以下简称《民事诉讼证据规定》）及 2013 年 1 月 1 日起施行的《中华人民共和国民事诉讼法》（以下简称现行《民事诉讼法》）都规定了专家辅助人制度。然而，《民事诉讼证据规定》第 61 条属于第一次探索性规定，较为笼统，实践中理解难免产生歧义。现行《民事诉讼法》虽对专家辅助人制度从基本法层面予以了确认，但处于边探索边发展时期，理论界对其认识依然不统一，实践中也缺乏可操作性规范，因此这两项制度在司法实践中存在以下弊端：（1）由于后两者一般都由当事人所聘请，所以这两者难以做到中立；（2）由于其最终是为当事人服务的，故当其出具虚假的意见时，会使原本就难以查清的技术事实变得更加扑朔迷离，从而影响审判效率；（3）给当事人增加了诉讼成本，让原本应公平、公

---

① 吴广强：《知识产权专家陪审之正当性与制度完善》，《人民司法》2014 年第 24 期。

正的诉讼程序，变成了财力大比拼，财力雄厚者可以高薪聘请富有诉讼经验的专家辅助人或技术顾问，囊中羞涩者可能会因聘请不起专家辅助人或技术顾问陷入败诉的困境。这两项制度之所以存在上述弊端，究其原因在于其与当事人存在利益关系，由于专家陪审员与当事人无利益瓜葛，故可以保证其处于中立地位，避免上述问题的发生，从而使案件得以公正、高效地审理。

其次，对于技术咨询专家、法庭技术顾问制度。近年来最高法院以及北京、上海、广东以及江苏等地的不少法院先后聘请了在某一领域内的领军人物或专家，作为法院审理案件时的"特邀科学技术咨询专家"，为审判工作提供可靠的科学技术支持，帮助法院审理涉及专业知识的一系列案件，该两项制度虽然在一定程度上解决了案件技术难题，但仍存在以下弊端：（1）法庭咨询问题的过程不公开，导致与司法公开的原则不相符；（2）当问题过于复杂时，此种咨询方式过程烦琐、费时；（3）无论是技术咨询专家的咨询意见，还是法庭技术顾问的评判意见，其效力在法律上均无明确规定，但事实上却对合议庭影响极大，容易导致审判权的旁落。专家陪审员能够避免上述制度给人以暗箱操作、专家意见无法律依据等问题。

最后，对于专家证人、鉴定人。专家证人制度在英美法系中存在已久，故无论是在理论还是在实践中，均形成了很多可供借鉴的宝贵经验，但由于专家证人系当事人主义的产物，在我国职权主义的模式下，难以发挥其优势，而鉴定人制度则存在鉴定时间较长影响审判效率，法律未强制鉴定人出庭致使鉴定人不出庭等问题。相对而言，专家陪审员可以直接参与庭审，全面了解案情，准确高效地解决技术问题，提高审判效率。

（二）知识产权专家参与庭审可以体现司法民主和提高审判质效

首先，美国当代著名政治学家罗伯特·达尔认为民主至少包含五项标准：（1）有效的参与；（2）投票的平等；（3）充分的知情；（4）对议程的最终控制；（5）成年人的公民资格。[①] 在知识产权案件中，如不具备

[①]　［美］罗伯特·达尔：《论民主》，李柏光、林猛译，商务印书馆1999年版，第43页。

相关专业知识，陪审员将很难达到有效的参与、充分的知情、对议程的最终控制的要求，并且对于投票的平等也将仅是形式意义上的平等。而知识产权专家陪审员所具备的专业知识，使其能够满足上述所有的条件。所以，如果能在资格、范围、回避等问题上做出合理安排，知识产权专家陪审制度无疑比人民陪审制度更能实现司法民主，保护当事人的权益。

其次，"迟来的正义不是正义"，由于人民陪审员技术知识方面的匮乏，极易使其在知识产权案件中陪而不审、合而无议，从而导致案件的审理过程变得冗长，而知识产权专家陪审员所具备的专业知识，避免了其成为法官的附庸，使其不仅可以帮助法官及时查明技术事实，促使案件得以快速、准确地解决，而且其专业知识可以使双方当事人得到有效地沟通，便于案件达成调解，在增强司法透明度的基础上从根源上化解矛盾。故在知识产权案件中引入专家陪审，是高质效完成案件的保证。

二　知识产权专家陪审制度的完善

从制度运行的结果来看，知识产权专家陪审制在具有上述优点的同时，也存在以下几点问题：（1）由于法官专业知识的缺憾，极易在专业问题的查明和判断上过分依赖专家，导致知识产权专家陪审员在技术问题的认定上大权独揽，而这种情形不仅可能滋生权力寻租，危害司法权威，[①] 还可能使法官难以应对案件日益精杂化带来的挑战，更不利于法官专业素养的提高和审判技能的积累。（2）现行法律、法规未对知识产权专家陪审员的回避、报酬等问题予以明确的规定，容易出现知识产权专家陪审员的积极性不高，权责不一致等现象。上述问题表明了知识产权专家陪审并不是真正意义上的人民陪审，其只是具有了人民陪审的若干特点，那么在我国人民陪审制下，知识产权专家陪审在实践中暴露出的问题应如何加以解决？2005 年颁布施行的《关于完善人民陪审员制度的决定》（以下简称《决定》）以立法的形式对人民陪审员制度的完善做了规定，在现行人民陪审制的框架下，只要在制度设计上做出相应的变化，专家就能成为掌握专业技能的专家陪审员。笔者认为，应从以下几个方

---

① 刘洋：《防止专家陪审员成为新的腐败增长点》，《四川教育学院学报》2011 年第 11 期。

面来完善该制度：

（一）专家的任职条件应具有广泛性、灵活性

首先，由于"技术性问题"涉及的专业领域极为广泛，而每个专业领域内又有许多精细的分工，许多领域之间粗看之下很相似，但实际上却差异极大，所以立法没有必要对专家陪审员的资格做出统一的规定，但其必须为案件所涉技术问题领域的专家。其次，由于专家可以是拥有专门技能知识或经验的任何人，所以，在决定专家陪审员应具备什么样的资格时，不能要求过于严格，只要具有与案件所涉技术问题有关的知识或经验，且该知识或经验为法官所不具备即可，至于其是如何获得此知识或经验，是凭借多年的实践经验还是数年的教育背景，不是判断其是否具备专家陪审员资格的标准。这样方能充分发挥专家陪审制所应具有的实用性、灵活性和广泛性的优势。

（二）建立知识产权专家陪审库系统

该系统的理想模式应是建立国家级的专家库系统，该系统中应有每位专家的详细资料介绍，包括地域、行业、专长等。知识产权专家陪审的选取应遵守个案确定原则，在法院的主持下由双方当事人在系统中选取。当双方当事人共同提出选取申请，且专家陪审员为双方共同选定的人选时，法院应尊重当事人的选择，不再另行选取，如双方不能达成一致意见，则最终由法院选择任用。如只有一方提出选取申请，则法院应当征询另一方的意见，并给予其一定时间的异议期，如其异议成立且最终双方仍不能达成一致意见时，则最终仍由法院选择任用。如双方均未提出选取申请，但法院认为此案有必要选取专家陪审员时，应先征询双方当事人的意见，然后再做决定。

（三）专家参与庭审的方式

根据案件所涉技术问题的难易程度，合议庭的组成方式可灵活多变。具体方式为，当案件的技术问题相对比较简单时，可组成两名法官加一名专家的合议庭模式；当案件技术问题比较复杂时，可成立一名法官加两名专家的合议庭组成模式；当案件技术问题极为复杂时，可成立两名

法官加三名专家的合议庭组成模式，此时，为防止来自同一地域或领域的专家意见过于一致，应有意识地扩大专家选择的地域范围，以便最大限度地查明技术问题。

在庭审前，法官应就案情及法律适用进行简要介绍，确保专家对案情有所了解。庭审时，法官应着重就非法证据进行排除，确保专家做出判断的基础为合法证据，从而形成对事实认定的独立心证。合议时，先由承办人介绍案情及归纳争议焦点，再由专家对事实认定发表意见，最后按照承办人和审判长的顺序依次发表意见。

（四）专家的回避及报酬

依据《决定》的相关规定，人民陪审员的回避与法官的回避一样，系有因回避，即当事人在申请法官及陪审员回避时应当具备法定回避的理由，且应提供相关证据。知识产权专家陪审员作为人民陪审员的一种，在当事人申请其回避时，也应适用上述条款。同时笔者认为，受知识产权专家陪审员专业范围的限制，可供选择的专家陪审员数量远远小于人民陪审员数量，故当当事人认为该专家陪审员来自曾经处罚过其的机关，可能对其有偏见，或认为专家陪审员的学术观点可能对己不利从而申请其回避时，应不予准许。

由于法律并未规定专家应参与陪审，且部分专家身兼数职，其本身的业务也比较繁忙，目前的报酬规定和其参与陪审所遭受的损失相比相去甚远，在此情况下，专家愿意参与陪审已属难得，但亦导致其参与陪审的积极性不高，因此，专家因参与陪审支出的交通、住宿、生活补助等费用需要足额、及时地按照现行标准予以报销外，还应实行专家陪审员津补贴制度，根据辖区内外案件的复杂程度等因素制定津补贴标准。①

（五）专家陪审员的管理

笔者认为，享有权利就应承担义务，权利与义务应严格对等，专家陪审制度为人民陪审制中的一种特殊形式，其资格名册编录（数据库建立）、受聘程序、考核认定、证件颁发、出庭规则、权利义务等事项，都

---

① 刘乔发：《构建海事审判专家陪审员制度研究》，《人民司法》2011 年第 7 期。

必须进行统一的管理。而在统管机制、体制方面,必须适应专家陪审员的特殊性要求。具体管理制度的架构如下:

首先,建立专家陪审员的信用记录。法院可以建立起一套长期的专家陪审员信用记录制度,将其每一次作为专家陪审员的身份参与庭审的结果以及其意见是否被采信或被推翻的结果,以及书面司法意见是否被采纳、采纳程度等方面进行全方位的信用记录。信用记录不良则可能导致相应的不利后果,以此来确保专家陪审员在履行职责时更为谨慎细致,由此得出更为准确的鉴定意见或者评判意见,也能从根本上保障判决结果的准确性。

其次,建立专家陪审员的淘汰机制。专家陪审员除了实行任期制,到期符合条件的可以续聘,以及因为年龄、身体等自然原因予以淘汰外,对于任期内专家陪审员无正当理由拒不履行职责,或者参与庭审时违反庭审秩序,或者收受当事人的贿赂,故意发表不实意见,造成法院事实认定产生偏差,给对方当事人的合法权益造成损失的,应承担民事责任乃至刑事责任,并从名册中加以淘汰剔除。

最后,专家陪审员除由人大常委会任命,接受其监督,对其负责外,还要接受除此机构外的其他机构的监督。同时,为防止专家"专业霸权"的形成,英美法系对专家证词的规制可以作为参考,专家对待证问题的意见或推理应符合:(1)基于充分的事实或材料;(2)由可靠的原理或方法推论而来;(3)将这些原理或方法可靠地适用于案件的事实。① 通过责权的相统一,确保专家陪审制度能扬长避短。

---

① 2000 年《美国联邦证据规制》第 702 条, 2015 年 4 月 5 日访问。

第十四章

知识产权法定赔偿的实际适用情况分析

——以批量案件为数据模板

单甜甜

内容摘要：法定赔偿方式是法律提供给权利人就其侵权所遭受的损失主张赔偿的一种选择，这种选择目前已广泛应用于各类知识产权侵权案件审理过程中。知识产权批量案件是指同一个原告向多名被告提起诉讼，这类案件通常具有案件事实较为简单清楚、标的不大，常以调解、撤诉结案的特点。针对批量案件适用法定赔偿，既要考虑到制止侵权、维护权利人合法权益，又要综合考虑权利人维权动机、方式、手段等因素，从而净化维权市场，实现真正的守法经营、合理维权。

关键词：知识产权　侵权　法定赔偿　批量案件

随着知识产权日益成为国家经济发展的一股重要推动力量，各知识产权权利人对其权利维护的关注程度日益高涨，以诉讼的形式打击侵权成为权利人维护其自身合法权益的主要手段。在赔偿选择上，权利人通常选择法定赔偿方式，而这种方式在案件审理过程中所起的作用与其自身的性质有很大关联。本文将以知识产权批量案件为分析模板，分析知识产权法定赔偿方式的性质，并就法定赔偿方式在实际裁判中的应用情况进行分析。

一　知识产权批量案件的定义及现状分析

知识产权批量案件是指同一个原告向多名被告提起诉讼，这类案件通常具有案件事实较为简单清楚、标的不大，常以调解、撤诉结案的特点。在这类案件中，原告通常采取公证保全的方式，事先取得被告侵权的证据，然后在诉讼中选择法定赔偿方式，获取赔偿。近两年来，知识产权批量案件呈现出以下特点：（1）传统较易处理的侵犯图片著作权案件大幅减少，代之以侵犯发明、实用新型专利权、侵犯商标权等较为复杂的类型案件。（2）批量案件在数量上呈现稳中有升的趋势，权利人往往在一段时间内密集起诉，一来造成收案不均衡问题，二来导致被告相互串联，增加法院工作量、增大调解难度；三来可能导致从证据收集到起诉时间较长，被告主体变化等情况，增加审理障碍。（3）批量案件从传统的集中于小商品城所在区域为主发展为各区皆有、类型丰富、呈现"诉讼蔓延"的局面。造成这种状况的原因主要有以下几点：

1. 权利主体众多且维权频率较高，导致被告调解配合度较低。此类情况主要集中于被告为卡拉 OK 经营者及网吧的侵犯著作权案件。在涉及音乐作品及 MTV 作品著作权的案件中，无锡中院知识产权庭已经先后受理了权利人为中国音乐著作权协会、北京天语同声信息技术有限公司、北京鸟人艺术推广有限责任公司、重庆金盾知识产权代理有限公司四家公司为权利人的诉讼案件，不同的权利人分次分批对同一卡拉 OK 经营者提起侵权诉讼，不但引发卡拉 OK 经营者的反感抵触情绪，同时由于批量案件的合并处理，使赔偿总额客观上升，增加了被告履行赔付的难度。而不同权利主体所聘请的代理人不同，利益主体的多元化导致诉讼目的增多，而代理人利益差异性则直接影响了调解的成功率，客观上都造成了调解难度的增加，导致案件数量的激增。

2. 利益主体的多元化及代理人利益各有差异，导致诉讼请求的赔偿数额较高。部分权利人对维权期望值过高，且一些当事人提起知识产权诉讼不单纯是为了维护自身合法权益，更多的是为了获得额外的市场利益或通过诉讼直接干扰竞争对手的经营。诉讼中介市场管理不规范，代理人具有较高的趋利性，通过组织大规模维权诉讼，拆分案件，将其作为营利手段，从而降低了权利人的诉讼配合度，在一定程度上造成部分领域知识产权民事诉讼不正常增多的情况。除以上情形外，对于侵权人在外地的案件，权利人及其代理人还存在为争管辖而人为制造案件连接点的情况，采取非公证保全的手段购买侵权产品，从而将案件管辖权留在本市，客观上造成了原被告之间对立情绪的加剧。

3. 权利人或侵权人对于知识产权保护认识片面，拖长了案件审理的时间。这一问题突出反映在注册商标专用权与企业名称权之间的权利冲突纠纷中，在企业注册商标与其他企业的字号构成相同的情形下，部分企业过于绝对化地看待注册商标专用权的保护范围，不考虑其他因素，片面地认为凡是与其注册商标构成相同或近似的企业字号均不得继续使用。与权利人盲目扩张知识产权保护功能的法律认识相比，侵权人知识产权法律意识匮乏，或认为其行为并未侵权，或认为权利人应先给予一定的警告、宽限期而不应直接起诉等。同时，由于当前批量案件的被告以个体工商户为主，其在审理过程中通常会提出合法来源抗辩，但由于其举证、保存证据能力较差而无法提供有效证据支持，因此导致审判进程缓慢。而且由于批量案件通常采取集中处理的工作方式，被告之间相互串联，"抱团"现象突出，普遍存在拖延心理，给裁判工作的有效开展增加了难度。除法律观念、法律意识、法律知识的匮乏外，被告存在的偏执心理也成为调解的"拦路虎"。个体户被告的赔偿金额与其自身利益直接相连，被诉后往往以各种理由反映其经济上的困难，希望降低赔偿数额。虽然法官对其客观情况予以充分考虑、对其充分释明法律规定，但被告紧紧抓住"无力赔偿"这一理由，提出权利人根本不能接受的赔偿数额，导致案件无法调解成功，最终只能进入判决执行程序。

4. 原告证据存在瑕疵不足及被告反复侵权皆导致调解成功率的降低。当前批量案件的权利人主要采取公证保全的形式进行侵权取证，但有些公证书制作存在保全步骤不连续、公证内容不全面等不规范情况，极个别公证书甚至存在较大瑕疵，如现场照片反映情况与公证书记载内容明显矛盾等，从而降低了公证书的可信度，成为被告否认侵权行为的突破口。除原告的证据瑕疵外，被告反复侵权也使原告提出更高的赔偿数额和更为苛刻的调解条件，从而降低了调解成功率。

5. 诉讼效果的局限性导致侵权案件的后发性持续。诉讼请求中，权利人都会要求被告停止侵权，但在某些案件中，停止侵权会对被告日后经营产生影响，被告通常要求原告权利人许可其使用，但部分权利人的权利范围并不包含许可收费事宜，无法实现与被告纠纷的全面了结，从而导致被告反复侵权的后续事件。

二　知识产权侵权赔偿的性质

要准确定位法定赔偿的性质，首先应了解知识产权侵权赔偿的方式及权利人选择法定赔偿的现实因素，从而分析法定赔偿的优劣，并提出其性质构建的设想。

1. 立法对知识产权法定赔偿的规定。我国对知识产权侵权应承担的赔偿责任的规定散见于《著作权法》《商标法》《专利法》以及相应的司法解释中。[①] 通过对比法律条文规定可以看出，对于不同类型知识产权的侵权赔偿，立法采取了大体一致的赔偿计算方式，即以权利人的实际损失或者侵权人因侵权所获得的利益为赔偿依据，在损失或获利难以确定时，由法律确定一定数额以下的赔偿作为替代的赔偿数额计算方式。在赔偿数额上，权利人的实际损失或者侵权人的获利由主张者承担举证责任，法律对其数额并无明确限定。对于法定赔偿，我国《著作权法》和《商标法》规定了 50 万元以下赔偿数额，而《专利法》规定了 1 万元以上 100 万元以下的赔偿数额。

2. 权利人选择法定赔偿现实因素。知识产权案件侵权赔偿中所交错的利益的复杂性决定了法定赔偿成为最常用的赔偿方式。法律规定中虽然并未对赔偿的顺序作出明确的界定，但从立法对款项和字词的排列使用上看，法定赔偿似乎应该位于"全部赔偿"制度之后，而作为赔偿数额确定标准的实际损失和违法所得之间并无顺序问题，当事人可以自行选择。问题在于当事人对于法定赔偿是否具有选择权，而其选择权又是否能够得到实现。以实际损失或违法所得作为赔偿方式对当事人提出了较高的证明要求，因此当事人倾向在庭审中直接选择法定赔偿的方式，请法院酌定赔偿数额。不同地区对这个问题有着不同的处理方式。北京

---

① 　见《著作权法》第四十八条、《商标法》第五十六条、《专利法》第六十五条。

各级人民法院对于当事人提出直接适用法定赔偿一般不予支持，而江苏地区的法院普遍认可当事人直接选择法定赔偿的选择权。

权利人选择法定赔偿似乎是不得已而为之，因为通常情况下，权利人无法准确掌握侵权范围大小、时间长短，也就无法通过计算得出自己因侵权而遭受的损失或侵权人因侵权而获得的利益。而当权利人提出赔偿请求时，侵权人往往要求以其获利来作为赔偿依据，但这种抗辩主张无法得到法院的支持，理由有二：一是侵权人作为赔偿义务人，其必然会提供有利于自己的证据，从而使其提供的获利依据不具有真实性；二是根据民事诉讼对于举证责任的分配，侵权人在此并不承担证明自己获利情况的举证责任。在此种现实情况下，权利人只能选择法定赔偿。

3. 对法定赔偿性质的理解。在我国，通说认为知识产权的侵权损害采用全部赔偿原则，即"填平"原则，要求"侵权人以权利人的全部损失为限，对其进行全面赔偿。其性质是要填补权利人的实际损失"①。这种观点认为权利人获得的赔偿应以其遭受的损失为限，而权利人的全部损失可以等同于侵权人的不法利益。按照这种观点，权利人不得因侵权行为而获利，侵权人在侵权过程中利用自身的才能而获得的利益不应当算作权利人的损失。填平原则体现了传统立场对侵权损害赔偿的看法，即损害赔偿以补偿为限，不应当具有惩罚的性质，预防和抑制侵权行为的功能应该由行政法和刑法承担。

法定赔偿是对侵害知识产权的行为在全部赔偿原则不能有效适用时所采用的一种赔偿制度。对于法定赔偿的性质，学界的意见并不统一，有人认为法定赔偿只是对全面赔偿的特例，其自身并不具有惩罚性；② 也有人主张它是有补充性和惩罚性的；③ 还有人认为："法定赔偿的适用，对于遏制侵权、保护权利人的合法权益具有重大意义"④。

---

① 梅雪芳：《论法定赔偿在知识产权案件中的适用》，《山东审判》2005 年第 6 期，第 111 页。

② 如吴汉东等《知识产权基本问题研究》，中国人民大学出版社 2005 年版，第 605 页（张今、董炳和执笔）。

③ 如吴汉东等《知识产权基本问题研究》，中国人民大学出版社 2005 年版，第 347 页（胡开忠执笔）。

④ 李顺德、周详：《中华人民共和国著作权法修改导读》，知识产权出版社 2002 年版，第 189 页。

笔者认为，任何对赔偿数额及赔偿性质的讨论都不能离开裁判发生时的社会、经济、地理环境而孤立地进行。在当前国际经济缓慢复苏，国内经济逐步企稳并加快转型的大背景下，对于知识产权侵权赔偿的性质应界定为"补偿是赔偿损失的基本功能，制裁则是其辅助功能；补偿与制裁相辅相成，共同起着规范和调整民事主体和知识产权关系的作用"[1]。当今时代，知识产权的保护已经从权利人的单一方式自我保护转变成为一套从发现侵权到权利诉讼的多手段一条龙的保护方式，由此而产生了一系列知识产权保护的配套企业形式，如调查公司、知识产权代理所等，知识产权的侵权赔偿数额是多方利益主体的利益集合，如果固守侵权损害赔偿的填平原则而完全忽视其惩罚的性质，则会产生在侵权被发现前，侵权人可无偿使用他人的知识产权；在侵权被发现后，侵权人也仅仅承担诚实使用人所应当支付的费用这种情况。这样的理解实质上对侵权采取了纵容的态度，会挫伤权利人创新的积极性，不利于对权利人的保护，也不利于理解法官在适用法定赔偿时对诸如侵权情节、合理费用构成等多种因素所做的综合考量。因此，在当前知识经济与全球经贸一体化、知识产权制度成为加快我国经济增长方式转变和产业结构调整的重要手段之一的社会背景下，认可知识产权侵权赔偿中的惩罚性因素将充分发挥损害赔偿对于制止侵权的积极作用。

三　批量案件中适用法定赔偿的现实考量

法定赔偿在知识产权批量案件中的实际适用率接近100%，这是因为，批量案件的被告存在经营地分散、经营规模不大、财务管理简单、销售凭证不能反映真实销售情况等特点。同时，由于批量案件通常以调解、撤诉结案，权利人也不愿花大把精力在收集经济损失的证据上，故法定赔偿成为批量案件中赔偿方式的首选。法官在适用法定赔偿解决批量案件时，应考虑以下因素：

1. 在通过赔偿以制止侵权方面，应综合考虑侵权主体的主观过失程度、解决侵权案件的态度、侵权行为持续时间、侵权行为数量、侵权情

---

① 　朱鸿雁：《浅析知识产权侵权损害的赔偿》，《天津科技》2006 年第 1 期，第 53 页。

节等综合因素，从而综合确定赔偿数额。此一数额，应足以达到惩戒侵权人，但又不至于使其发生经营困难的程度。在计算上，可以复合运用实际损失和法定赔偿方式，即对可以查明的侵权人的获利或权利人的损失部分予以确认，同时对不能查明的部分在法定幅度范围内进行赔偿数额的酌定，以综合体现侵权赔偿的填平和惩罚性，变被动保护为能动保护。

2. 在通过赔偿维护权利方面，应通过审查合理开支的方式在维权同时遏制打击"打假经济""钓鱼打假"情况的发生。权利人通过公证形式进行的证据保全通常针对同一侵权人的一批行为，在个案裁判时，应将此类费用按照所保全的行为或物品的数量予以分摊。同时，实践中存在的权利人和代理人串通以抬高律师费等形式来增加赔偿数额的行为，针对这种情况，则既要参考本地代理一般收费水平，又要结合具体案情进行衡量，除了要看当事人提供的证据，还要运用法官在案件审理过程中形成的经验，并且区分律师代理人和非律师代理人的收费标准，打击不正当的代理费畸高问题。对于权利人以"钓鱼打假"方式进行维权，则应在确认侵权的情况下，在赔偿数额上予以适当降低，以体现法院对此种维权方式的态度。

四　结语

法定赔偿方式是法律提供给权利人就其侵权所遭受的损失主张赔偿的一种选择，这种选择目前已广泛应用于各类知识产权侵权案件审理过程中。针对批量案件适用法定赔偿，既要考虑到制止侵权、维护权利人合法权益，又要综合考虑权利人维权动机、方式、手段等因素，从而净化维权市场，实现真正的守法经营、合理维权。

第十五章

商业秘密刑民交叉案件的冲突及其解决

李 骏

内容摘要：侵犯商业秘密刑民交叉案件同时涉及刑事法律关系和民事法律关系，从而构成刑民交叉。以先刑后民的诉讼模式保护商业秘密存在很多弊端：对正常的技术创新和人才流动、对商业秘密刑事案件被告人举证能力、对商业秘密侵权诉讼民事法官独立审判、裁判尺度等产生不良影响。对于这类交叉案件应采取"先刑后民、民主刑辅"的处理模式，具体地说，一是深化改革，完善知识产权"三审合一"的审判模式；二是推进立法，完善商业秘密保护的民刑分工。

关键词：商业秘密 民刑交叉 处理模式

所谓侵犯商业秘密刑民交叉案件，是指该案件因同一侵犯商业秘密的法律事实同时侵犯了刑事和民事法律关系，从而构成刑民交叉。① 由于商业秘密的特性以及侵犯商业秘密的行为方式、行为性质以及权利人证据收集能力的不同，使侵犯商业秘密刑事案件和民事案件在处理过程、处理结果上产生冲突以及诸多矛盾，甚至干扰了社会对于商业秘密保护方法和途径的正确导向。如何解决这种冲突成为难题：是先刑后民，刑事审判的结果应作为民事案件审理的依据，还是先民后刑，以民事判决

---

① 胡良荣：《侵犯商业秘密刑民交叉案件处理的困惑与出路》，《知识产权》2011年第6期，第49页。

的认定作为是否启动刑事程序的基础？为此，我们通过对以往商业秘密司法保护中刑民交叉案件的形成原因、存在问题进行系统的梳理和研判，以求能够提出相应的解决对策以及完善手段，促进商业秘密法律保护的完善和健全。

一 侵犯商业秘密刑民交叉案件
形成原因及现有处理模式

（一）侵犯商业秘密案件刑民交叉的成因

《反不正当竞争法》是我国商业秘密保护的重要基础法律，我国《反不正当竞争法》将侵犯商业秘密的行为列为不正当竞争行为，其中第十条将商业秘密定义为"不为公众所知悉、能为权利人带来经济利益、具有实用性并经权利人采取保密措施的技术信息和经营信息"，同时详细列明了侵犯商业秘密的行为类型。该法第二十条、第二十五条亦明确了侵犯商业秘密行为所应承担的民事和行政责任。之后，为填补其对于商业秘密刑事保护的缺失，1997 年我国《刑法》增设第二百一十九条侵犯商业秘密罪，至此完成对商业秘密民事、行政、刑事的保护体系。

但是由于《刑法》第二百一十九条对于商业秘密概念完全照搬《反不正当竞争法》，仅是增加了"给商业秘密的权利人造成重大损失"的数额要求，这样就使那些给商业秘密权利人造成损失在或者可能在 50 万元以上的案件既可以通过民事程序保护，也可以通过刑事程序保护，由此形成侵犯商业秘密刑民交叉的现象。

（二）刑民交叉案件的现有处理模式

我国在商业秘密刑民交叉案件的处理中通常采取"先刑后民"或"刑事附带民事"的方式。即在民事诉讼活动中，如果发现涉嫌刑事犯罪时，应当在侦查机关对涉嫌刑事犯罪的事实查清后，由法院先对刑事犯罪进行审理，再就涉及的民事案件进行审理，或者由法院在审理刑事犯罪的同时，附带审理民事责任问题，在此之前，法院不应单独就其中的民事责任予以审理判决。① 简而言之，就是"刑事优先"。这里的优先体现在两个部分：一是位阶上的刑事优先，二是位序上的刑事优先。前者是指刑事判决的效力在位阶上应当高于民事判决，刑事判决的内容要对民事判决发生拘束力，即便民事判决已经先行作出并已生效，但刑事判决仍然可以将其推翻；后者是指在程序上刑事法律关系的确定应当优先于民事法律关系，应当优先适用刑事程序以确定被告人的刑事责任，或者在不妨碍刑事责任实现的前提下在刑事诉讼程序中附带处理民事责任问题。②

二　"先刑后民"处理模式的弊端

结合我国国情以及审判实践，我们认为"先刑后民"模式在处理侵犯商业秘密刑民交叉案件中将会带来诸多不良影响。

（一）对市场经济下正常的技术创新和人才流动的不良影响

有资料显示，我国商业秘密刑事案件中，60% 与人才跳槽有关。而在商业秘密侵权民事案件中，90% 与人才流动有关。同时，跟人才跳槽有关的商业秘密案件从民事案件转化成刑事案件正以每年 100% 的速度上升。③ 我们认为，当前，知识产权行政规范、民事规范对于商业秘密的保护已经日趋完善，只有当其他规范保护不了知识产权秩序时，作为最后手段的刑法才能得以启动④，即刑法的辅助性和补充性⑤。同时，商业秘密权作为一种私权，世界各国在将侵犯商业秘密罪确定为法定犯的一种，

---

① 赵文艳：《先刑后民原则的异化与扬弃——兼论刑民交叉案件的处理模式》，《福建警察学院学报》2009 年第 1 期，第 81 页。

② 万毅：《"先刑后民"原则的实践困境及其理论破解》，《上海交通大学学报》（哲学社会科学版）2007 年第 2 期，第 20—21 页。

③ 高晓莹：《论商业秘密保护中刑民分野与协调》，《北京交通大学学报》（社会科学版）2010 年第 4 期，第 110 页。

④ 王骏：《论商业秘密形式保护中的谦抑原则》，《商场现代化》2007 年第 36 期，第 268—269 页。

⑤ ［意］杜里奥·帕多瓦尼：《意大利刑法学原理》，陈忠林译，法律出版社 1998 年版，第 3—5 页。

确定给予商业秘密侵权行为以刑事制裁时都考虑到了必要性和合理性，采取较为审慎的态度，甚至在一定时期内拒绝给予商业秘密以刑事保护。如日本直到 1993 年才在修订的《不正当竞争防止法》中增设侵犯商业秘密的刑事责任条款。①

我国现行的"先刑后民"的审理模式以及"刑事优先"的审理理念使权利人更倾向于采取刑事手段进行维权，甚至有时故意通过低门槛的刑事控诉打击竞争和合理的人才流动。我们认为，刑罚处罚作为最严厉的处罚方式，无论最终成立与否，都将给予被控侵权人以极大的干扰与名誉、商誉的损害。侵犯商业秘密罪骤增，不应该是人才流动加速必须支付的代价。② 正常的人才流动以及合理的市场竞争应当给予支持、鼓励以及必要的保护，在尊重商业秘密权利人的知识产权的同时，也应当尊重其他权利主体的劳动选择权和公平竞争权，以促进科技发展和社会进步。刑事手段对于商业秘密这一私权的过多干涉无论是出于何种目的都不值得提倡，因为其从根本上违背了刑法的谦抑原则。

（二）对商业秘密刑事案件被告人举证能力的不良影响

首先，公安机关在"商业秘密刑事犯罪优先论"理念的影响下，或出于打击犯罪考虑，或地方保护主义需要，在刑事立案审查方面则不会过于严苛。被控侵权人很可能在公安机关立案后就被采取强制措施限制人身自由，其经营生产场所和设备也多被搜查和查封扣押，诉讼伊始便会遭到"灭顶之灾"，无法进行有效的抗辩，其举证能力受到严重限制。

其次，公安机关自侦自鉴，鉴定材料的收集以及鉴定机关的选择均由公安机关一手操办，被控侵权人甚至是权利人都无法参与，这样就使关于商业秘密是否成立以及被控侵权人技术是否与权利人商业秘密相同的鉴定鲜有不成立的。同时在传统刑事审判模式下，刑事审判庭可能会忽视对商业秘密权权属及结果的审查，导致在没有确认权属及侵权成立

---

① 戴永盛：《商业秘密法比较研究》，华东师范大学出版社 2005 年版，第 14 页。

② 周芬棉、曹丹：《"剽窃式跳槽"危及企业生存如何应对成难题》，法制网，2008 年 1 月 23 日。

的情况下作出有罪判决①。在商业秘密刑事案件中，被告人多会对鉴定程序中鉴定材料以及损失数额的确定提出异议，最后却往往因为无法自由地、有针对性地搜集并提交证据以佐证其观点，导致被法院驳回。此外，由于刑事审限较短，法院出于审限考虑通常也不会再次进行鉴定，最终导致商业秘密案件被告人通常会对刑事判决提出上诉，甚至申诉。这不仅造成了审判资源的浪费，同时也对法院判决的权威性造成了影响，亦不能达到"服判息诉"的判决效果。

（三）对商业秘密侵权诉讼民事法官独立审判的不良影响

依照"先刑后民"原则要求以及刑民事诉讼不同的证明标准，我们通常认为刑事诉讼证明标准高于民事诉讼，刑事诉讼裁判所确认的事实在民事诉讼中具有预决效力，可以免证。这样直接导致商业秘密成立与否、被控侵权人是否存在侵权行为以及被控侵权人给权利人造成损失的数额在刑事判决中早有定论，且应当适用至民事诉讼中，直接束缚了民事法官在此后民事案件的分析、判断。特别是由于裁判的思路、举证证明程度的要求不同，使民事法官对案件有不同认识的时候，产生颇多顾虑：若推翻刑事判决所认定的事实，可能导致刑事案件被认定为错案，涉及国家赔偿等一系列棘手问题，民事法官难免畏首畏尾。

（四）对商业秘密民事案件裁判尺度的不良影响

在我国，犯罪数额对侵犯知识产权犯罪的认定而言是一个重要因素，属于定罪量刑的一个重要法定情节，该数额分别包括非法经营数额、销售金额、违法所得数额、犯罪行为直接涉及的物件数量以及行为造成的直接经济损失等类别。② 而依据最高人民法院、最高人民检察院发布的《关于办理侵犯知识产权刑事案件具体应用法律若干问题的解释（一）》第七条的规定，给商业秘密权利人造成损失数额在 50 万元以上的，属于

---

① 江波、喻湜：《知识产权刑民交叉案件审理问题研究——以侵犯商业秘密案件为视角》，《知识产权》2008 年第 6 期。

② 刘宪权：《侵犯知识产权犯罪数额认定分析》，《法学》2005 年第 6 期。

"重大损失"，应当以侵犯商业秘密罪判处三年以下有期徒刑或者拘役，并处或者单处罚金，即给权利人造成经济损失50万元是分水岭。这样就引发一个问题，根据"先刑后民"的原则，当民事案件中能够确定原告商业秘密成立以及被告存在侵犯商业秘密的行为时，即便法官内心确认被告需要赔偿原告经济损失50万元以上，但是其都会考虑到若确定50万元以上赔偿额则依法需要将案件移送公安机关启动刑事程序，其也许将不能单独就民事责任进行判决，由此可能将导致民事案件的久拖不决，影响审限管理和绩效考核。为此，民事法官在处理商业秘密侵权案件时，即便判定侵权成立也多会选择在50万元以下确定赔偿额，避免刑事程序的启动，这样既放纵了侵权行为，又使权利人试图在民事制裁后通过刑事制裁惩罚侵权人遭遇阻碍。

三　商业秘密刑民交叉案件审理新模式
——先民后刑，民主刑辅

　　民事审判对于处理侵犯商业秘密案件方面具有得天独厚的优势：（1）对于商业秘密法律保护的刑事立法相对薄弱，相关民事立法更为完备，民事法官对于商业秘密案件处理的流程、重点、难点有更为清楚的了解和更为有效的应对举措，审判经验更为丰富。（2）通过法院证据保全，权利人获得了可供比对的侵权证据，顺利地完成了证明被控侵权人"相似＋接触"，法院证据保全弥补了权利人举证能力不足的缺陷，此类证据不仅可以在民事诉讼中使用，亦可在刑事诉讼中使用。（3）被控侵权人在民事诉讼中完全地参与了商业秘密点的确认以及技术鉴定，充分地发表意见，自由地提交证据材料以证明自己的主张和观点，其诉讼权利义务得到确实充分的保障。（4）权利人与侵权人拥有平等的诉讼地位、享有对等的诉讼权利义务，裁判结论更为公正合理，双方更易于接受，息诉服判工作更易取得理想效果。（5）民事诉讼所特有的调解程序使权利人与侵权人可以选择更为经济、平和的方式解决双方争议，民事调解同样可以起到维护权利人合法权益、打击侵权、维护竞争秩序的作用，甚至在一定程度上可以通过减少刑事案件的发生，促进社会和谐。

综上所述，根据我国目前的经济发展水平，从促进民族工业发展的角度看，没有必要在商业秘密刑事保护的路上走得太远，将商业秘密刑事保护作为首选更是不妥。法律的最终目的始终是确保每一个人最大限度的自由发展而不是束缚人们的想象力和创造性！[①] 我们不应当脱离中国国情，给予商业秘密过度的刑事保护而影响了自主创新，背离商业秘密立法本意。所以，我们建议应当在处理侵犯商业秘密刑民交叉案件时采取与"先刑后民""刑事优先"所不同的新模式、新理念——先民后刑，民主刑辅。

（一）先民后刑

即在处理商业秘密刑民交叉案件中，应当鼓励或促使权利人先行采取民事诉讼的方式进行维权，通过在民事诉讼给予权利人以及被控侵权人平等的诉讼地位，由民事审判组织对相关商业秘密的权属或侵权责任问题进行审理并作出裁判，再考虑案件情况由当事人自行选择刑事自诉或由检察机关提起公诉。在这种模式下，有三个优点：第一，双方当事人的举证、质证、辩论均可以在一个统一的、平等的平台中进行，确保被控侵权人的合法权益，避免因一方举证能力受限而遭受不公平对待；第二，民事审判组织所特有的调解模式将使妥善解决商业秘密纠纷成为可能，促进社会和谐进步，减少社会矛盾；第三，民事法官处理侵犯商业秘密案件的审判经验丰富，在民事裁判生效后，刑事法官在刑事程序中仅需在民事裁判所认定事实的基础上对侵权人是否需要承担刑事责任问题作出裁判，其中商业秘密权属以及侵权行为是否存在均由生效裁判文书确定，相关证据亦经举证、质证，相关鉴定事宜亦在双方平等参与下顺利进行，能够大大缩短刑事程序所需时间。

（二）民主刑辅

即在商业秘密保护中，民事诉讼应当始终是维权的主要方式，刑事诉讼特别是刑事公诉只能作为维权方式的有益补充，其所针对的侵犯商

---

① 冯亚东：《刑法的哲学与伦理学》，天地出版社 1996 年版，第 42 页。

业秘密行为应当是直接涉及国家利益或者情节特别严重的、必须给予刑事制裁的案件，普通的侵犯商业秘密案件应当由受害人自行决定，国家不应过多干预。这也是由商业秘密的特点所决定的，因为只有商业秘密权利人和被控侵权人最清楚商业秘密是否成立，他们对此最有发言权，而商业秘密是否成立的最终决定权需要法院根据事实来加以认定。实行公诉方式，由公安机关、检察机关来承担举证责任，不仅风险很大，而且容易导致在侦查或检察阶段就做出商业秘密是否成立的认定，实际上不利于权利人的利益受到切实保护。① 鉴于商业秘密的特性以及刑事鉴定程序的现实缺陷，一旦商业秘密在刑事审判后被新证据证明不是非公知技术，则会引发侦查、公诉阶段国家赔偿等一系列棘手问题，所以商业秘密刑事保护应当严格贯彻刑法谦抑原则，少用慎用。

四　重构商业秘密刑民交叉案件审理模式之建议

当今社会，特别是在强调个人利益与社会利益结合，追求保护个人创新与促进社会科技发展平衡的商业秘密领域里，刑法保护更应适度。② 要实现商业秘密刑民交叉案件的妥善解决，使关于商业秘密保护的法律既能对经济发展和科技进步发挥积极的促进作用，又不会造成对正常科技活动的不当干预，妨碍科技进步和社会经济秩序正常有序的发展，我们认为，可以在以下几个方面进行完善：

（一）深化改革，完善知识产权"三审合一"审判模式

由统一的审判法庭对知识产权，特别是商业秘密案件进行审理，可以确保商业秘密执法标准统一、维护司法权威，特别是对其中商业秘密确权、侵权责任认定以及损害商业秘密犯罪的刑事责任或民事责任判断问题进行统一的综合判断，确保审判庭法官均能自始至终听取双方意见，避免产生认识上的偏差。同时在审判庭人员配备上应注意刑事法官、民

---

① 邓尧：《商业秘密刑事案件起诉方式弊利分析》，《中国律师》2010 年第 11 期，第 19 页。

② 陈辐宽主编：《知识产权犯罪疑难问题解析》，中国检察出版社 2010 年版，第 259 页。

事法官、民事审判理念、刑事审判理念以及民事证明标准和刑事证明标准的结合，各取所长。在商业秘密权利存在的事实方面，适用"高度盖然性"标准，在侵害行为和后果的认定中采用刑事诉讼的一般证明标准来认定，排除合理怀疑，不偏不倚，不枉不纵，确保实体和程序的双重公正。

（二）推进立法，完善商业秘密保护的刑民分工

1. 提高侵犯商业秘密罪刑事立案标准

在侵犯商业秘密罪刑事方面，依照我国《刑法》及 2004 年《关于办理侵犯知识产权刑事案件具体应用法律若干问题的解释》规定给商业秘密的权利人造成损失数额在 50 万元以上的，属于造成重大损失，是公安机关立案的最低标准。但是在侵犯商业秘密民事审判方面，最高人民法院《关于审理不正当竞争民事案件应用法律若干问题的解释》第十七条规定："确定反不正当竞争法第十条规定的侵犯商业秘密行为的损害赔偿额，可以参照确定侵犯专利权的损害赔偿额的方法进行"。而《中华人民共和国专利法》第六十五条又明确规定"权利人的损失、侵权人获得的利益和专利许可使用费均难以确定的，人民法院可以根据专利权的类型、侵权行为的性质和情节等因素，确定给予一万元以上一百万元以下的赔偿"。刑事立案标准低于民事法定赔偿上限将使大量侵犯商业秘密民事案件转变为刑事案件，人为地扩大侵犯商业秘密罪的适用范围。为此，我们建议将侵犯商业秘密罪刑事立案的数额标准由 50 万元提高至 100 万元，以形成与民事诉讼的区别，减少商业秘密刑民交叉案件的产生。

2. 明确商业秘密犯罪中权利人损失计算方法

虽然在侵犯商业秘密罪的日常刑事审判中，刑事法官同民事法官一样也是根据最高人民法院《关于审理不正当竞争民事案件应用法律若干问题的解释》第十七条的精神，按照《中华人民共和国专利法》等民事法律规范计算权利人损失，但是这种做法往往又为被告人所强烈反对。虽然我们都明白无论商业秘密刑事诉讼还是民事诉讼，权利人的损失均是事实认定的问题，具有同质性，不存在因诉讼类型不同，其损失确定方法亦应不同的情形，刑事法官依照民事法律规范计算权利人损失的做法在法理上并无不当，但是我们毕竟不能否认我国《刑法》对侵犯商业秘密的犯罪数额计算方法在刑事法律体系中并没有明确规定这一事实。在刑事诉讼要求日益严格的今天，不能不说是一个遗憾。所以，我们主张应当对侵犯商业秘密罪中权利人损失计算方法进行明文规定，对于"直接经济损失"的内涵及范围进行明确。

（三）借鉴完善，规范商业秘密刑事鉴定程序

公安机关"自侦自鉴"，对是否鉴定以及鉴定人的选择享有决定权；在立案侦查阶段的鉴定结论未经法院认证便当然地被作为证据使用；鉴定结论的采信标准不一是我国刑事鉴定结论中所存的三大弊端。[1] 这种情况在侵犯商业秘密罪的审理中也是如此，犯罪嫌疑人一般被采取强制措施，其对于公安机关所选择的鉴定机关、所使用的鉴定材料及具体鉴定方法不敢也无力提出异议，对于鉴定结论亦只能被动接受。即便在审判阶段提出异议，其观点也通常会由于无法自主搜集并提交证据而不被法院采纳。所以，商业秘密刑事案件也应当借鉴民事案件中对于技术鉴定程序的规定和做法，对目前商业秘密刑事鉴定程序进行改革完善，引入民事鉴定中的成熟做法和成功经验，确保商业秘密权利人及被控侵权人全程参与鉴定、平等提交证据，自由发表意见。

（四）强化保障，完善证据保全执行力度

针对知识产权诉讼技术性、复杂性的特点以及权利人举证难的情况，我国《民事诉讼法》第七十四条规定了证据保全制度，为证据收集的高效性和可靠性提供了一种强有力的技术保障措施，同时最高人民法院《关于民事诉讼证据的若干规定》（以下简称《证据规定》）第七十五条亦给予了拒不配合法院证据保全的当事人以制裁。虽然如此，但是抗拒法院证据保全的行为仍然比比皆是，甚至一些商业秘密侵权人通过抗拒法院执法而获益，其拒绝配合法院证据保全，通过不提供、少提供甚至提供虚假证据材料使技术鉴定难以进行或者难以得出真实结论，企图以此达到逃避法律制裁的目的。我们认为应当细化《证据规定》第七十五

---

① 莫然：《对我国刑事鉴定结论的反思》，《证据科学》2011 年第 1 期，第 31 页。

条的适用条件，明确法律后果，强化制裁措施，严厉打击抗拒法院证据保全以期牟取不正当利益的行为。

五　结语

先刑后民、刑事优先作为我国诉讼模式，在司法实践中出现了一些问题，特别是在商业秘密刑民交叉案件方面，一方面有的情节严重已经构成犯罪的侵犯商业秘密行为被放纵了，另一方面却把完全可以由民事法律解决的侵犯商业秘密普通侵权行为作为犯罪打击了。在当前新形势下，我们必须正视商业秘密的独特属性和价值，分析商业秘密侵权以及犯罪的相同点及不同点，研究商业秘密民事审判和刑事审判的不同价值取向和意义，摒弃陈旧的思想和观念，将"先民后刑，民主刑辅"新机制适用至商业秘密法律保护中，逐步完善配套措施及制度，营造适合创新、促进创新、保护创新的良好社会氛围。

第十六章

基于欧盟追续权指令探讨我国
追续权制度的构建

顾成博

内容摘要：艺术品市场经济活力的提升和保持依赖于艺术家的努力创作，欧盟《追续权指令》精心构建的追续权制度为促进艺术家的创作和增强艺术品市场的竞争力提供了有效机制。本文基于追续权理论和相关实践的研究深入分析该指令的合理性、操作性及对艺术品市场的经济影响，进而探讨我国追续权制度的构建方法。研究结果表明追续权制度能够激发艺术家的创作热情，矫正艺术家与销售商间的利益失衡，并促进艺术品市场的持续发展。该制度若要充分发挥机制作用，应在明确追续权权利属性的基础上准确界定追续权主体及适用范围，并科学制订权利金计算方法和管理方案。

关键词：追续权　艺术品　著作权法　伯尔尼公约　欧盟

欧盟《追续权指令》（2001/84/EC）[①]于 2001 年 9 月颁布实施后，在欧盟内部乃至世界范围内产生了深远影响。该指令不仅促进了欧盟内部大陆法系与英美法系国家在艺术品交易领域法律规则的协调与统一，也在世界范围内影响着其他国家对追续权制度的理论思考与法律构建。

---

① The European Parliament and the Council of the European Union. Directive 2001/84/EC of the European Parliament and of the Council of 27 September 2001 on the Resale Right for the Benefit of the Author of an Original Work of Art. 2001, L. 272.

追续权（法文 droit de suite）是源于法国民法的大陆法系概念，并于 1920 年被最先引入知识产权法律之中，其含义是允许艺术家对艺术品原件首次出售后的再次出售分享一定比例收益的权利。因其是对艺术品原件转售收益的分配进行规制，追续权在英美法系国家被称作转售版税权（resale royalty right）或转售权（resale right）。① 然而，自追续权理念诞生起，两大法系便持有相互对抗的不同观点，其核心冲突主要集中于追续权对艺术家的保护是否具有合理性基础和有效的操作方法，以及对艺术品市场交易是否会产生负面影响。对此，欧盟《追续权指令》很好地解决了这些问题并建立起欧盟模式的追续权制度体系，也为世界各国提供了追续权制度构建的参考样板。我国当前正处于第三次修改《著作权法》的关键时期，《著作权法（修订草案送审稿）》（已先后提交三次）虽已明确表明引入追续权制度，但是学者们关于该制度的合理性和法律规则设计的争论仍在持续。本文将基于《追续权指令》的研究深入探讨我国追续权制度的构建与运作问题。

一　欧盟追续权指令的合理性及经济影响

1. 追续权隐含的艺术家激励机制

追续权具有激励艺术家持续创作的作用。这是因为追续权的引入能够改变艺术品独特使用方式造成的艺术家收益限制，并且承认艺术家本人与艺术品原件增值之间的因果关系（a causal relationship）。② 众所周知，艺术品主要是通过原件转让而非像文学和音像作品那样可经过多次复制和发行来实现经济价值。而艺术品原件的出售价格又是与艺术家在转让时期的知名度密切相关。这两个特点极易导致艺术家在年轻时因知名度较低将辛苦创作的作品以低价出售，而成名后其作品升值但其本人却无法获益的状况发生。这种经济利益失衡状况如果长期持续将严重挫

---

① Mione, T., "Resale Royalties for Visual Artists: The United States Taking Cues from Europe", *Cardozo Journal of International & Comparative Law*, 2013, 21 (2): 461 – 501.

② De Pierredon – Fawcett, Liliane, "The Droit de Suite in Literary and Artistic Property, Center for Law and the Arts", *Columbia University School of Law*, 1991, 1 – 6.

伤年轻艺术家的创作热情，不利于艺术家的成长和艺术品市场的良性发展。对此，固有价值理论（intrinsic value theory）认为艺术品的潜在固有价值通常不会在第一次销售中得以体现，因为艺术家的想象力是超前于时代的，其作品的真正价值只能在一定时间后为市场所认可。因此，对于艺术家不能在第一次销售中充分实现艺术品价值的损失进行适当的补偿是合理的。① 虽然商业环境等因素在一定程度上有助于艺术品的增值，但是艺术家的努力创作对艺术品的增值起着关键性作用。② 这是因为艺术品具有双重属性，它不仅是物权的载体（构成物质），更是艺术文化的载体（构成内容）。艺术品的价值主要是由艺术文化内容构成，而非由承载该内容的物质构成。因此，商业环境等因素虽然能够对艺术品的增值产生一定的积极影响，但不能够对艺术品中固化的艺术文化内容产生丝毫的影响。而这种固化的艺术文化内容会随着时代的变迁、艺术家社会地位的提高和该艺术文化内容的主流化逐渐为世人所接受并获得较大的增值空间。那么，艺术家基于这种贡献应当享有获取一定比例收益的权利，而这种权利不仅是对其艺术创作的回报，更是对其继续从事艺术创作的激励。这一观点得到了经济学分析研究结论的支持。③ 正是在这一论证的基础上，《追续权指令》将追续权视为一种具有促进艺术家创作特征的权利（a right of a productive character，Recital. 2），这更加明确了追续权作为艺术家激励机制的作用。

2. 追续权隐含的利益平衡机制

追续权具有矫正艺术品市场利益失衡的作用。这是因为追续权的引入限制了权利穷竭原则（doctrine of exhaustion of rights）和契约自由原则（doctrine of freedom to contract）的滥用，使艺术家能够获得与销售商平等参与市场运作并获取经济利益的机会。权利穷竭也称权利用尽，其

① Hauser, R. E., "The French Droit de Suite: The Problem of Protection for the Underprivileged Artist under the Copyright Law", *The Bulletin of the Copyright Society of the USA*, 1959, 6: 94 – 113.

② Alderman, E. C., "Resale Royalties in the United States", *Journal of Copyright Society USA*, 1992 – 1993, pp. 265, 270.

③ Solow, J. L., *An Economic Analysis of the Droit de Suite*, Journal of Cultural Economics, 1998, 22: 209 – 226.

含义是知识产权所有人在第一次将知识产品投放市场后即丧失对该产品的销售控制权,因此在美国也被称为第一次销售原则(first sale doctrine)。该原则的设立目的是防止知识产权人对知识产品的转售予以限制以致影响知识产品的自由流通,其效用是在保护知识产权人利益的同时维护社会公共利益。[①] 从这一角度看,艺术家无权控制艺术品的转售行为,也因此无权获取转售后的经济收益。艺术家如果提出权益要求则有妨碍自由交易的嫌疑。然而,这种观点是谬误的,其不仅错误地理解了权利穷竭原则的目的,也因无视艺术品的特殊使用方式和双重属性的特点而导致权利穷竭原则的滥用。正如前文所述,艺术品既是物权载体也是艺术文化载体,艺术家虽然将艺术品原件予以转让从而丧失对原件的所有权,但是对于原件所含艺术文化的著作权(尤其是精神权利)并未丧失。因而,艺术家虽然不能控制艺术品原件的转售行为,但是仍可以就艺术品原件的增值获取适当的精神利益补偿。同时,艺术品原件的转售并非以转售前的咨询及获取艺术家同意为前提,艺术家也无权对转售行为进行监督和管理。所以,追续权所赋予的利益分享权利并没有阻碍艺术品原件的自由转售,因此也与权利穷竭原则所要维护的市场运行规则不发生冲突。[②]

此外,追续权有助于实现契约自由的形式公平与实质公平的统一,更好地促进艺术品市场的可持续发展。契约自由是私法自治的核心部分,其含义是契约的成立以当事人的意思表示一致为前提,契约的权利和义务因当事人的意志而订立,一旦契约达成即具有法律效力。其具体表现为是否缔约的自由、与谁缔约的自由、决定契约内容的自由和选择契约形式的自由。[③] 从这一角度看,艺术家将艺术品原件所有权自愿转让给销售商,而销售商支付给艺术家相应的对价,这一转让行为因其符合契约自由原则而具有法律效力。艺术家无权干涉销售商的后续转售行为,也

---

① Copyright Office, *Resale Royalty Right.* Federal Register, 2012, 77(182): 58175 - 58179.

② DACS, *DACS Response to the Inquiry into the Resale Royalty Right*, The U. S. Copyright Office, 2012.

③ 李永军:《从契约自由原则的基础看其在现代合同法上的地位》,《比较法研究》2002 年第 4 期。

无权就艺术品原件的升值分享利益。然而，需要指出的是，契约自由在很大程度上仅能保证形式公平而无法确保实质公平的实现。依据跨时期不公平理论（inter‐temporal unfairness theory）的观点，艺术家在成名前并不具有市场议价能力（negotiating power），而销售商基于自身优势能够以低价购买艺术家的作品并在其成名后获取高额收益。纵观整个过程，这种艺术品原件的转让不过是在形式公平外表掩饰下完成的缺少实质意义的公平交易。① 尤其是当销售商并非因其采取特殊行为或具有特殊能力致使艺术品原件增值而获取暴利时，这种实质公平的缺失则显得尤为突出。如果此种利益失衡状况不能解决，艺术品市场也将因艺术家的怠于创作或拒绝参与市场交易而无法持续地良性发展。正是基于此种忧虑，《追续权指令》将追续权视为平衡艺术家与销售商之间经济利益的机制（Recital. 3），试图实现艺术品市场中契约自由的形式公平与实质公平的统一。

　　3. 追续权隐含的市场调节与竞争机制

　　追续权具有调节市场发展与鼓励市场竞争的作用。这是因为追续权符合当代艺术品市场的发展趋势，有助于实现国家或地区艺术品市场的国际化并确保国际竞争性。具体地讲，英美法系与大陆法系就追续权的争论并没有阻止追续权为各国著作权法接受的步伐，尤其是 1948 年《伯尔尼公约》② 的布鲁塞尔文本引入追续权更加速了这一进程。该公约规定对于艺术品原件和作家与作曲家的手稿，作者或者作者死后由国家法律所授权的人或机构享有不可剥夺的权利，在作者第一次转让作品之后对作品进行的任何出售中分享利益（Article. 14ter. 1）。为避免不同法系间的冲突并便于各国接受，该公约并没有将追续权设为最低要求，而是规定只有在作者本国法律承认这种保护的情况下，才可在本同盟的成员国内要求上款所规定的保护，而且保护的程度应限于被要求给予保护的国家的法律所允许的程度（Article. 14ter. 2）。因此，该公约规定的

---

① Kawashima, N., "The Artist's Resale Right Revisited: A New Perspective", *International Journal of Cultural Policy*, 2008, 14 (3): 299–313.

② World Intellectual Property Organization, Berne Convention for the Protection of Literary and Artistic Works. 1886.

追续权并不具有强制性，而且仅在成员国互惠互利的条件下才得以行使。此外，该公约还给予成员国比较自由的执行空间，允许分享利益的方式和比例由各国法律确定（Article. 14ter. 3）。在该公约的推动下，俄罗斯、巴西、印度和埃及等许多国家和地区相继引入追续权。这一国际化趋势表明了各国对艺术家得不到充分保护而可能流失的忧虑和促进本国艺术品市场繁荣的决心。这是因为艺术家的努力创作是本国艺术品市场能够不断提高艺术品总量和丰富艺术品种类的关键性因素。如果不能很好地保护艺术家的利益，艺术家创作热情的降低将直接影响艺术品的产出，从而根本性地影响本国艺术品市场的货源供给。在这种情况下，如果其他国家能够很好地应对这一问题，则该国艺术品市场将失去国际竞争性。需要指出的是，在个别国家引入追续权而其他国家没有同时跟进的情况下，销售商可能会为获取最大利益而采取规避行为，从而导致没有引入追续权的国家艺术品市场较为火热。欧盟正是看到了内部市场这种发展不平衡状况而极力推动追续权的引入，使各成员国艺术品市场在统一规则下均衡发展。从这一角度讲，《追续权指令》已将追续权视为促进欧盟内部艺术品市场均衡发展和确保整体国际竞争力的有效机制（Recital. 7&8）。

4. 追续权制度对艺术品市场的经济影响

许多国家忧虑追续权制度会对艺术品市场产生负面影响，如艺术品一级交易市场的萎缩、艺术品交易量的减少、艺术品交易地点的转移和艺术家获益程度的不均等。[①] 这些情况曾在法国引入该制度后真实地显现，并由此导致巴黎失去世界艺术品市场的领先地位。然而，随着时代的发展和法律体系的完善，单纯引入追续权制度已难以对艺术品市场产生较大的负面影响。本文以英国为例简要分析追续权制度对艺术品市场的经济影响。选取英国的原因是：（1）《追续权指令》颁布前大陆法系国家多已建立追续权制度，因而该指令侧重于推动英国为首的英美法系国家对此项制度的接受；（2）英国艺术品市场交易量约占欧盟艺术品市场

---

① Till V., "Defeated or Deferred? Why a Resale Royalty was Rejected in Australia", *International Journal of Cultural Policy*, 2007, 13（3）: 287–302.

交易总量的70%，具有较强的代表性。①

　　总的来说，自执行《追续权指令》以来，英国艺术品市场活力依旧，并未显现交易萎缩和交易地点转移的态势。② 究其原因，除了英国对该指令进行了精心的法律处理之外，还有如下几点理由可加以解释。第一，艺术品市场交易总量较大而艺术家所获权利金占比较小，因而总体发展未受影响。依据英国设计与艺术家版权协会（DACS）2011年的数据，艺术家权利金总额仅占艺术品市场总值的0.04%，即便是到2012年完全实施《追续权指令》，权利金总额也仅占当代艺术品市场总值的0.4%或者整个艺术品市场总值的0.15%。③ 权利金以如此小的份额想撼动整个艺术品市场的发展趋势是不切实际的。第二，销售商对本国艺术品市场的忠诚和对交易地点转移成本的忧虑能够消除其转移他国交易的想法。这是因为销售商对本国市场的熟悉程度会提升他们的归属感和忠诚度，而转离本国市场的成本超过应缴权利金数额的现实也会迫使其放弃转移的想法。依据DACS 2011年的数据，销售商所支付的权利金总额仅为艺术品交易总值的0.0054%。因此，在忠诚度和市场转移成本的共同作用下，销售商离开英国的状况并没有发生。第三，艺术家因追续权的保护具有较大的创作热情，这种艺术品市场源头的繁荣降低了交易萎缩的风险。截至2012年，DACS已经接受4000多名艺术家的委托对权利金的征收与支付进行管理④，并且已向2500多名艺术家支付了超过1720万英镑的权利金⑤。这意味着英国艺术家已经因追续权制度的引入而受益，同时也表明艺术品市场交易依然活跃。需要承认的是，英国80%的权利金为前100

---

　　① Collins J., "Droit de Suite: An Artistic Stroke of Genius? A Critical Exploration of the European Directive and Its Resultant Effects", *European Intellectual Property Review*, 2012, 34 (5), 305 – 312.

　　② Banternghansa C, Graddy K., "The Impact of the Droit de Suite in the UK: An Empirical Analysis", *Journal of Cultural Economics*, 2011, 38 (2): 81 – 100.

　　③ DACS. EC Consultation on the Implementation and Effect of the Resale Right Directive (2001/84/EC) [R]. London: The Design and Artists Copyright Society, 2011.

　　④ DACS. Digital Copyright Exchange Feasibility Study: Call for Evidence [R]. London: The Design and Artists Copyright Society, 2012.

　　⑤ DACS. DACS Response to the Inquiry into the Resale Royalty Right [R]. New York: The U. S. Copyright Office, 2012.

名艺术家所分享，而其他艺术家所获权利金较少，约为每人 256 英镑。①
这一数据与学者们基于理论研究所得结论一致，即追续权将使知名度高
的艺术家获益丰厚。② 然而，权利金并非艺术家唯一的收入来源，作为随
意性收入其数额多少并不影响艺术家的生活。况且权利金是基于艺术品
转售的税后价格计算而得，在英国被排除在增值税缴纳范围之外（德国
则要求缴纳）。③ 因此，年轻艺术家所获权利金虽少却无缴税负担。从这
一角度讲，权利金可以被视为对艺术家创作的奖励。从另一角度讲，正
是由于众多知名度不高的艺术家存在，销售商才不得不慎重考虑收益与
成本的比例，从而难以将交易地点转移到其他国家。最后，英国艺术家
集体管理组织能够有效地服务于艺术家和销售商。这种服务与管理有利
于市场参与者对追续权制度的适应和接受，从而对艺术品市场的稳定与
繁荣发挥了重要作用。

二　我国追续权制度的法律构建

1. 追续权的权利属性应明确表述

追续权是艺术家所享有的基于本人知名度的提升而获取相应经济利
益的不可剥夺的权利，是对艺术家成名前贱卖作品而成名后作品价格高
涨状况的法律救济。尽管追续权保护了艺术家的经济利益，但是该权利
并不单纯属于经济权利（economic right）范畴。这是因为追续权所含理
念偏重于强调艺术家的人格在艺术品中体现和延伸的性质，并且承认艺
术品价值与艺术家本人知名度之间的关联性。基于这种关联性的认可而
试图保护艺术家人格及其作品的权利则具备了精神权利（moral right）属

---

① Graddy K, Horowitz N, Szymanski S. A Study into the Effect on the UK Art Market of the Introduction of the Artist's Resale Right [R]. London: IP Institute, 2008.

② Karp L, Perloff J., "Legal Requirements that Artists Receive Resale Royalties", *International Review of Law and Economics*, 1992, 13: 163 – 177.

③ Gaber M. The Resale Right Directive: A Comparative Analysis of Its Implementation in Germany and the United Kingdom [A]. Vadi V, Schneider H E G S. Art, Cultural Heritage and the Market: Ethical and Legal Issues [C]. London: Springer, 2014: 297 – 318.

性的基础。① 那么，允许艺术家因本人知名度的扩大而获取相应的经济利益则属于对其精神利益的保护，而这种保护既是对艺术家社会价值的认可，也是对其丰富人们文化生活所做贡献的奖励。② 此外，追续权所具有的不可剥夺（inalienable）、不可转让（unassignable）和不可放弃（unwaivable）的特点也体现了其精神权利的属性。③ 纵观追续权发展史，正是因为追续权具有精神权利属性，其理念在产生之初并不为法国民法所认可。直到法国大革命和思想启蒙运动的蓬勃发展和巨大推动后，精神权利才获得了与经济权利同样的法律地位，追续权也才得以正式引入法国知识产权法中。④ 法国《知识产权法典》⑤ 第 L122 - 8 条明确强调追续权是平面和三维作品的作者所享有的一种可就其作品原件的再次拍卖和转让分享一定比例收益的不可剥夺的权利。追续权这一双重属性的特点得到了《追续权指令》的认可和采纳，其将追续权定义为艺术品原件的作者所享有的基于艺术品原件的再次销售价格而获取权利金的一项不可剥夺的和不可放弃（也不可预先放弃）的权利（Article. 1.1）。这样规定的益处在于能够充分地保护艺术家的利益。这是因为追续权的赋予将使艺术家与艺术品原件的联系无法通过转让契约加以切割，即便是销售商凭借自身优势迫使艺术家签订契约自愿放弃追续权也无法改变这种结果，艺术家将对已转让的作品原件长期地和持续地拥有不可剥夺的经济利益。

　　基于上述分析，我国在追续权的定义中有必要将追续权的双重权利属性予以明确表述。然而，我国《著作权法（修订草案送审稿）》（第三稿）并未如前两版修订草案那样采用国际通用的法律术语（如该权利不得转让或者放弃）对追续权的属性予以界定，而是对其做了模糊处理。

---

　　① Sarraute, R. Current Theory on the Moral Right of Authors and Artists under French Law [J]. American Journal of Comparative Law, 1968, 16：465 - 486.

　　② Samuelson, P. Implications of the Agreement on Trade Related Aspects of Intellectual Property Rights for Cultural Dimensions of National Copyright Laws [J]. Journal of Cultural Economics, 1999, 23：95 - 107.

　　③ Hansmann, H., & Santilli, M. Royalties for Artists versus Royalties for Authors and Composers [J]. Journal of Cultural Economics, 2001, 25：259 - 281.

　　④ Reddy, M. B. The Droit de Suite：Why American Fine Artists Should Have the Right to a Resale Royalty [J]. Loyola of Los Angeles Entertainment Law Journal, 1995, 15：509 - 545.

　　⑤ Intellectual Property Code. 92 - 597. France. 1992.

例如，第十四条规定："美术、摄影作品的原件或者文字、音乐作品的手稿首次转让后，作者或者其继承人、受遗赠人对原件或者手稿的所有人通过拍卖方式转售该原件或者手稿所获得的增值部分，享有分享收益的权利，该权利专属于作者或者其继承人、受遗赠人。其保护办法由国务院另行规定。"对于我国追续权的这种表述，令人产生疑问的是这种权利的专属性程度如何，是否不可剥夺、不可转让和不可放弃。该修订草案似乎在刻意淡化追续权的精神权利属性，仅将其视为专属于作者或者其继承人、受遗赠人的一种获取收益的经济权利。正如《关于〈著作权法〉（修订草案送审稿）的说明》解释的那样，我国实际上将追续权的本质定性为有别于著作权基本权利的报酬请求权。这种偏重保护经济权利而忽视精神权利的立法倾向与追续权制度的原始基本理念和国际发展趋势不符，也不利于追续权制度发挥三种机制的作用。

2. 追续权的适用范围应准确界定

追续权的适用范围可从两个层面加以理解，即适用作品类别的范围和适用作品转售方式的范围。世界各国对于追续权适用的作品类别多有争议，但总体上将其划归视觉艺术品（visual artistic work）范畴[①]。1948年《伯尔尼公约》的布鲁塞尔文本在引入追续权时将其适用作品类别限定为艺术品原件和作家与作曲家的手稿。这样的规定虽比视觉艺术品的表述更加具体，但其范围仍较为宽泛且容易动摇追续权制度的合理性基础。正如前文所分析的，艺术品原件与作家和作曲家的手稿有所不同，前者只能通过原件的转让实现其经济价值，而后者可以通过最终作品的多次复制和发行来实现其价值的最大化。追续权制度正是针对艺术品原件的一次性转让可能造成艺术家和销售商之间利益失衡状况而创设的法律救济措施。如果追续权同样适用于作家和作曲家的手稿，将使作家和作曲家能够就其文字和音乐作品而重复受益，而这并不是追续权创设的真实意图。正是出于这种考虑，《追续权指令》在《伯尔尼公约》的基础上将追续权适用对象限定为艺术品原件，而不包含作家或作曲家的手稿。

---

① Pfeffer, J. B. The Costs and Legal Impracticalities Facing Implementation of the European Union's Droit de Suite Directive in the United Kingdom [J] . Northwestern Journal of International Law & Business, 2004, 24（2）: 533 – 561.

其具体包含各种平面和立体艺术作品，例如图画、拼贴画、绘画、素描、雕刻、版画、平面画、雕塑、挂毯、陶瓷制品、玻璃器皿、照片，以及由艺术家本人或经其授权制作的限量复制品（Article. 2）。基于上述分析，我国《著作权法》修订草案应采取《追续权指令》的做法将追续权的适用范围限定在艺术品原件（即美术和摄影作品原件）的范围之内，而不应模仿《伯尔尼公约》的方式将追续权的适用范围扩大至作家和作曲家的手稿（即文字和音乐作品的手稿），因为后者并不具有追续权制度得以实施的理论基础。

对于追续权适用作品的转售方式，《追续权指令》与《伯尔尼公约》的意见较为一致，都规定作者第一次出售作品之后任何转售作品的行为属于追续权的适用范围。但是，这个适用范围只是建立在追续权制度理论基础之上的原则性规定，而非在现实中能够具体操作且必须执行的范围。对此，《追续权指令》在考虑一些因素影响的基础上将这一范围予以进一步缩小。例如：该指令允许成员国对私人之间的转售行为和对公众开放的博物馆的转售行为免除追续权的适用（Recital. 18），以及允许成员国自行决定对直接从艺术家手中购得并于3年内转售且价格低于1万欧元的行为予以豁免（Article. 1. 3）。这意味着只有艺术品市场上的公开转售行为才是追续权的适用对象，而私人之间难以确定转让性质和交易金额的转售行为和具有公益性质的转售行为则不属于追续权的适用范围。至于免除短期内转售价格较低的艺术品适用追续权，则是出于更好地推介新人和促进艺术品市场接受年轻艺术家作品的目的。对比《伯尔尼公约》与《追续权指令》相关规定的合理性和可操作性，后者经过限定的转售方式适用范围更有利于追续权制度在实践中的贯彻和执行。在此基础上，我国《著作权法》修订草案学习了《追续权指令》的立法精神。但是，其将艺术品原件转售方式仅限定为"通过拍卖方式转售"的做法虽具有较强的可操作性，但却失去了合理性基础。这是因为艺术品原件的公开转售行为应当包括销售商的销售行为和艺术品专业中介机构的销售行为，而后者涵盖拍卖商、画廊和其他经销商的销售行为（参见追续权的义务主体部分）。从这个角度讲，如果将艺术品原件的转售方式仅限定为拍卖方式，那么许多艺术品原件的公开销售行为将得以规避追续权的适用。如此一来，众多艺术家将无法获得追续权的保护，也使追续权制度沦为保护知名艺术家的工具。

3. 追续权的主体应明确规定

追续权的主体包含权利主体和义务主体。基于追续权适用作品类别的限定范围，《追续权指令》将追续权的权利主体规定为艺术品原件的作者（即艺术家）或者其去世后由国家法律所授权的人或机构（即继承人或受遗赠人）（Article. 6. 1）。如前文所述，追续权具有精神权利和经济权利双重属性，那么作为艺术家所享有的财产利益获取权是可以通过继承或遗赠的方式在其去世后传承给任何法律所允许的个人或机构。这种传承方式既是对作者合法权益保护的延伸，也是对追续权合理性基础的尊重。因为艺术品原件的增值通常发生在艺术家去世之后，如果不认可追续权的可传承性，等于是对追续权制度的否定。① 至于受遗赠人是否能够享有追续权的问题，两大法系所持态度不同。例如：法国《知识产权法典》第 L123 - 7 条明确排除了继承人以外的受遗赠人和权利继受人获得此项权利的资格；而英国《2006 年艺术家追续权法》② 第 9 条的规定则较为宽松，允许追续权的遗赠、继承、任何权利继受人的进一步权利移转以及作为无主权利由政府接管。相比较而言，英国的做法对艺术家的财产利益保护得更为充分，且与我国现行的著作权中的财产权利继承制度相一致。因此，我国《著作权法》修订草案规定"该权利专属于作者或者其继承人、受遗赠人"不无不可。上述权利人对艺术品原件的转售享有收益的权利不仅有其理论基础，而且有例可循，这也有利于对我国艺术家财产利益的有效保护。

《追续权指令》将追续权的义务主体规定为销售商，如果成员国法律允许也可以为其他相关人员或机构。后者主要包括购买商和艺术品市场专业中介机构，例如：拍卖商、画廊和其他艺术品经销商等。上述义务主体必须对各自的艺术品原件转售行为承担缴纳权利金的义务，此种义务可以是独立承担的义务，也可以是负连带责任的义务。（Article. 1. 2&1. 4）对此，欧盟成员国皆予以参照执行。其中，对义务主体设置连带责任的目的是希

---

① 刘春霖：《追续权的立法构想》，《河北法学》2013 年第 4 期。

② The Artist's Resale Right Regulations 2006. 2006，No. 346. The United Kingdom.

望为追续权的实现提供更为坚实的法律保障。① 我国《著作权法》修订草案对追续权的义务主体并没有明确规定，而只是提到追续权的权利主体"对原件或者手稿的所有人通过拍卖方式转售该原件或者手稿所获得的增值部分，享有分享收益的权利"。至于是艺术品原件的所有人负有支付权利金的义务还是拍卖商负有此项义务，或者两者负有连带责任的义务却语焉不详。鉴于《追续权指令》的规定更为明确且具有合理性和可操作性，我国在制定《著作权法》实施细则时借鉴欧盟的做法似乎更为妥当，因为这更有利于艺术家追续权的行使。

4. 追续权的权利金计算应科学合理

鉴于《伯尔尼公约》并没有为追续权的权利金计算方法提供可行性方案，因而《追续权指令》规定的方法则具有重要的国际参考意义。该指令规定成员国可自行设定追续权权利金起算的最低转售价格，该转售价格为税后价格（net of tax）且不得超过 3000 欧元（Article. 3&5）。这一规定需从三个层面加以理解，第一，权利金的计算是以艺术品原件的再次销售价格为依据，而不是以前后两次销售价格的差价即艺术品原件的增值为依据。这样规定的益处是计算简单、便于操作。如果以艺术品原件的增值为依据进行计算，虽符合追续权制度的实施目的，但在实际操作中会面临证明和评估艺术品原件增值的难题，也增大了权利金计算的复杂性。② 第二，权利金的计算是以艺术品原件税后转售价格进行计算，而不是以再次销售的总价格进行计算。这样规定不仅有利于减轻销售商缴纳权利金的负担，也可以适当免除艺术家的缴税义务。例如：英国正是因为这一原因将艺术家的权利金排除在增值税的缴纳范围之外③，使权利金作为一种免税收入更好地激励艺术家不断努力和持续创作。第三，权利金的计算是以超过一定转售价格即最低转售价格的艺术品最终税后转售价格为依据进行计算，而低于最低转售价格的艺术品则无须缴纳权利金。对于最低转售价格的设定必须予以慎重考虑，因为该价格可

---

① 韩赤风：《德国追续权制度及其借鉴》，《知识产权》2014 年第 9 期。

② 卢纯昕：《追续权的争议焦点与立法动议》，《河北法学》2014 年第 8 期。

③ Gaber, M. The Resale Right Directive: A Comparative Analysis of Its Implementation in Germany and the United Kingdom. In V. Vadi, & H. E. G. S. Schneider (Eds.), Art, "Cultural Heritage and the Market: Ethical and Legal Issues", London: Springer, 2014: 297 – 318.

能对艺术家所获权利金和管理机构运作费用之间的平衡产生两种影响：
（1）如果转售价格设定过低，艺术家获取的权利金将微不足道，而管理
机构又会为众多的小额转售行为支付较多的管理费用。这种管理费用与
权利金倒置的情形将使追续权制度的益处无法显现。（2）如果转售价格
设定过高，管理机构的负担将极大减轻，但众多年轻艺术家将无法获得
追续权的保护。这种追续权制度的设计将因其偏重保护知名度较高的艺
术家而失去其合理性基础。① 基于此种考虑，欧盟成员国依据《追续权指
令》设定的最低转售价格，虽差异较大但可为我国提供一定的参考。例
如：德国与法国定价较低，分别为 400 欧元和 750 欧元，其目的主要是推
动追续权制度的广泛适用。英国设定的 1000 欧元则较为谨慎和适中，更
好地平衡了艺术家与管理机构间的利益。而奥地利设定的 3000 欧元虽符
合欧盟指令的要求，但不利于年轻艺术家利益的保护。为此，我国追续
权权利金起征的最低转售价格如果采取英国的标准则较为适宜，但仍需
结合我国艺术品市场的具体国情斟酌决定。

此外，《追续权指令》还精心制定了阶梯递减式征收比率，其具体规
定如下：（1）转售价格为 5 万（含 5 万）欧元以下的征收比率为 4%；
（2）5 万以上至 20 万（含 20 万）欧元部分的征收比率为 3%；（3）20
万以上至 35 万（含 35 万）欧元部分的征收比率为 1%；（4）35 万以上
至 50 万（含 50 万）欧元部分的征收比率为 0.5%；（5）超过 50 万欧元
部分的征收比率为 0.25%（Article. 4）。该指令还同时规定无论艺术品原
件转售价格多高，权利金总额不得超过 12500 欧元的上线（Schedule. 1）。
欧盟如此设计征收比率并确定征收上线，主要是防止艺术品交易因权利
金征收过重转移到其他没有实施追续权制度的国家②，或者直接转为私下
交易以规避权利金的征收。我国《著作权法》修订草案对权利金征收比
率及上线没有具体规定，那么在制定新《著作权法》实施细则时可以结
合我国艺术品市场的实际情况制定一个适合我国国情的阶梯递减式征收
比率并确定合适的征收上线。

---

① Stokes, S. Artist's Resale Right [R]. Crickadarn: Institute of Art and Law Ltd, 2006.
② 李明德等：《欧盟知识产权法》，法律出版社 2010 年版。

5. 追续权的行使应操作有效

追续权的有效行使是艺术家获得追续权保护并取得权利金的关键。总的来讲，集体管理制度更有利于艺术家追续权的行使。这是因为相对于艺术家个人管理权利金收取工作而言，集体管理能够更好地排除艺术品市场信息失衡的障碍，克服权利金收取的困难以及确保艺术家的持续创作不被打扰。为此，《追续权指令》规定成员国可采取强制性的或者选择性的集体管理制度用以征收和发放权利金（Article.6.2）。这主要是因为两大法系对集体管理组织的态度不同。大陆法系国家坚持一个领域只能设立一个集体管理组织，即实行强制性的和垄断性的集体管理方式。而英美法系国家则允许设立多个集体管理组织并由权利人选择委托哪个组织代为管理，即实行选择性的和竞争性的集体管理方式。[①] 比较而言，后者在给予艺术家更大自由性的同时也有利于艺术家利益的保护。例如：英国《2006 年追续权法》第 14 条规定艺术家可以通过集体管理组织（ACS）收取权利金，如果艺术家没有选定集体管理组织并将追续权的管理委托给后者，管理版权的集体管理组织将被视为艺术家授权管理追续权的合法组织，即由英国设计与艺术家版权协会（DACS）代为管理。这一规定不仅避免了艺术家追续权无人维护状况的发生，也有利于集体管理组织间的良性竞争和管理费用的降低。依据 DACS2012 年的报告，英国集体管理组织的竞争使管理费用由最初的艺术家权利金的 25% 逐步降低到 15%，这一收费比率明显低于欧盟艺术家集体管理组织收取费用的平均水平。[②] 对于我国将采取哪种追续权行使方式的问题，《著作权法》修订草案并未提及。鉴于英国竞争性的集体管理方式优势明显，如果我国能够效仿此种方式应更有利于艺术家利益的保护。但是，从尽快引入并实施追续权制度的角度讲，也可暂时采用大陆法系国家的做法由著作权集体管理组织代为管理与追续权有关的一切事务。关于追续权保护期的设定，世界各国并无实质争议。追续权具有精神权利和经济权利双重属

---

① 李雨峰：《论追续权制度在我国的构建——以〈著作权法〉第三次修改为中心》，《法律科学》（西北政法大学学报）2014 年第 1 期。

② The Design and Artists Copyright Society. Digital Copyright Exchange Feasibility Study：Call for Evidence ［R］. London：DACS, 2012.

性，是在承认和尊重艺术家人格利益和社会价值的基础上确保艺术家就艺术品原件的转售获取一定收益的权利。因此，追续权的保护期通常与著作财产权的保护期保持一致。《追续权指令》同样采取此种观点（Article. 8.1）。有鉴于此，我国《著作权法》修订草案第二十九条所作的类似规定亦无不可。

三　结语

我国已成为世界上最为重要和最具活力的艺术品交易市场之一，与美国、英国和瑞士并称全球四大艺术品交易市场。[①] 为更好地保护艺术家的利益和促进艺术品市场的良性发展，建立追续权制度已成为实现这一目标的关键性问题。首先，追续权制度的建立有利于改变我国艺术家缺乏足够保护的状况。该制度能够矫正艺术家与艺术品销售商之间的利益失衡，能够激发我国艺术家持续创作的热情。尽管追续权制度在一定程度上使知名艺术家获益颇丰而年轻艺术家获益较少[②]，但是该制度能够为年轻艺术家建立努力创作进而发展致富的预期模式，并为其打开通往未来的财富之门。同时，该制度也能够提高我国艺术家著作权的保护水平，丰富艺术品价值实现的渠道，使艺术家能够像其他文学和音像作品的作者那样充分利用作品实现收益。其次，追续权制度的建立有利于我国与世界各国在艺术品交易领域的法律规则保持一致，并确保我国艺术家的利益得到充分保护。这是因为在《伯尔尼公约》和《追续权指令》的推动下，世界范围内已有许多国家引入追续权制度。然而，该制度在国际间的适用是基于互惠互利的原则，如果我国不及时建立该制度则将无法保证我国艺术家在其他已实施追续权制度的国家享有追续权的保护。最后，追续权制度的建立有利于我国在同一规则下参与艺术品交易的市场

---

① European Commission. Report from the Commission to the European Parliament, the Council and the European Economic and Social Committee: Report on the Implementation and Effect of the Resale Right Directive (2001/84/EC). Brussels: European Commission, 2011, Vol. COM (2011) 878 final.

② Karp, L., & Perloff, J. Legal Requirements that Artists Receive Resale Royalties [J]. International Review of Law and Economics, 1992, 13: 163 – 177.

竞争，避免被其他国家指责利用合理制度的缺失窃取发展机会和竞争优势。同时，我国追续权制度的建立也将为世界范围内知识产权法律体系一体化进程的顺利推进做出贡献。

第十七章

微博作品的著作权保护探析

周佳妮　　任丹红

内容摘要：随着互联网的发展，社交网络媒体不断丰富，微博成为我国最大的自媒体平台，微博用户量和微博作品发布量都达到亿级以上，依据个性原创的微博作品不断涌现并且以文字、图片、影像等方式传播。随着微博用户的增加和微博信息量的增长，部分微博用户为了追求经济利益或扩大影响力，随意侵犯他人微博作品著作权。微博平台的转发、评论、复制文字、下载图片影像等功能也为侵犯微博作品的著作权提供了方便，微博作品著作权侵权事件呈上升趋势。微博作品著作权的保护与传统作品著作权保护相比更为复杂，需要适应微博自由灵活、及时有效的特点以及微博作品侵权行为的多样化特点。

关键词：著作权　微博作品　侵权认定　制度完善

一　国内微博发展概况及微博作品的著作权保护的现状

1. 我国当前微博发展的基本概况

微博（Micro‐blog），微博客的简称，是以文字分享传播著称的继博客风靡中国后出现的又一个新兴社交网络媒体平台。2009 年 8 月 14 日，新浪网作为中国最大的社交媒体网站率先推出"新浪微博"

内测版，其产品方向是在互联网世界中提供信息共享和文化交流的平台，成为中国社交媒体网站中首家提供微博服务的网站①，并在短时间内获得社会的巨大反响。随着新浪微博的成功推广，搜狐、腾讯、网易等国内各主要门户网站也相继推出微博产品，大批网友对微博的热情也伴随着政府部门、商业、学术、娱乐界明星人物的大量登录微博而大幅提升。微博作为近几年最热门的社交网络平台，因其短小精悍、便捷方便、丰富多样等特点符合现代社会快节奏、高压力、重娱乐的特性而受广大网民喜爱。国内微博市场的繁荣也进一步促进了微博产品的完善，目前国内已经形成了较为成熟稳定的微博功能和微博效应。

随着微博数量和微博用户数量的急剧增长，通过微博传播的文字、图片、语音视频等作品引发的法律问题日益突出，微博作品著作权侵权事件屡见不鲜，微博作品著作权人的权利保护成为网络知识产权保护的重要内容之一。

微博行为的核心是信息的传播和共享，保护微博的自由传播就是保护微博功能的实现。一方面，微博作品著作权保护可以维护微博著作权人的个人作品成果和其他合法权利，鼓励全国网民参与保护和维护网络知识产权，以网络知识产权保护推动网络知识产权的创造和网络文化的发展繁荣。另一方面，由于微博传播的即时性、广泛性，微博作品的著作权保护可以创造出在社交网站中分享作品和传播知识的文化环境，从而营造全民重视知识产权保护的氛围。

与传统媒体相比，微博具有以下基本特征：第一，微博具有较大的公开性和及时性。② 微博功能的实现，如微博的转发评论点赞等，就要求微博操作都要在公开透明的环境下即时进行。第二，微博使用者基数大，微博编辑者前台非实名、后台实名。在微博传播中，大多数时候我们可以看到微博内容和微博作者的昵称，仅仅通过表面资料难以确定作者本人的真实信息，或者自己的微博被侵权后需要经由微博平台提供商的后台管理才能找到侵权主体。微博的这些特征也使微博作品的著作权保护

---

① http://baike.baidu.com/subview/1567099/11036874.htm.

② 叶嘉熙：《微博环境下著作权侵权及保护》，《法制与社会》2013 年 9 月（下）。

面临诸多困难。

2. 我国目前涉及微博作品保护的相关法律

微博兴起于 2009 年并迅速发展壮大, 专门针对微博作品著作权保护的法规尚未出现, 明确使用微博作品著作权这一定义或类似定义的法律法规几乎没有。相较于法律法规制定和适用的稳定性, 网络技术和产品更新换代的周期较短, 司法实践一般根据网络著作权侵权的相关法律法规, 将微博作品著作权侵权比照相对成熟的网络作品侵权案件的处理方法来解决, 主要法律依据是《著作权法》中华人民共和国 (以下简称《侵权责》)《侵权责任法》《民法通则》及其他网络著作权保护的法律法规。然而, 微博作品著作权侵权的原有判例和现有微博作品保护措施对微博作品侵权者未能构成有效威慑性, 对微博作品著作权人维权的指导性还未达到预期效果。

微博作品著作权保护的一个重要方面是微博监管, 分为内部监管和外部监管。微博作品的外部监管由法律法规明确规定, 但是微博灵活多变的特点意味着外部监管的范围有限, 更具有针对性和实效性的监管是微博行业内部对微博作品传播的监督管理。

根据《著作权法》第三条关于作品种类的规定, 微博作品属于著作权法意义上的 "作品", 应当受到《著作权法》的保护。根据《著作权法》第四十七条规定可知, 未经微博作品著作权人许可, 复制、汇编他人微博作品并发布于自己的微博账号中进行传播的, 需要承担民事侵权责任。

《最高人民法院关于修改〈最高人民法院关于审理涉及计算机网络著作权纠纷案件适用法律若干问题的解释〉的决定 (二)》涉及网络著作权纠纷案件的管辖、受法律保护的网络传播作品的认定、网络服务提供者的法律责任、被侵权人的控诉侵权行为时的程序性步骤和侵权损害赔偿责任等, 为法院在处理网络著作权侵权案件时提供了重要的法律依据。微博作品属于通过网络传播的作品, 适用该司法解释的规定, 使微博作品著作权可以对照网络著作权进行保护。

《信息网络传播权保护条例》则规定了法定许可使用网络作品、网络服务者责任及其限制等网络著作权保护的重点问题, 目的在于保护著作权人和邻接权人的网络传播权并鼓励优秀作品在网络空间中分享传播。①

二　国外与微博相似的社交网络的著作权保护环境

Facebook 于 2004 年 2 月正式上线，并在 2012 年 10 月 4 日成功实现用户数量突破 10 亿，月活跃用户数量达到 12.8 亿，其中客户端的活跃用户量已经超过 10 亿。② Twitter 于 2006 年 6 月成立，到 2014 年 2 月全球注册用户数量已经超过 10 亿，Twitter 的月活跃用户量为 2.41 亿。③ Facebook 和 Twitter 的用户规模和成熟程度明显优于我国的微博平台，社交媒体著作权侵权的纠纷时有发生，美国对侵权行为的处罚较重，网民的维权意识强，对著作权侵权者的举报诉讼搜证等手段日臻完善，著作权人维权的成功率更高。

1996 年，世界知识产权组织（WIPO）通过了《世界知识产权组织版权条约》（WCT）和《世界知识产权组织表演和录音制品条约》（WPPT），形成网络环境下著作权的统一规范以及保护与著作权有关的各项权利。其后美国、欧盟、日本等国家和地区纷纷调整立法，对网络环境下的著作权及其相关权利给予充分保护。④

1995 年，欧盟为适应互联网著作权环境的发展颁布了《信息社会的著作权与邻接权绿皮书》，探讨运用现行的著作权和邻接权制度解决网络社会中出现的著作权纠纷，表明社交网络媒体中作品著作权保护的现有法律模式。1997 年，德国出台《联邦信息与电信服务架构性条件建构规制法》，这是世界上首部涉及规范网络空间秩序的单行法。⑤ 英国公布的《著作权与数据库法》明确规定，资料库可以作为一项财产权利仍然受到

---

① 蔡文权：《论网络著作权侵权的法律适用》，中国政法大学，2007 年 3 月 16 日。

② http：//finance. sina. com. cn/world/20121004/222413292425. shtml，2012 年 10 月 4 日 22：24，新浪财经。

③ http：//tech. 163. com/14/0208/13/9KILFACI000915BF. html，2014 年 2 月 8 日 12：56：23，网易科技报道。

④ 霍勇刚：《论网络服务提供商的著作权责任》，河海大学 2008 年版。

⑤ 路宏平：《浅释著作权法之"对公众传播权"》，《咨询法务透析》，1999 年，第 115 页。

著作权法的保护。[①]

国际组织首先通过条约肯定网络作品著作权的合法性，将社交网络媒体中传播的作品统一归类到网络著作权保护范畴，以应对不断推陈出新的网络传播媒介的著作权保护问题，缓解法律的滞后性。随后针对网络著作权管理秩序和网络环境数据库保护的法律法规也相应出台，具有明确针对性的专门法律法规是对网络著作权保护的细化。

三　微博著作权侵权的认定

1. 侵权主体

微博著作权侵权的主体分为直接侵权人和间接侵权人，直接侵权人是直接实施侵犯微博作品著作权行为的微博用户，间接侵权人包括网络服务商和过失侵犯微博作品著作权人利益的微博用户。

微博作品著作权侵权人即故意实施侵犯他人微博作品著作权的行为并造成原微博作品著作权人合法权益受损的直接侵权行为人。

微博用户在不知情时转发已经侵权的微博后及时采取措施减少原微博作品著作权人损失的行为一般认为不构成侵权，但是随着微博平台的日益完善，严格按照侵权行为法的规定认定侵权行为是著作权保护的发展趋势。若微博用户在已知该微博作品属于侵权微博作品仍然转发该微博，并且使原微博作品著作权人产生严重损害结果则构成间接侵权。但是这一行为的主观认定较难实现，所以微博作品著作权的间接侵权人主要是指微博服务提供者。

微博服务商的间接侵权由我国《侵权责任法》第三十六条规定了网络服务提供者需要承担侵权责任的几种情况：直接利用网络损害他人利益承担直接侵权责任；在被侵权人通知到网络服务商后，网络服务商没有采取减少损失的必要保护措施使被侵权人遭受损失时，对被侵权人承担间接侵权责任。

---

① 胡晓红、梁琳、王赫等：《网络侵权与国际私法》，中国工人出版社 2006 年版，第 139 页。

2. 侵权客体

首先，微博作品是否构成我国《著作权法》意义上的作品？

根据《中华人民共和国著作权法实施条例》第二条规定，作品的形式要求为文学、艺术、科学领域的智力成果。作品的实质要求是独创和可复制。微博作品只要符合以上形式和实质要求就应该受到《著作权法》的保护。微博发布的内容大部分都属于文学、艺术、科学领域的信息，形式上满足《著作权法》关于作品的规定，微博作品中文字类的作品可直接复制，摄影作品、录音录像作品也可以通过直接下载和技术处理进行复制，因此微博作品具有可复制性，而对微博作品判断的重点是对微博作品独创性的认定。

所谓作品的独创性，是指作品由作者亲自创作，具有作品自身的个性表现，排除抄袭、复制、剽窃其他作品的表演形式，并与其他作品的思想表达有明显差异。① 微博作品的实质要件之一"独创性"是微博作品著作权保护的关键。微博用户用文字、图片、视频音频等形式，加以个性化的构思组合形成的作品都应该被视为具有独创性的智力成果，而不是以微博作品的字数、篇幅、题材、方式等方面来衡量微博作品是否具有独创性，微博作品的独创性可以理解为作品的原创性。

其次，微博作品与传统意义上的作品有何不同？

微博作品著作权融合了微博平台和作品著作权两者的共同特点，微博只是一个社交媒体平台，受《著作权法》保护的实体是通过微博渠道传播的文字、图片、影像信息，所以微博作品著作权的身份首先是受《著作权法》保护的作品著作权，然后才是具有微博特性的多元化作品。微博作品与一般作品都是《著作权法》的保护范畴，但是微博设置的转发、评论等功能使微博作品著作权传播碎片化，增加了微博作品著作权保护的难度，因此，微博著作权保护不能仅仅局限于传统著作权的保护手段，应该结合微博平台本身公开灵活和及时有效的特点，在微博作品传播环节中有针对性地采取保护措施，使微博作品的保护措施更为多元

---

① 王烨：《浅谈微博对著作权的侵犯与相关立法建议》，《法制与社会》2012 年 3 月（下）。

合理。

  3. 侵犯微博著作权的行为方式

  首先是对他人微博的复制。复制他人微博侵犯的是他人微博作品的署名权、修改权、保护作品完整权、网络传播权，其具体认定中有所不同。（1）对他人微博作品原文进行直接复制、截图或下载他人微博作品视频音频后发布于自己的微博账号并且没有注明原微博出处和原作者，侵犯了微博作品著作权人的署名权、网络传播权。（2）复制、截图他人微博作品或下载他人微博作品视频音频后进行改头换面，并且发布于自己的微博账号没有注明原微博出处和原作者，侵犯了微博著作权人的署名权、修改权、保护作品完整权和网络传播权。

  其次是转载他人微博。我国《著作权法》第二十二条、第二十三条规定作品的合理使用不构成侵权，应该注明作者姓名、作品名称，不得以此牟利或享有著作权人的权利。除合理使用之外的侵犯微博著作权人合法权利的行为有：（1）微博作品著作权人在发布作品时附注的微博作品使用要求，如转载必须注明出处、不准私自转载，他人若违反著作权人的相关声明则构成侵权。（2）把他人微博从一个微博平台转载到其他微博平台，转载他人微博作品到报纸杂志等实体媒体中都必须注明原作者和表明出处，否则转载行为则侵犯了微博作品著作权人的发行权。（3）转载他人微博作品必须是非营利，若涉及经济利益需要征得微博作品著作权人的同意授权，否则转载他人微博作品的行为构成侵权。

  最后是转发他人微博。转发他人微博构成侵权的有两种情况：（1）若原微博作者在发布微博时注明不得转发本微博，其他微博使用者不顾原微博作者的声明仍然转发该微博作品的行为不符合默示授权的规定而应该认定为侵权。（2）若原微博作者发布的微博作品就是抄袭他人著作权作品并以微博的形式传播，应该认定为侵犯了微博作品的信息网络传播权。但是由于微博作品著作权保护手段并不完善，微博的信息传播速度快，信息量大，追究所有转发侵权微博行为的司法成本较大，所以对这一部分的侵权行为目前我国并不追究其法律责任。

4. 侵犯微博著作权的法律后果

微博作品著作权侵权最直接的后果是微博作品著作权人的合法权利受损。互联网网站的运营营利很大程度上需要点击率和访问量，微博账号主要是通过大量的评论、转发、互动来获得有效的市场价值。而微博著作权侵权表面上侵犯了微博作品著作权，更深一层也侵犯了微博作品衍生的经济效益。微博作品著作权侵权造成原微博作品著作权人的损失，应该按照不同微博作品的实际可计算效益来决定，不能一概而论。

四　完善我国微博作品著作权保护的建议

1. 及时发布保护微博作品著作权的指导案例

虽然微博作品的著作权没有在现有法律条文中明确规定，但是从司法实践和国外社交网络作品保护中可以得出微博作品著作权保护的有益经验，结合我国的实际情况，由最高人民法院及时发布指导案例，依然可以适用现有的法律法规来解决侵权纠纷。指导案例重点明确的问题有：

首先，明确微博服务提供者的责任。我国《侵权责任法》第三十六条第二款规定的规则被学者称为"通知"规则，这一规则借鉴了美国的"避风港"规则。《信息网络传播权保护条例》第十四条规定，网络服务提供者接收到网络用户提交的书面通知后应该删除侵权信息或者断开该信息的链接。最高人民法院《关于修改〈最高人民法院关于审理涉及计算机网络著作权纠纷案件适用法律若干问题的解释〉的决定（二）》中规定网络服务提供者在"明知""被警告"的情况应该采取措施防止网络著作权侵权的进一步扩大，否则将承担侵权责任。法律法规对网络提供者的侵权责任规定也同样适用于微博服务提供者，法律法规对微博网络提供者要求其在接到用户被侵权的通知后采取必要措施，这是微博服务提供者的责任。

其次，明确微博作品著作权侵权人的责任。我国《著作权法》规定侵犯他人著作权的人需要承担侵权责任，最高人民法院《关于审理著作权民事纠纷案件适用法律若干问题的解释》对侵犯他人著作权进一步地规定了网络著作权侵权的归责原则和救济途径，微博作品著作权侵权对侵权人的归责可以适用网络著作权侵权的相关法律法规来追究侵权人的责任。

2. 规范微博著作权的统一管理

微博平台提供门户可以参照唱片行业的集体管理模式，建立一个微博作品著作权的集体管理制度，对微博作品著作权进行统一管理、统一协调、统一维护。①

微博作品著作权集体管理需要利用技术手段建立一个便捷存取的共享数据库，对发布的微博作品进行分类收录，将不同体裁的微博作品纳入专门的微博作品著作权集体管理部门分别管理。在没有建立一个全球性的微博作品集体管理组织之前，中国微博作品著作权集体管理组织可以通过签订协议等方式取得其他国家网络服务平台对我国微博作品著作权集体管理组织的认可，以增强其执行性。只有建立起这样一个体系才能完成使用他人微博作品收费或追查微博作品侵权人的工作，以保障微博用户可以在完善的体制内自由创作微博作品而不被侵权。

2012 年 3 月四大微博提供商全部实行微博实名制，采取前台名称自愿和后台微博实名的形式。微博实名制可以有效实现对微博作品侵权的监控，方便举证微博作品著作权侵权，同时对微博营销号进行监管，避免微博营销号对微博作品传播起到不良引导作用。加上微博的实时性让微博的发布时间不可更改，微博作品的首次发布时间即是微博作品的实际完成时间，通过微博作品发布的时间先后顺序从而确定真正的侵权责任人。

3. 加强微博作品著作权保护的行业自律

微博是一个社交网络平台，微博用户使用微博分享消息，而微博营销号通过发布博人眼球的微博消息吸引众多微博看客，增加其自身的微博营销价值，其发布的消息多为复制微博热门消息或者名人微博，微博营销号的这种行为严重侵犯微博作品著作权人的合法权利和影响微博的正常运转。由于微博营销号数量庞大且背后操作复杂，难以全面厘清营销账号的利益链条，所以对微博营销号应该充分利用微博举报和后台系

① 段维：《网络时代的版权法律保护》，湖北教育出版社 2006 年版。

统，加强对利用微博作品著作权侵权的行为获得营销价值的微博账号进行管制，从根源解决微博营销号的问题。

新浪微博目前拥有最大用户群，活跃用户在千万以上，腾讯、搜狐、网易等微博服务提供方的用户量和微博活跃度也是处于高水平，单靠个别微博平台保护微博作品著作权力量显然不够，可打击微博作品著作权侵权的范围也有限。微博的人气积聚蕴含着大量的商业价值，为商业活动的营销、危机公关处理、品牌营销策划、网络服务推广等行为提供便利。[①] 这样不负责任的转发复制严重侵害原微博作品著作权人的合法权益，微博提供商的共同合作，创建一个微博作品的统一数据库共同保护微博作品著作权，是未来各方微博发展的可行方案。

4. 增强微博作品著作权人的维权意识

微博作品著作权人要有保护自己微博作品的意识，同时也要尊重他人微博的作品，在转载复制他人作品时应注明信息来源和原始作者，如有特殊用途应征得微博作品原作者的同意并支付报酬后进行合理使用，微博作品的正常传播应该严格遵守相关法律法规的规定。

五　结论

保护微博作品著作权是为了维护微博背景下的智力成果的分享传播环境，为传统的文字、摄影、影视作品创造全新的发展空间。保护微博作品著作权首先应该遵循微博的灵活自由、及时有效的原则确定受我国法律保护的微博作品范围，充分利用《著作权法》《侵权责任法》《国务院关于修改〈中华人民共和国著作权法实施条例〉的决定》《信息网络传播权保护条例》《最高人民法院关于修改〈最高人民法院关于审理涉及计算机网络著作权纠纷案件适用法律若干问题的解释〉的决定（二）》《最高人民法院关于审理著作权民事纠纷案件适用法律若干问题的解释》等法律法规提供保护。针对微博平台信息更新周期短、速度快的特性，可以通过建立微博作品著作权集体管理组织来集中管理发布的微博作品，整合不同微博运营平台的资源，为打击微博作品侵权行为提供证据基础。

---

① 李萍：《微博著作权的界定与权利归属》，《湖北经济学院学报》2013 年第 6 期。

已经建立的微博实名制应该被充分利用，一方面可以在发生微博作品著作权侵权事件时确定微博侵权人范围，另一方面可以对传播过程中的微博作品进行后台监督以避免突发状况。此外，对于微博行业内的营销号从经济利益出发随意侵犯微博作品著作权的行为要严厉打击和规范管理，不同微博平台之间则应该加强合作与监督。最重要也最基础的就是微博使用者要树立维权意识，做好微博作品传播的保护措施和应急预案，发生侵权行为应该举报投诉或者根据《著作权法》等法律法规的规定积极维权。网络技术日新月异，微博作品著作权侵权的手段和方式瞬息万变，完善的知识产权保护法律制度才是鼓励创作和维护自由的保护屏障。

主要参考文献

1. 郑成思：《知识产权法》（第二版），法律出版社 2003 年版。

2. 郑成思：《知识产权法——新世纪初的若干研究重点》，法律出版社 2004 年版。

3. 郑成思：《知识产权论》（第三版），法律出版社 2007 年版。

4. 吴汉东：《知识产权多维度解读》，北京大学出版社 2008 年版。

5. 吴汉东：《知识产权基本问题研究》（总论），中国人民大学出版社 2009 年第 2 版。

6. 吴汉东：《知识产权基本问题研究》（分论），中国人民大学出版社 2009 年第 2 版。

7. 吴汉东：《知识产权制度基础理论研究》，知识产权出版社 2009 年版。

8. 吴汉东：《中国知识产权制度评价与立法建议》，知识产权出版社 2008 年版。

9. 吴汉东：《知识产权制度变革与发展研究》，经济科学出版社 2013 年版。

10. 陶鑫良：《知识产权法总论》，知识产权出版社 2005 年版。

11. 齐爱民：《知识产权法总论》，北京大学出版社 2010 年版。

12. 冯晓青：《知识产权法哲学》，中国人民公安大学出版社 2003 年版。

13. ［澳］彼得·德霍斯：《知识财产法哲学》，周林译，商务印书馆 2008 年版。

14. ［美］威廉·兰德斯、理查德·波斯纳：《知识产权法的经济结构》，北京大学出版社 2005 年版。

15. 刘茂林：《知识产权法的经济分析》，法律出版社 1996 年版。

16. 冯晓青：《知识产权法利益平衡理论》，中国政法大学出版社 2006
年版。

17. 曹新明：《中国知识产权法典化研究》，中国政法大学出版社 2005
年版。

18. 王景川、胡开忠：《知识产权制度现代化问题研究》，北京大学出版社
2010 年版。

19. 李琛：《知识产权片论》，中国方正出版社 2004 年版。

20. 李琛：《论知识产权的体系化》，北京大学出版社 2005 年版。

21. 张乃根：《国际贸易的知识产权法》，复旦大学出版社 1999 年版。

22. 唐广良：《知识产权的国际保护》，知识产权出版社 2002 年版。

23. 古祖雪：《国际知识产权法》，法律出版社 2002 年版。

24. 郑成思：《WTO 知识产权协议逐条讲解》，中国方正出版社 2001
年版。

25. 孔祥俊：《WTO 知识产权协定及其国内适用》，法律出版社 2002
年版。

26. 郑成思：《版权法》，中国人民大学出版社 1997 年版。

27. 李明德、许超：《著作权法》，法律出版社 2003 年版。

28. 〔法〕克洛德·科隆贝：《世界各国著作权和邻接权的基本原则》，上
海外语教育出版社、联合国教科文组织 1995 年版。

29. 〔德〕M. 雷炳德：《著作权法》，张恩民译，法律出版社 2005 年版。

30. 〔西班牙〕利普希克：《著作权与邻接权》，联合国译，中国对外翻译
出版公司 2000 年版。

31. 〔日〕吉藤幸朔：《专利法概论》，宋永村、魏启学译，专利文献出版
社 1990 年版。

32. 崔国斌：《专利法：原理与案例》，北京大学出版社 2012 年版。

33. 闫文军：《专利权的保护范围》，法律出版社 2007 年版。

34. 尹新天：《专利权的保护》（第 2 版），知识产权出版社 2005 年版。

35. 彭学龙：《商标法的符号学分析》，法律出版社 2007 年版

36. 孔祥俊：《商标法适用的基本问题》，中国法制出版社 2014 年版。

37. 王太平：《商标法：原理与案例》，北京大学出版社 2015 年版。

38. 黄晖：《商标法》，法律出版社 2004 年版。

39. 黄晖：《驰名商标和著名商标的法律保护》，法律出版社 2001 年版。

40. 丛立宪：《网络版权问题研究》，武汉大学出版社 2007 年版。

41. 王迁：《网络环境中的著作权保护研究》，法律出版社 2011 年版。

42. 杨小兰：《网络著作权研究》，武汉大学出版社 2012 年版。

43. ［匈］菲彻尔：《版权法与因特网》，中国大百科全书出版社 2008 年版。

44. 张晓都：《专利实质条件》，法律出版社 2002 年版。

45. 魏衍亮：《生物技术的专利保护研究》，知识产权出版社 2004 年版。

46. 王震：《基因专利研究》，知识产权出版社 2008 年版。

47. ［德］莱万斯基：《原住民遗产与知识产权：遗传资源、传统知识和民间文学艺术》，廖冰冰等译，中国民主法制出版社 2011 年版。

48. 张海燕：《遗传资源知识产权法律问题研究》，法律出版社 2012 年版。

49. 严永和：《论传统知识的知识产权保护》，法律出版社 2006 年版。

50. 孔祥俊：《反不正当竞争法原理》，知识产权出版社 2005 年版。

51. 孔祥俊：《反不正当竞争法的创新性适用》，中国法制出版社 2014 年版。

52. 孔祥俊：《知识产权保护的新思维：知识产权司法前沿问题》，中国法制出版社 2013 年版。

53. 孔祥俊：《知识产权法律适用的基本问题》，中国法制出版社 2013 年版。

54. 罗伯特·P. 墨杰斯等：《新技术时代的知识产权法》，齐筠等译，中国政法大学出版社 2003 年版。

55. 薛虹：《网络时代的知识产权法》，法律出版社 2000 年版。

56. 张平：《网络知识产权及相关法律问题透析》，广州出版社 2000 年版。

57. 谢尔登·W. 哈尔彭等：《美国知识产权法原理》（第 3 版），宋慧献译，商务印书馆 2013 年版。

58. 李明德等：《欧盟知识产权法》，法律出版社 2010 年版。

59. 李明德：《美国知识产权法》（第 2 版），法律出版社 2014 年版。

60. 刘晓海：《德国知识产权理论与经典判例研究》，知识产权出版社 2013 年版。

61. 范长军：《德国著作权法：德国著作权与邻接权法》，知识产权出版社

2013 年版。

62. 谢晓尧:《在经验与制度之间:不正当竞争司法案例类型化研究》,法律出版社 2010 年版。

63. 〔日〕白巴根等:《日本现代知识产权法理论》,李杨等译,法律出版社 2010 年版。

64. 〔日〕富田彻男:《市场竞争中的知识产权》,廖正衡等译,商务印书馆 2000 年版。

65. Davies C. , *Intellectual Property Law in the United Kingdom*, Kluwer Law International, 2011.

66. Bouche N. , *Intellectual Property Law in France*, 2nd *Edition*, Kluwer Law International, 2014.

67. Yusuf A. A, Correa C M. , *Intellectual Property and International Trade: Trips Agreement*, 2nd *Edition*, Kluwer Law International, 2008.

68. Van Eechoud M. 2009, *Harmonizing European Copyright Law: The Challenges of Better Lawmaking*, Kluwer Law International, 2009.

69. Halpern S. W. , *Fundamentals of United States Intellectual Property Law: Copyright, Patent, Trademark*, 4th *Edition*, Kluwer Law International, 2012.

70. Jehoram T. C. , *European Trademark Law: Community Trademark Law and Harmonized National Trademark Law* , Kluwer Law International, 2010.

71. Chrocziel P. , *European Intellectual Property and Competition Law*, Kluwer Law International, 2014.

72. Bently L, Sherman B. , *Intellectual Property Law* , OUP Oxford, 2014.

73. Griffiths J. , Howe H. , *Concepts of Property in Intellectual Property Law*, Cambridge University Press, 2013.

74. Dreyfuss R. C. , Ginsburg J. C. , *Intellectual Property at the Edge: The Contested Contours of IP*, Cambridge University Press, 2014.

75. Frankel S. , Gervais D. , *The Evolution and Equilibrium of Copyright in the Digital Age*, Cambridge University Press, 2014.

76. Bannerman S. , *International Copyright and Access to Knowledge*, Cambridge University Press, 2015.